GB

《企业知识产权管理规范》
解析与应用

QIYE ZHISHI CHANQUAN GUANLI GUIFAN
JIEXI YU YINGYONG

山东省知识产权局
烟台市知识产权局
中知（北京）认证有限公司
山东智宇律师事务所
组织编写

知识产权出版社
全国百佳图书出版单位

图书在版编目（CIP）数据

《企业知识产权管理规范》解析与应用/山东省知识产权局等组织编写.—北京：知识产权出版社，2016.8（2017.2加印）（2018.6加印）
ISBN 978-7-5130-4346-5

Ⅰ.①企… Ⅱ.①山… Ⅲ.①企业—知识产权—管理规范—中国—学习参考资料 Ⅳ.①D923.404

中国版本图书馆CIP数据核字（2016）第182754号

内容提要

本书着眼于企业贯标的实际需求，汇集了知识产权管理部门、知识产权管理体系认证机构、贯标服务机构等机构和专业人士的智慧和经验，通过企业贯标的实际操作及知识产权管理诊断等工作环节，从管理体系审核认证的视角，对《企业知识产权管理规范》的基础知识、规定术语和实施要求等进行了深入浅出的解读，帮助读者了解、掌握这部规范的内容及贯标工作的全流程，深化对这部规范所遵循的"策划、实施、检查、改进"的过程方法的认识。

本书理论与实践相结合，通俗易懂，可读性强，实操性好。读者不仅可从中加深对企业贯标作用的认识，更可以此为参考在企业建立和运行知识产权管理体系。

责任编辑：崔 玲 龚 卫	责任校对：董志英
封面设计：棋 锋	责任印制：刘译文

《企业知识产权管理规范》解析与应用

山东省知识产权局
烟台市知识产权局
中知（北京）认证有限公司   组织编写
山东智宇律师事务所

出版发行：知识产权出版社有限责任公司	网　址：http://www.ipph.cn
社　　址：北京市海淀区气象路50号院	邮　编：100081
责编电话：010-82000860 转 8116	责编邮箱：wangruipu@cnipr.com
发行电话：010-82000860 转 8101/8102	发行传真：010-82000893/82005070/82000270
印　　刷：北京科信印刷有限公司	经　销：各大网上书店、新华书店及相关专业书店
开　　本：720mm×960mm　1/16	印　张：18
版　　次：2016年8月第1版	印　次：2018年6月第3次印刷
字　　数：350千字	定　价：50.00元
ISBN 978-7-5130-4346-5	

出版权专有　侵权必究
如有印装质量问题，本社负责调换。

序一

知识产权是现代企业的核心竞争力。十八大以来，党中央、国务院对加快建立以企业为主体的创新体系提出了新的更高的要求。为深入贯彻实施创新驱动发展战略和国家知识产权战略，国家知识产权局从服务企业创新发展的需求出发，加强顶层设计和政策引导，运用标准化手段强化以知识产权为核心的创新资源系统性管理。近年来，国家知识产权局联合有关部门出台了《国家标准涉及专利的管理规定》，组织制定了《企业知识产权管理规范》国家标准，"高校、科研院所知识产权管理规范""知识管理术语""专利价值分析""专利代理服务"等一系列国家标准的研究制定步伐不断加快，中国特色的知识产权标准化体系建设正在稳步推进。

为全面提高企业知识产权管理水平，进一步提升企业核心竞争力，《企业知识产权管理规范》国家标准于2013年3月颁布实施；2015年6月，国家知识产权局会同科学技术部、工业和信息化部、商务部、国家认证认可监督管理委员会、国家标准化管理委员会、国家国防科技工业局、总装备部联合制定了《关于全面推行〈企业知识产权管理规范〉国家标准的指导意见》，在全国范围内推动建立符合创新发展需求的推行《企业知识产权管理规范》工作政策引导体系，形成了市场秩序规范的咨询服务体系和遵循市场化机制的第三方认证体系，培养了一支专业化的人才队伍。

推行企业知识产权贯标，是帮助中国企业赢得未来国际竞争优势的战略制高点。三年多来，各地知识产权局按照"政府引导、市场驱动"的原则，不断加强对企业知识产权管理工作的指导力度，在企业中大力推行实施《企业知识产权管理规范》国家标准，引导创新企业建立标准化知识产权管理体系，各项工作卓有成效。贯标工作促进了企业的创新发展，一批贯标企业通过完善知识产权管理体系，尝到了甜头，知识产权综合能力得到切实增强。贯标工作带动了知识产权服务业的发展，一批服务机构通过为企业提供贯标咨询辅导，拓展了新的服务内容，提升了为企业服务的能力。第三方知识产权管理体系认证机构的建立，开辟了管理体系认证的新领域，培养了第一批知识产权管理体系认证审核人才，贯标工作促进了专业人才队伍建设。截至 2015 年年底，全国各省市上万家企业开展贯标，通过知识产权管理认证的企业达 1239 家。越来越多的知识产权贯标认证企业在激烈的市场竞争中脱颖而出。

各地在推动企业贯标工作中勇于创新，敢于实践，创造出了很多行之有效的工作方法，积累了丰富的实践经验，为建立企业标准化知识产权管理体系起到了积极的促进作用。国内首家知识产权管理体系认证机构——中知（北京）认证有限公司联合地方知识产权局、律师事务所编写了《〈企业知识产权管理规范〉解析与应用》一书。该书着眼于企业贯标的实际需求，从认证的角度深入分析了企业知识产权管理标准的内涵，详细阐述了企业在贯标咨询辅导、内部审核、改进提高等环节的实操要点，为指导企业顺利开展贯标工作提供了一部很好的培训教材和实施指南。本书通俗易懂，可读性强，实操性好。读者不仅可从中加深对企业贯标作用的认识，更可以此为参考在企业建立和运行知识产权管理体系。

当前，我国已进入从知识产权大国向知识产权强国迈进的关键历史时期。建设知识产权强企是加快推进知识产权强国建设的内在要求，推行企业贯标是开启知识产权强企建设的基础。我们期待在各方面的共同努力下，有更多更好的企业知识产权贯标理论和实践成果结集问世，助力知识产权强企建设，为知识产权强国建设作出新的更大贡献。

是为序。

国家知识产权局专利管理司司长　雷筱云

序二

党的十八大作出了实施创新驱动发展战略的重大部署。党的十八届五中全会强调创新是引领发展的第一动力。刚刚闭幕的全国科技创新大会明确提出了建成创新型国家的时间表，吹响了建设世界科技强国的号角。《中共中央 国务院关于深化体制机制改革 加快实施创新驱动发展战略的若干意见》（中发［2015］8号）就加快实施创新驱动发展战略作出重要部署，明确提出"让知识产权制度成为激励创新的基本保障"。

创新既是我国实现"双中高"的重要支撑，也是推进供给侧结构性改革的重要内容和培育国际竞争新优势的重要依托。当前，我国经济发展步入新常态，加快实施创新驱动发展战略，在更大范围、更高层次、更深程度上推进"大众创业、万众创新"成为促进我国经济持续健康发展的新引擎。2015年以来，国家通过实施一系列重大举措，极大地调动了广大人民群众的创业创新热情，大众创业、万众创新的热潮正在中国大地上蓬勃兴起，涌现出了一批创新型企业。

保护知识产权就是保护创新。国家提出实行更加严格的知识产权保护，保障和激励大众创业、万众创新。企业也逐步认识到保护知识产权对激励创新的重要作用。但一些企业普遍存在的知识产权意识薄弱、知识产权管理不规范的问题，在一定程度上制约了企业的发展壮大，也对企业走出去参与国际竞争提出了新的挑战。

2013年，我国第一部企业知识产权管理国家标准《企业知识产权管理规范》正式实施。《企业知识产权管理规范》实施以来，对完善企业知识产权管理制度，增强企业运用知识产权制度的能力，提升企业经营管理水平和国际竞争力起到了重要的促进作用。为给参与《企业知识产权管理规范》知识产权管理体系贯标认证的企业提供借鉴和参考，中知（北京）认证有限公司联合地方知识产权局，律师事务所联合编写了

《〈企业知识产权管理规范〉解析与应用》。该书是他们多年来在知识产权管理体系贯标认证工作中知识和经验的累积，希望对企业开展知识产权管理贯标和认证工作有所帮助和启迪。

山东省知识产权局局长 于智勇

编者的话

当前我国经济发展进入新常态，创新成为引领发展的第一动力。知识产权制度作为激励创新的基本保障和重要制度性安排，为企业的创新发展提供了强有力的支撑，知识产权已成为企业创新的重要战略资源和竞争力的核心要素。为了推动企业知识产权工作的开展，我国制定发布了第一部知识产权管理领域的国家标准——《企业知识产权管理规范》。对加强知识产权与标准深度融合，促进企业知识产权管理规范和水平提高而言，这部管理规范具有开启先河的重要作用；3年多来实施这部管理标准取得的成效，也证明了它对企业知识产权管理体系的建设具有重大战略意义。

山东省知识产权局、烟台市知识产权局、中知（北京）认证有限公司和山东智宇律师事务所在贯标工作实践中，不断深化对这部管理规范的理解和认识，并且积累了丰富的贯标实务经验，在此基础上，共同编写了《〈企业知识产权管理规范〉解析与应用》。本书具有理论与实践相结合的特点，通过企业贯标的实际操作及知识产权管理诊断等工作环节，从管理体系审核认证的视角，对这部管理标准的基础知识、规定术语和实施要求等进行了深入浅出的解读，帮助读者了解、掌握这部管理标准的内容及贯标工作的全流程，深化对这部管理标准所遵循的"策划、实施、检查、改进"的过程方法的认识。我们深切期望本书能成为广大贯标企业的良师益友，为企业知识产权管理体系建设提供辅导、帮助和支持。

本书汇集了知识产权管理部门、知识产权管理体系认证机构、贯标服务机构等方面领导和专业人士的极大热忱和集体智慧，得到各有关方面的大力支持。首先要感谢国家知识产权局专利管理司司长雷筱云在百忙之中指导本书的编写工作，并亲自为本书作序。其次要感谢山东省知识产权局局长于智勇一直以来对本书编写的关心，为书稿编写提出了有益的建议，并为本书作序。再次要感谢中国专利保护协会秘书长肖鲁青在本书编写方案、书稿框架、具体内容等方面提出的意见和建议。最后要对主要撰稿人表示感谢，他们是：中知（北京）认证有限公司卢潮流、章洪流、余平，山东智宇律师事务所林琼、张学军、徐嘉林、车言庆、黄钧铭、任丽竹。在此一并对相关部门和领导的关心和指导，以及各方的大力支持表示衷心的感谢。

受多方面条件的限制，本书难免会存在不足之处，还望广大读者海涵，并提出宝贵意见。

目 录

第一篇　GB/T 29490－2013 概述

第一章　GB/T 29490－2013 产生背景 ······················· 002
　第一节　知识产权管理的定义 ······························· 002
　第二节　企业知识产权管理标准的形成 ······················· 005

第二章　ISO9000 族标准对 GB/T 29490－2013 的影响 ········· 008
　第一节　ISO9000 族标准概况 ······························· 008
　第二节　ISO9000 族标准与 GB/T 29490－2013 的关系 ·········· 012

第三章　企业实施 GB/T 29490－2013 的意义 ················· 017
　第一节　政府推行 GB/T 29490－2013 的意义 ·················· 017
　第二节　企业实施 GB/T 29490－2013 的必要性 ················ 018
　第三节　企业实施 GB/T 29490－2013 的意义和作用 ············ 019

第二篇　GB/T 29490－2013 基础理论

第四章　知识产权管理原则 ································ 022
　第一节　战略导向 ··· 022
　第二节　领导重视 ··· 023
　第三节　全员参与 ··· 025

第五章　知识产权管理体系基础 ···························· 028
　第一节　过程方法 ··· 028
　第二节　适用范围 ··· 031
　第三节　影响因素 ··· 031

第六章　知识产权管理规范引用文件和术语 ········· 033
　第一节　规范性引用文件 ··············· 033
　第二节　术语和定义 ················· 033

第三篇　GB/T 29490－2013 解析

第七章　知识产权管理体系 ··············· 038
　第一节　总体要求 ·················· 038
　第二节　文件要求 ·················· 039
第八章　管理职责 ··················· 049
　第一节　管理承诺 ·················· 049
　第二节　知识产权方针 ················ 052
　第三节　策　　划 ·················· 053
　第四节　职责、权限和沟通 ·············· 058
　第五节　管理评审 ·················· 061
第九章　资源管理 ··················· 065
　第一节　人力资源 ·················· 066
　第二节　基础设施 ·················· 074
　第三节　财务资源 ·················· 075
　第四节　信息资源 ·················· 076
第十章　基础管理 ··················· 078
　第一节　获　　取 ·················· 078
　第二节　维　　护 ·················· 080
　第三节　运　　用 ·················· 084
　第四节　保　　护 ·················· 095
　第五节　合同管理 ·················· 100
　第六节　保　　密 ·················· 103
第十一章　实施和运行 ················· 107
　第一节　立　　项 ·················· 107
　第二节　研究开发 ·················· 109
　第三节　采　　购 ·················· 111
　第四节　生　　产 ·················· 112

第五节	销售和售后	114
第十二章	**审核和改进**	**116**
第一节	总　　则	117
第二节	内部审核	119
第三节	分析与改进	123

第四篇　知识产权管理体系内部审核与管理评审

第十三章	**知识产权管理体系内部审核**	**126**
第一节	审核概论	126
第二节	内部审核的策划	130
第三节	内部审核的准备	134
第四节	内部审核的实施	136
第五节	内部审核中的纠正措施	143
第十四章	**管理评审**	**146**
第一节	管理评审概论	146
第二节	管理评审策划	147
第三节	管理评审输入	148
第四节	管理评审实施	150
第五节	管理评审输出	150
第六节	管理评审输出的跟踪验证	151

第五篇　知识产权管理体系认证与审核

第十五章	**知识产权管理体系的初次认证审核**	**154**
第一节	知识产权管理体系认证简介	154
第二节	业务受理及审核启动	159
第三节	文件评审	164
第四节	现场审核的准备	168
第五节	现场审核活动的实施	171
第六节	审核报告和审核完成	177

第十六章　知识产权管理体系的保持认证 ······ 180
第一节　监督活动 ······ 180
第二节　再认证和特殊审核 ······ 182
第三节　关于暂停、撤销或缩小认证范围 ······ 183

第六篇　企业知识产权管理诊断

第十七章　企业知识产权管理诊断 ······ 186
第一节　诊断的必要性 ······ 186
第二节　诊断团队 ······ 186
第三节　诊断的目的和依据 ······ 187
第四节　诊断报告标本来源 ······ 188
第五节　诊断前的准备 ······ 190
第六节　设计调查问卷 ······ 193
第七节　诊断流程 ······ 196
第八节　诊断报告的撰写 ······ 198
第九节　诊断样本示例 ······ 198

参考文献 ······ 206
附录 ······ 207
附1　企业知识产权管理规范 ······ 207
附2　中华人民共和国专利法 ······ 220
附3　中华人民共和国商标法 ······ 231
附4　中华人民共和国著作权法 ······ 244
附5　计算机软件保护条例 ······ 256
附6　集成电路布图设计保护条例 ······ 261
附7　国家知识产权局办公室关于启动企业知识产权管理标准推行工作的通知 ······ 266
附8　关于深入实施国家知识产权战略 加强和改进知识产权管理的若干意见 ······ 269
附9　关于全面推行《企业知识产权管理规范》国家标准的指导意见 ······ 274

第一篇

GB/T 29490—2013概述

第一章　GB/T 29490—2013 产生背景

第一节　知识产权管理的定义

一、知识产权管理

知识产权（Intellectual Property）是指在科学技术、文学艺术等领域中，发明者、创造者等对自己的创造性劳动成果依法享有的专有权，其范围包括专利、商标、著作权及相关权、集成电路布图设计、地理标志、植物新品种、商业秘密、传统知识、遗传资源以及民间文艺等。[1] 广义上说，知识产权是以"创造性知识成果"和"经营标识"为核心而产生的财产权的总称。

按照管理的一般定义，知识产权管理是指组织对其知识产权工作加以计划、组织、协调及控制的活动和过程。从广义上看，它应包括知识产权行政部门的知识产权管理、企业的知识产权管理、事业单位的知识产权管理等。由于 GB/T 29490—2013 主要针对的是企业，因此本书所提的知识产权管理，特指企业对知识产权的管理。具体可将企业知识产权管理定义为：企业知识产权管理是企业为规范自身的知识产权工作，充分发挥知识产权制度在企业经营发展中的重要作用，运用知识产权制度的特性和功能，从法律、经济和科技的角度，对企业知识产权的开发、保护、运营进行地有针对性的组织、协调、谋划和利用的管理活动。

二、企业知识产权管理

企业知识产权管理是企业经营管理的重要组成部分，在企业管理中具有重要地位，贯穿于企业的产品研发、技术创新、市场营销、市场竞争的全过

---

[1] 见 GB/T 29490—2013 第 3 条第 3.1 款。

程，是企业在经营活动中有效实施知识产权创造、运用和保护所进行的系统操作。

1. 企业知识产权管理的特征

由于企业依法成立、追求利润的属性，企业知识产权管理便具备了法律性、市场性、动态性、从属性和文化性五大特征。

（1）法律性。

所谓法律性，是指企业对其知识产权工作实施管理应当依据相关的法律、法规和规章制度进行。一方面，企业知识产权管理应依法进行；另一方面，在企业内部，应制定完善的规章制度以规范知识产权管理工作。

（2）市场性。

企业是追求赢利的经济实体，企业知识产权管理必须遵循市场经济原则，以市场机制为导向，以市场效益为目标，实施市场化的管理。企业拥有知识产权不是为了作秀，而是以知识产权作为市场进攻或者防守的武器，切实消除企业知识产权风险隐患。企业在知识产权管理方面投入多少，是由知识产权的市场价值决定的。

（3）动态性。

企业知识产权管理不是一成不变的，呈现的是一种动态变化。管理措施应随着市场情况变化而变化、随着时间变化而变化、随着政策变化而变化。

（4）从属性。

企业知识产权管理从属于企业管理，是对企业知识产权的有效开发、保护运营的综合性和系统化的管理活动。知识产权管理具有很强的专业性，是由知识产权、管理学、专业技术、经济和市场等理论和实践的有机整合。

（5）文化性。

每个企业都有自身特点，即企业文化，知识产权是鼓励创新的机制，管理是一门艺术，知识产权管理自然要融入企业文化之中。

2. 企业知识产权管理的内容

一般来讲，企业知识产权管理的内容主要包括对知识产权创造、运用、保护过程中所进行的管理活动或管理过程；上述管理内容又具体体现在企业研发、采购、生产、销售等各经营环节的知识产权管理中。

（1）知识产权创造管理。

知识产权创造管理，是企业以知识产权的获取为目标的管理活动，与企业技术创新和研发活动关系密切，包括企业在技术研发等创新活动中对相关知识产权事务的管理，以及对技术创新成果产出后所开展的知识产权管理活动，是企业知识产权管理的核心、基础活动。

(2) 知识产权运用管理。

知识产权运用管理，是企业利用知识产权制度和规则，对其拥有的知识产权进行实施，应用于产品的制造，进行市场交易等运营活动，以获取经济利益、社会效益或其他利益的管理活动。实现知识产权的市场价值和竞争优势，是企业实施知识产权管理的主要目的，是贯穿企业经营各环节的重要知识产权管理活动。

(3) 知识产权保护管理。

知识产权保护管理，是企业通过采取有效的（知识产权）管理措施和手段，保障自己拥有的知识产权不被侵害，同时避免侵犯他人知识产权，有效支撑企业经营发展的管理活动，是为企业的技术创新和市场竞争提供保障的关键管理环节。

三、企业知识产权管理的意义

1. 促进技术创新

企业知识产权管理有利于促进其技术创新。首先，有利于增强企业员工的创新意识和创新能力；其次，有利于实现创新资源的优化配置，提高企业的研发效率与效益；最后，有利于推动企业的自主创新活动。

2. 改善市场竞争地位

企业知识产权管理的目的，在于充分利用知识产权制度提高参与企业生产经营活动各要素的效能，为提高企业的市场竞争力提供支撑，以追求经济社会效益的最大化。企业只有加强知识产权管理，才能确立对技术的掌控权，才能拥有自主知识产权，才有可能确立企业在市场上的竞争优势。

3. 保障企业经营发展

知识产权是企业重要的无形资产，企业通过加强知识产权管理，建立一套有效的知识产权保护体系，有利于增强知识产权风险防范和预警能力，为企业的经营发展提供保护。

4. 提升企业核心竞争力

企业的竞争力表现为面对市场的综合能力，归根溯源体现了企业的技术创新能力，即其内在的知识性。在知识经济和经济全球化深入发展时期，由于对企业创新的激励和保护作用，知识产权日益成为企业创新的核心要素。企业知识产权管理能够使企业将技术创新与知识产权制度有机结合起来，从而为企业牢牢占据市场份额和技术高地，提高企业的市场竞争优势提供了支撑。

第二节　企业知识产权管理标准的形成

一、地方标准的试点

我国实行改革开放后，开始建立知识产权制度。我国《专利法》实施已30多年，然而我国中小企业在知识产权管理上大多缺少系统化、规范化管理，与发达国家相比仍有较大的差距，从而没有形成和发挥所拥有的知识产权优势。为了帮助企业规范知识产权管理，建立规范的知识产权管理体系，我国一些地方知识产权管理部门率先探索通过建立知识产权管理标准推动企业管理上台阶。

2004年，广东省知识产权局与香港生产力促进局结合粤港两地的企业知识产权工作实践，双方合作启动了"创新知识企业"指标体系研究计划。经过数年深入企业调研与试点示范，"创新知识企业"指标体系日趋完善，最终形成了《创新知识企业知识产权管理通用规范》。

2008年5月8日，江苏省知识产权局在调查研究的基础上，参照国家规范化管理的有关规定，借鉴ISO9001质量管理体系和OHSMS职业安全卫生管理体系等有关标准发起制定了江苏省《企业知识产权管理规范》（DB32/T 1204－2008）并予以发布。

2011年12月31日，浙江省宁波市科学技术局发起制定的《宁波市企业知识产权管理规范》（DB3302/T 1042－2011）发布。

2011年12月31日，湖南省质量技术监督局发布了《企业知识产权管理规范》（DB43/T 665－2011），该规范由湖南省标准化研究院、湖南省知识产权局等单位联合起草，参考ISO9001－2008质量管理体系要求，借鉴PDCA循环的管理模式，倡导以标准化理念开展企业知识产权工作。

二、国家标准的形成

在地方先行先试的基础上，国家知识产权局于2011年提出《企业知识产权管理规范》国家标准的编制任务，报国家标准化委员会批准，纳入国家标准化委员会编制项目计划。根据国家标准化管理委员会《关于下达2012年第一批国家标准制修订计划的通知》（国标委综合［2012］50号）精神，国家知识产权局在国家标准化委员会的支持下，于2012年成立课题组，组织开展

《企业知识产权管理规范》国家标准的编制工作。标准编制起草组在结合国内标准体系最新进展及国际标准体系研究成果的基础上，经过预研、立项、起草、征求意见等阶段，形成《企业知识产权管理规范》的国家标准文件，并于 2012 年 8~9 月面向社会公开征求意见，共收到企业、地方知识产权管理机构、协会等 32 家单位的近百条意见。2012 年 11 月 1 日，国家知识产权局组织召开《企业知识产权管理规范（送审稿）》评审会，邀请了工业和信息化部、国家标准化委员会、国务院国有资产监督管理委员会等政府部门以及企业、科研机构、服务机构等单位的 30 名专家参会，并选取了 15 名专家组成标准审查组，听取了起草组关于标准编制情况的汇报，讨论和审查了标准文本，形成了国家标准审查会议纪要。审查组认为，该标准借鉴了质量管理体系中循环管理的模式，融入了科学管理的理念，吸收了地方制订和实施标准的经验，建立了流程化的企业知识产权管理体系，对我国企业具有较强的可操作性，达到了目前国内编制企业管理标准的领先水平，对于提升我国企业知识产权管理能力具有重要意义，同时也为知识产权领域其他标准的制订提供了借鉴和范本。

根据国家标准审查会上形成的专家意见，起草组在送审稿的基础上再次对标准文本进行修改，形成了报批稿。经过不断完善，《企业知识产权管理规范》报批稿基本具备了在格式上更加符合标准的编排规则，语言上准确易懂，内容上全面系统等特点。

2013 年 3 月 1 日，国家质量监督检验检疫总局和国家标准化管理委员会正式发布实施《企业知识产权管理规范》（GB/T 29490－2013），对企业建立科学、系统、规范的知识产权管理体系，推动企业全面落实国家知识产权战略纲要精神，积极应对知识产权竞争态势，有效提高知识产权对企业经营发展的贡献率起到了指导作用。

三、国家标准的推行

2013 年 5 月 23 日，国家知识产权局启动企业知识产权管理标准推行工作（以下简称"贯标"）。2013 年 6 月，工业和信息化部分别针对工业企业和中小企业发文，指导和支持企业开展知识产权贯标工作，促进企业增强创新能力和核心竞争力。2014 年 7 月 15 日，国家知识产权局等八部门印发《关于深入实施国家知识产权战略 加强和改进知识产权管理的若干意见》，指出要推广《企业知识产权管理规范》国家标准，将规范管理贯穿到企业生产经营全流程，并将企业知识产权管理体系的认证结果作为科技项目立项以及高新技术企业、知识产权示范企业和优势企业认定的重要参考条件。2014 年 12 月

10 日，国务院办公厅转发国家知识产权局等 28 个部门关于深入实施国家知识产权战略的行动计划，对未来几年国家知识产权战略实施工作进行了整体部署，其中提出要引导企业提高知识产权规范化管理水平，建立知识产权管理标准认证制度，引导企业贯彻知识产权管理规范。2015 年 5 月 5 日，国家知识产权局在开展国家知识产权优势企业和国家知识产权示范企业申报工作中，把推行《企业知识产权管理规范》，培育优势企业和示范企业作为企业知识产权工作"三阶段"培育路径，推动知识产权强企建设，为建设知识产权强国提供支撑。2015 年 6 月 30 日，国家知识产权局等八部委发布《关于全面推行〈企业知识产权管理规范〉国家标准的指导意见》，指导企业通过策划、实施、检查、改进 4 个环节持续改进知识产权管理体系，进一步提高知识产权管理水平，提升企业核心竞争力。在各部门和各地方的政策引导下，企业贯标工作正在全国各地深入开展。

第二章　ISO9000 族标准对 GB/T 29490—2013 的影响

第一节　ISO9000 族标准概况

一、ISO 与 ISO9000 族标准

1. ISO

ISO 是国际标准化组织（International Organization for Standardization，ISO）的简称，是一个全球性的非政府组织，是国际标准化领域中一个十分重要的组织。ISO 来源于希腊语"ISOS"，即"EQUAL"——平等之意。ISO 成立于 1946 年，中国是 ISO 的正式成员，代表中国参加 ISO 的国家机构是中国国家质量监督检验检疫总局。

ISO 负责目前绝大部分领域（包括军工、石油、船舶等垄断行业）的标准化活动。ISO 现有 140 多个成员，包括 117 个国家和地区，是目前世界最大、最权威的标准化专门机构。ISO 的最高权力机构是每年一次的"全体大会"，其日常办事机构是中央秘书处，设在瑞士日内瓦。中央秘书处现有 170 名职员，由秘书长领导。ISO 的宗旨是"在世界上促进标准化及其相关活动的发展，以便于商品和服务的国际交换，在智力、科学、技术和经济领域开展合作。"ISO 通过它的 2 856 个技术结构开展技术活动，其中技术委员会（SC）共 611 个，工作组（WG）2 022 个，特别工作组 38 个。中国于 1978 年加入 ISO，在 2008 年 10 月第 31 届国际标准化组织大会上，中国正式成为 ISO 的常任理事国。

2. ISO9000 族标准

ISO9000 族标准是 ISO 组织制订的与质量管理相关的一组标准，等同引进到中国的是 GB/T 19000 族标准。

ISO9000 族标准包括核心标准、一般标准和小册子等，最早制订的四个标准是 ISO9000 族标准的核心标准，分别是：①ISO9000《质量管理体系基础和

术语》；②ISO9001《质量管理体系要求》；③ISO9004《质量管理体系业绩改进指南》；④ISO19011《质量和环境管理体系审核指南》。

一般标准包括：①ISO10005《质量管理原则及其应用指南》；②ISO10006《项目管理指南》；③ISO10007《技术状态管理指南》；④ISO10013《质量管理体系文件指南》；⑤ISO10014《经济性管理指南》；⑥ISO10015《培训指南》；⑦ISO10017《统计技术》。

三个小册子分别是：①质量管理原理；②选择和使用；③小企业的应用。

二、ISO9000 族标准的产生和发展

1. ISO9000 族标准的产生过程

1979 年，英国标准协会（British Standards Institution，BSI）提交了一项建议，希望 ISO 制订有关质量保证技术的通用性的国际标准，以便统一各国存在很大差异的质量标准。根据这个建议，ISO 成立了质量保证技术委员会（TC176）。

经过 TC176 多年的协调，总结了美国、英国、加拿大等工业发达国家的一些经验，终于在 1986 年 6 月 15 日正式发布了 ISO 的 8402《质量—术语》标准。

在此基础上，1987 年 3 月 ISO 正式发布了 ISO9000 的四个标准，这就是最早的一版 ISO9000 族标准，此后又陆续有 1994 版、2000 版、2008 版、2015 版。ISO9000 族标准本身的不断更新也体现了它一贯倡导的持续改进原则。

ISO 作为母标准，在 ISO9000 族标准的基础上，发展出 ISO/TS 16949 汽车质量管理、ISO14001 环境管理、OHSAS18001 职业健康与安全管理、ISO/IEC 27001 信息安全管理、ISO5001 能源管理、ISO22000 食品安全管理、ISO22301 业务连续性管理、ISO10002 投诉管理、ISO20000IT 服务管理、ISO13053 精益六西格玛管理、ISO13485 医疗设备管理、ISO29001 石油和天然气管理、ISO31000 风险管理、ISO39001 道路安全管理、ISO26000 社会责任管理、ISO20121 项目可持续发展管理等一系列管理标准。

2. 世界各国采用 ISO9000 族标准情况

ISO9000 族标准自 1987 年颁布以来，已经有 130 多个国家和地区直接采用，其中包括欧盟、美国和日本等发达国家和地区。ISO9000 族标准已经成为欧盟认证和认可制度的基础，同时也正在被环境、医疗器械、软件行业所采用。约有包括英国、德国、美国、日本在内的 50 多个国家和地区，根据 ISO9000 族标准开展了第三方的评定和咨询工作。许多国家和国际的产品质量认证工作都把按 ISO9000 族标准建立质量管理体系并使之有效运行作为产品

质量认证的首项要求。许多大的工业公司，尤其是跨国公司，如大众汽车公司、杜邦公司、雷诺公司等，都已在其各作业场所实施ISO9000族标准，对产品和服务质量进行管理。许多大型的政府采购集团，如英国国防部、新加坡国防部、美国海军部的采购集团等，都采用ISO9000族标准的要求与供应商签订合同。不仅是制造业，新兴的IT服务类企业，如谷歌、FACEBOOK等，也都通过了ISO9000族标准的质量管理体系认证。由于ISO9000族标准的科学性和通用性，受到世界各国的欢迎，每次ISO9000族新版标准的发布和实施，都伴随着在全世界范围掀起对新版标准的学习和培训浪潮。时至今日，通过ISO9000族标准认证已成为社会各界评价企业正规管理的必要条件，越来越多的企业通过了ISO14001环境管理、OHSAS18001职业健康与安全管理、ISO/IEC 27001信息安全管理、ISO5001能源管理等更高要求的管理体系认证，成为各行业的佼佼者。

3. 我国贯彻实施ISO9000族标准的情况

我国在1988年正式发布并等效采用ISO9000族标准，其标准编号为GB/T 10300-88，于1988年8月1日起实施，并确立了100家企业为实施标准的试点企业。

1989年12月成立对口ISO/TC176技术委员会的全国质量管理和质量保证标准化技术委员会（CSBTS/TC152），承担将ISO9000族国际标准转化为我国国家标准的任务。

1992年5月召开的"全国质量工作会议"上决定等同采用ISO9000族标准，并立即把GB/T 10300-88修订为GB/T 19000-92国家标准，作为等同采用ISO9000族国际标准，编号为GB/T 19000-92idtISO9000：1987的国家标准，还依据此标准开展了质量管理体系认证工作。

1994年，我国又及时将ISO9000（1994版）国际新标准进行同期转化，修订了GB/T 19000系列国家标准。新修订的GB/T 19000-1994国家标准完全等同于ISO9000族1994版国际标准，使我国质量管理和质量保证方面的国家标准与国际标准化组织发布的标准保持了同步发展。

此后，2000版和2008版的GB/T 19000系列国家标准也顺利同步发布。

目前，中国已有120多家认证机构得到中国合格评定国家认可委员会（CNAS）认可，超过31万个组织获得质量管理体系认证证书，我国已成为世界贯彻和实施ISO9000族标准的第一大国。

三、ISO9000族标准的特点和作用

1. ISO9000族标准的特点

ISO9000族标准是一系统性的标准，涉及的范围、内容广泛，且强调对各

部门的职责权限进行明确划分、计划和协调，从而使组织能有效、有序地开展各项活动，保证工作顺利进行。

ISO9000 族标准强调管理层的介入，明确指定质量方针及目标，并通过定期的管理评审达到了解组织内部体系运作情况，及时采取措施，确保体系处于良好运作状态的目的。

ISO9000 族标准强调纠正预防措施，消除不合格或产生不合格的潜在原因，防止不合格的再发生，从而降低成本。

ISO9000 族标准强调不断的审核与监督，达到对组织的管理及运作不断的修正及改良的目的。

ISO9000 族标准强调全体员工的参与及培训，确保员工的素质满足工作的要求，并使每一位员工有较强的质量意识。

ISO9000 族标准强调文化管理，以保证管理系统运行的正规性、连续性。如果组织有效地执行这一管理标准，就能提高产品或服务的质量，降低生产或服务的成本，建立客户对组织的信心，提高经济效益，最终大大提高组织在市场的竞争力。

2. ISO9000 族标准的作用

（1）ISO9000 族标准有利于提高产品质量。

负责 ISO9000 质量体系认证的认证机构都是经过国家认可机构认可的权威机构，对企业品质体系的审核是非常严格的。这样，对于企业内部来说，可按照经过严格审核的国际标准化的品质体系进行品质管理，真正达到法治化、科学化的要求，极大地提高工作效率和产品合格率，迅速提高企业的经济效益和社会效益。

（2）ISO9000 族标准有利于增进国际贸易，消除技术壁垒。

在国际经济技术合作中，ISO9001 标准被作为相互认可的技术基础，ISO9001 的质量管理体系认证制度也在国际范围中得到互认，并纳入合格评定的程序之中。世界贸易组织/技术壁垒协定（WTO/TBT）是 WTO 达成的一系列协定之一，它涉及技术法规、标准和合格评定程序。因此，贯彻 ISO9001 标准对消除技术壁垒，排除贸易障碍起到了十分积极的作用。

（3）ISO9000 族标准为提高组织的运作能力提供了有效的方法。

ISO9000 族标准特别强调满足客户要求，它提供了一个"以客户为中心"的经营理念，使企业更加贴近市场；ISO9000 族标准提倡制度化管理，以往企业的制度也可以由上层传播到基层，但是通常要遇到相当多的阻力和反作用，而 ISO9000 则不同，它可以转变一些人为的、随意性的规定，使企业管理合理化、制度化、透明化，能够对企业的规范化运营管理起到穿针引线的作用。

ISO9001 标准鼓励企业在制订、实施质量管理体系时采用过程方法，通过识别和管理众多相互关联的活动，以及对这些活动进行系统的管理和连续的监视与控制，以实现生产顾客能接受的产品的目的。此外，质量管理体系提供了持续改进的框架，增加顾客（消费者）和其他相关方满意的程度。因此，ISO9001 标准为有效提高企业的管理能力和增强市场竞争能力提供了有效的方法。

（4）ISO9000 族标准有利于组织的持续改进和持续满足顾客的需求和期望。

顾客的需求和期望不断变化，这就促使企业持续地改进产品和过程。而质量管理体系要求恰恰为企业改进产品和过程提供了一条有效途径。ISO9001 标准提倡以顾客为中心，不断理解顾客的需求以持续改进企业的产品标准、管理方法、生产过程等，从而换取客户的信赖和忠诚。

第二节　ISO9000 族标准与 GB/T 29490—2013 的关系

一、GB/T 29490－2013 是基于 ISO9000 族标准的原理及模版而制订

ISO9000 族标准是在总结世界上众多发达国家先进标准的基础上，融合当代信息论、控制论、系统论等科学管理思想和先进管理经验，不断修订改版而日趋完善，是全世界质量科学和管理技术精华的凝聚与成功经验的整合。作为 ISO9000 族标准的母版，由 ISO9000 族标准衍生的各类 ISO 标准管理体系的认证已经成为现代企业标准化管理的标杆。

由于 GB/T 29490－2013 的内容属于管理范畴，因此在其起草和制订过程中参照了 ISO9001 标准的框架、结构、术语及成文习惯，同时秉承了 ISO9000 族标准策划建立体系、有效运行、检查审核、持续改进的工作思路，以及实行第三方机构认证的工作模式。通过在 GB/T 29490－2013 中贯彻 ISO9000 式的标准化管理要求，使中国企业知识产权管理的标准能够嵌入到企业管理体系标准之中，从而促进企业强化知识产权意识，提高知识产权管理水平，引导企业运用知识产权制度促进创新发展，通过知识产权强企，使中国从知识产权大国逐步成为知识产权强国。

二、GB/T 29490－2013 与 ISO9001 存在共通之处

ISO9000 族标准是对国际上各类企业质量管理体系共性的总结，而 GB/T

29490—2013 用于规范企业知识产权的管理，二者同属管理的范畴，都具有管理的基本属性。虽然两个标准管理的内容不同，但都具有特定的管理目标，均采用过程方法将经营中的各类活动通过输入、输出的方法进行连接，对过程进行分析，找到实现规范化管理的必要程序，最后形成基于计划—执行—检查—改进（PDCA）的循环，不断改进管理体系。因此，将 GB/T 29490—2013 与 ISO9001 进行比较分析，可以发现二者存在诸多共通之处：

（1）两个标准的运行原理都是 PDCA 循环。
（2）两个标准采用相似的过程模式结构。
（3）两个标准都要求建立相应的方针和目标。
（4）两个标准都要求建立文件化的管理体系。
（5）两个标准都要有文件化的机构职责分工。
（6）两个标准都要通过体系运行实现持续改进。
（7）两个标准都提出遵守法规和其他要求的承诺。
（8）两个标准都采用内部审核和管理评审来评价体系运行的符合性、有效性和适宜性。
（9）两个标准都要求对不符合项进行控制并加强培训教育。

三、GB/T 29490—2013 与 ISO9001 的差异之处

如上所述，尽管 GB/T 29490—2013 是基于 ISO9000 发展而来，与 ISO9001 存在诸多共通之处，由于作用和着眼点不同，二者也存在诸多差异。

（1）ISO9001 面对的是产品质量，是基于对产品生产的质量管理和控制，并与目标管理有机结合的管理模式，主要用于控制商务活动（Business activities）。而 GB/T 29490—2013 面对的是企业知识产权工作，旨在指导企业建立科学、系统的知识产权管理体系，鼓励企业在建立和运行知识产权管理体系时，采用 PDCA 方式保障知识产权管理体系的连续运行与持续改进。

（2）ISO9001 专注于在合同条件下顾客的要求；而 GB/T 29490—2013 关注于众多相关方的期望，包括投资者、顾客、职工、管理部门、地区居民等。

（3）ISO9001 是对企业运营过程中满足顾客要求的质量管理提出要求；而 GB/T 29490—2013 是对知识产权的获取、维护、运用、保护以及研发、采购、生产、销售中的管理提出要求，对管理的专业性要求更高。

（4）ISO9001 是 ISO 为了提升全球质量管理体系而正式发布的国际标准；而 GB/T 29490—2013 的标准化对象是企业知识产权管理体系，不涉及人体健康，人身财产安全，因此属于推荐性国家标准。

（5）两个标准条款内容不完全相同，结构不完全对应。尽管 GB/T

29490—2013 在条款设置上大多借鉴了 ISO9001 条款的结构，但是由于二者服务的对象和着眼点不同，条款内容和结构也存在差异，其所表达的内涵也不尽相同。

四、GB/T 29490—2013 与 ISO9000 族标准体系融合探讨

1. 标准体系的融合及其优点

体系融合体现了标准的一体化，就是把根据不同标准建立的不同管理体系相互有机融合进行管理。当前，企业 ISO 质量管理体系已运行多年，具有比较完备的运行体系及丰富的实践经验，而 GB/T 29490—2013 标准还是新生事物。从企业贯标工作的实践来看，如能将知识产权管理体系有机融入企业 ISO 质量管理体系之中，可以利用 ISO 管理体系，使知识产权管理体系的运行更加方便，能更有效地贯穿于企业生产经营的全过程，取得事半功倍的效果。

（1）整合管理资源，降低运行成本。

正是由于 GB/T 29490—2013 与 ISO9000 族标准具有诸多共通之处，因此在各管理体系运行的一些环节上，可以根据实际情况，将相关管理资源进行有机融合，包括管理的流程、管理的人力资源甚至管理的领导和组织体系等，使企业能够有效地利用其他管理体系的运行机制，节省人力、物力和财力投入，达到知识产权管理体系有效运行的目的。

（2）优化管理流程，提高管理效率。

尽管质量管理体系和知识产权管理体系针对的服务对象分别为产品和知识产权，但由于二者都属于企业管理的重要部分，且产品及其质量与知识产权有密切关系，因此二者之间有诸多可以相互借鉴的经验和做法，有利于促进各管理流程更加优化，从而提高管理工作的效率。

2. 标准体系融合的原则

企业的 GB/T 29490—2013 能否与 ISO9000 有机融合，关键要看企业的实际情况，取决于企业的需要。不同的企业、不同的管理基础可以因地制宜采取不同的方式方法。

在体系融合过程中，要遵循先易后难、先简后繁、点面结合的原则，注重有效性和可操作性，力戒形式主义。同时，应充分注意两者的差异和特点，尽量发挥促进融合的有利因素，避免那些妨碍体系融合的不利因素，使体系融合工作按计划有序进行。

3. 体系融合的形式

体系融合的目的是全面提升企业的内部管理水平，通过规范管理和提高

效率，达到提高经济效益的最终目的。真正意义上的体系融合有赖于企业实施管理体系标准经验的积累，以及推行管理体系融合的决心。体系融合通常需要经历从组织融合、文件融合到管理体系运行融合等几个步骤。

（1）组织机构与职责的融合。

①组织机构和职责划分的重新设置。由于质量管理体系通常没有包含企业所有的部门，特别是与质量管理没有直接关系的生产辅助部门、后勤部门及相关现场，但是知识产权管理体系必须是全员参与，即包括企业的全体员工和所有部门，因此，在进行体系融合时，需要重新考虑管理体系的组织机构设置，归并组织的职责描述，尤其是应考虑将两个体系的管理职能合并到一个主管部门，且管理者代表最好集于一人之身，以便于统筹管理体系运行，减少企业因多头管理造成的低效和内耗，提高企业内部管理的有效性。

②内审员双重资格培训和多体系参与。内审员是企业内部建立、整合、维护管理体系的主要力量。如果要实现两个管理体系的融合，则内审员必须具备双重资格，能够同时参与质量管理体系和知识产权管理体系的运行、维护，并承担两个体系的联合内部审核工作，以及接受外部认证机构的一体化审核。

③体系主管部门配置必要的人力资源。企业为了进行两大管理体系的融合，将设立两个体系的归口主管部门，但前提是该部门必须具有相应的人力资源。

（2）文件化体系的融合。

①关于管理手册。管理手册的主要内容是描述有关标准要求和组织机构与职责划分，由于 ISO9001 与 GB/T 29490－2013 的结构形式和条款编号存在一定差异，因此，编写两个管理体系相融合的管理手册有一定的困难。如果企业希望将两个管理体系的手册合并，则通常要以 ISO9001 版标准为基本模式，按照 PDCA 循环的规律和标准各个条款的功能，插入知识产权管理体系标准的相应要求。但是，这样做一定要避免缺失 GB/T 29490－2013 的有关要求。

②关于程序文件。由于 ISO9001 与 GB/T 29490－2013 都强调 PDCA 循环，且都有明确规定需要编写程序文件的条款。根据两个管理体系标准的要求，可以考虑编写一套管理体系程序文件，也就是将两个标准中规定需要建立程序文件的条款进行融合编写出一套"二合一"程序文件。

（3）管理体系运行融合。

①管理评审的融合。管理评审作为体系运行旧阶段的终点和新阶段的起点，在确保体系的持续适宜性、充分性、有效性上起到决定性的作用。管理评审应该关注组织整体经营活动相对于各个体系的表现，从而规划协调组织

的资源，确定新的方针目标，因此两个管理体系的管理评审放在一起进行，会有助于最高管理者进行整体的考虑。

②持续改进共同提高。持续改进是两个管理体系提出的要求，也是企业内部管理和自我发展追求的目标。企业要经过不懈的努力才可能使管理体系从合并变成兼容，从兼容变成融合，从一时的融合达到长久的融合，实现两个管理体系的共同提高。这个过程可以从几个方面来考虑：过程控制的优化、管理职能的简化、管理人员的多能化、文件构成的简约化、记录设置的合理性、自我完善的推动力等。

③部分特定过程的融合。其他可以整合的特定过程包括研究开发、采购、合同管理等，企业可根据实际情况在满足两个标准的前提下进行融合，工作方法和表单记录尽量统一，以减少相关人员的工作量。

第三章 企业实施 GB/T 29490 — 2013 的意义

第一节 政府推行 GB/T 29490—2013 的意义

2008年6月5日,我国颁布《国家知识产权战略纲要》,纲要明确指出,实施国家知识产权战略,要坚持以邓小平理论和"三个代表"重要思想为指导,深入贯彻落实科学发展观,按照激励创造、有效运用、依法保护、科学管理的方针,着力完善知识产权制度,积极营造良好的知识产权法制环境、市场环境、文化环境,大幅度提升我国知识产权创造、运用、保护和管理能力,为建设创新型国家和全面建设小康社会提供强有力地支撑。

企业作为国家知识产权战略实施的重要主体,大力提高知识产权创造、运用、保护和管理能力,推动企业在创新道路上持续发展,是实施国家知识产权战略的一项重要任务。在知识经济日益发展和经济全球化不断深化的国际环境下,在国家知识产权战略的指引下,我国企业的自主创新能力和知识产权运用水平不断提高,正逐步把知识产权制度融入企业生产经营的各个环节。但是,我国大多数企业还存在知识产权意识不强、知识产权管理制度有待规范、知识产权管理机构不健全、知识产权管理人员数量和能力不足等问题。企业知识产权管理没有统一的标准进行指导和规范,管理水平参差不齐,制约了现阶段我国企业知识产权工作的开展。因此,政府大力推动企业知识产权管理标准的建立和实施,对于促进企业知识产权工作和企业健康发展具有十分重要的意义。

1. **推动知识产权战略实施**

通过指导企业建立科学、系统、规范的知识产权管理体系,促进企业持续健康发展,增强企业核心竞争力,充分发挥企业在实施知识产权战略和创新驱动发展战略中的主体作用。

2. **促进企业技术创新能力提升**

通过持续实施和改进知识产权管理体系,可以促进企业产品、技术的开发创新,提高产品附加值,降低知识产权风险,从而推动企业持续创新,不断改善企业市场竞争地位，提升企业核心竞争力。

3. 体现国家推进企业知识产权工作模式的创新

近年来，国家加快推进政府职能转变，加强发展战略、规划、政策、标准等制订实施，正成为政府部门工作的重要手段，由此可见，加强标准化工作已成为政府公共管理模式的发展趋势，推行企业知识产权管理标准，是政府部门更好推动企业知识产权管理工作的有力政策措施。

4. 加强政府各部门间政策和资源的相互融合

政府在指导实施 GB/T 29490－2013 过程中，采用国际化标准体系管理模式，通过实行第三方认证的市场化方式，促进企业贯标工作融入财政、税收、金融、科技、教育等领域，加大了政府资源相互融合、共同推动实施 GB/T 29490－2013 的力度。

5. 促进政府指导与市场主导作用相结合

GB/T 29490－2013 的实施以政府引导与市场驱动相结合，全面实施与试点示范相结合，部门协调与上下联动相结合，分类指导与整体推进相结合，立足当前与着眼长远相结合的原则；提出到 2020 年，要在全国建立推行标准的政策引导体系，构建市场秩序规范的咨询服务体系，形成市场化机制的审核认证体系，培养一支专业化的人才队伍，引导企业建立知识产权管理规范，提升企业运用和保护知识产权能力，从而增强企业的竞争优势。

第二节　企业实施 GB/T 29490－2013 的必要性

管理的根本作用在于聚合各类资源，协调相互关系；管理的目的是获得高效、高收益；问题源于管理，问题止于管理；管理出效率，管理出效益；这些都是企业家们耳熟能详的警句名言。然而在实际中，企业因忽视专利缴费管理造成上市融资被叫停的重大损失；企业将大量资金投入研发项目，却因研发立项过程中缺失知识产权管理，最终发现已有他人专利布局而无法实施，造成难以挽回的经济损失……从许多案例中都可以看出知识产权管理对企业经营发展所起的重要作用。企业实施 GB/T 29490－2013 具有以下几点必要性。

1. 实施 GB/T 29490－2013 是企业提升经营管理水平、增强市场竞争力的需要

为实现高效运营，企业需要对知识产权资源进行有效管理。但是管理什么、如何管理，并不是每个企业都能够知晓和明晰的。GB/T 29490－2013 解

决了这一问题，它可指导企业实现知识产权管理的系统化、动态化、流程化和长效化，将企业经营生产活动各个环节的管理与知识产权管理有机融合，针对管理效果情况以及特定发展阶段的适时优化，实现管理的动态化；对各项工作制订流程，便于全过程控制，实现管理的流程化；定期检查与改进，确保管理活动的长期有效，实现管理的长效化，实现企业知识产权管理工作上水平。

2. 实施 GB/T 29490－2013 是保证产品"质量"，实现"安全生产"的需要

一个具有知识产权隐患的产品进入市场，可能导致侵权诉讼，给企业带来重大经济损失与信誉损失。因此，没有知识产权管控的生产经营过程是非"安全"生产过程，随时都可能发生侵权损失"事故"。通过实施 GB/T 29490－2013，企业就能够对影响过程运行的活动、行为、工作实施控制；对可能出现的风险事先考虑，并进行有效的预防；对不良趋势采取有效的纠正和预防措施；对知识产权管理制度形成持续改进、良性循环的机制；使知识产权管理由"人治"变"法治"。这些都是实现知识产权"安全生产"生产"合格"产品的基础保证。

3. 实施 GB/T 29490－2013 是企业拓展市场的需要

客户拿到知识产权"不合格"的产品，会对其带来重大隐患。实施 GB/T 29490－2013 是企业生产知识产权"合格产品"的一个保证，特别是经过第三方认证后，对企业生产知识产权"合格产品"提供了信用担保。这些都可以让客户，特别是外国客户放心与企业下单做生意，有利于市场拓展。

4. 实施 GB/T 29490－2013 是企业参与各类项目投标的需要

以上所述推进和实施 GB/T 29490－2013 的重要性，必将促使相关政府部门积极推进这项工作，GB/T 29490－2013 将会得到广泛认同，并将成为今后各种项目招标优先考虑或必备条件。

第三节　企业实施 GB/T 29490－2013 的意义和作用

通过以上内容介绍，可以概括出推行实施 GB/T 29490－2013 具有以下重要意义和作用。

1. 指导管理

GB/T 29490－2013 是导师，用来指导企业如何开展知识产权管理工作，建立知识产权管理体系，对企业提升知识产权管理水平具有现实的指导作用。

2. 规范管理

GB/T 29490—2013 是镜子,用来帮助企业发现问题,并有效改进。实施 GB/T 29490—2013 的过程,是企业对立项、研发、采购、生产、销售和售后等经营活动中的知识产权管理进行系统梳理、整改、规范的过程,是企业整体管理水平提升的过程,对企业防控经营风险、提高研发能力、生产效率、市场竞争力具有积极的促进作用。

3. 衡量管理

GB/T 29490—2013 是尺子,用来衡量企业知识产权管理水平到底有多高,差距有多少。企业可以拿 GB/T 29490—2013 这把尺子,衡量自己的知识产权管理与规范要求的差距,起到从差距中找不足、从改进中求提升的作用。

4. 树立信誉

企业通过贯彻实施 GB/T 29490—2013,并通过审核认证,打牢了知识产权运营的基础,增强了社会公信力,为企业走出国门开拓市场提供了竞争的筹码,对加速企业发展具有实实在在的帮扶作用。

5. 优化环境

GB/T 29490—2013 得到广泛实施,企业市场竞争力就会明显提升,知识产权保护环境得以优化,对区域科技经济发展具有极大推动作用。

总之,推动实施 GB/T 29490—2013,是企业提升能力、加速发展的重要战略举措。

第二篇

GB/T 29490—2013基础理论

第四章　知识产权管理原则

GB/T 29490—2013 提出了在企业知识产权管理体系建设中建议遵循的三项实施原则：战略导向、领导重视和全员参与。

第一节　战略导向

一、基本含义

知识产权管理的战略导向原则是指，将企业的知识产权管理体系构建与企业发展战略有机地结合起来，使企业的知识产权管理体系成为实现企业发展战略的重要杠杆，知识产权战略与经营发展、科技创新已经成为企业在当今信息社会发展的三个支撑点。企业应在战略层面统一部署经营发展、研究开发和知识产权管理，达到战略层面的有效联动和高度统一，使知识产权工作能够在企业的经营发展中充分、有效地发挥其支撑和促进作用。

战略导向原则强调企业知识产权管理体系对企业发展战略的支撑，它在为所有过程提供一般意义知识产权管理指导的同时，采取有重点、有区别的专利、品牌和商业秘密的经营策略，以更好地实现公司的发展战略。例如，有些制药企业将研发部门定位为知识产权管理水平进一步发展的战略瓶颈部门，并特别为该部门研究国内外专利，以及将研究开发成果合理转化为适合的知识产权保护形式，配备了强大的人力以及财务等软硬件条件作为支撑，这是企业知识产权管理涉及战略导向原则的具体体现。

二、实　　施

一般来说，战略导向原则在企业知识产权管理策划中的具体实施，需经过从企业发展愿景到知识产权方针确立，到根据方针制订知识产权目标，再到知识产权目标分解，直至 KPI 考核推动目标得以实现的若干环节。

与企业经营发展战略和科技创新战略一样,企业知识产权战略的实施是一个从上到下、政策落地的过程。在这个过程中,关键在于消除知识产权战略落地的瓶颈。显然,不同的企业有不同的发展战略瓶颈,同一企业在不同的发展阶段,亦有不同的发展战略瓶颈。

有的企业前期研发投入大,但技术创新点挖掘和专利保护是弱项;有的企业商业秘密多,但在商业秘密保护方面漏洞百出;有的企业制造能力很强,但不注重品牌经营导致发展后劲不足。如果不在知识产权战略落地的过程中,关注并消除发展瓶颈,即使企业经营发展和科技创新战略执行得再好,也会被不重视知识产权战略的泥潭困住发展的脚步。

在知识经济时代,企业的发展依赖于企业对市场的把握及在关键技术领域的研发中取得的知识产权。企业对市场有了精准把握,才能使企业的产品或者服务能够符合和满足市场需求,而制订和部署符合市场需求的经营发展战略,对研究开发行为进行指导是企业持续发展的保证。企业通过知识产权管理从关键技术领域的研发中取得知识产权,又利用知识产权保障企业经营发展方针的落实,从而对企业的发展形成良性的促进和推动。

第二节　领导重视

一、基本含义

领导重视其实就是强调企业管理者的重视和发挥领导作用。标准明了明确企业管理者的职责,是为了体现标准规定了最高管理者对知识产权方针的制定与知识产权体系的策划、开发、实施和保持的决策负最终责任。在汉语中,领导有两个含义:一是动词,指领导的行为;二是名词,指担任领导的人。GB/T 29490－2013强调的是担任领导的人的作用。在GB/T 29490－2013中有"最高管理者"术语。最高管理者是指"在最高层指挥和控制组织的一个人或一组人"。显然,最高管理者是领导,而领导不仅包括"最高管理者",还包括不同层级的"最高管理者",还包括企业各部门的部长、车间主任、班长等各级管理者。

领导在知识产权管理中的作用是极其关键的,其主要作用是将本企业的宗旨和经营方向与内部环境统一起来,创造一个紧张而团结、活跃而又高效的充满集体主义色彩的企业文化和环境,使全体员工能充分参与知识产权管理的各项活动,达到企业的预定目标。这里的"内部环境",按ISO9000族标准的规定，不是自然环境，也不仅仅是一般的工作环境，而是指人文环境，是公司内部的情况和条件。员工在公司中的行为是受群体心理制约的，是受社区环境影响的。一个没有良好知识产权风气的公司，知识产权管理体系要正常运行是不可能的。良好知识产权风气的形成，固然离不开整个社会的知识产权风气状况，但最重要的还是领导的重视，包括领导的模范带头作用。

二、实　　施

领导人员在知识产权管理体系中具有最重要的地位。以下是各级领导人员在知识产权管理体系中的职责和应起的作用。

1. 最高管理者是知识产权方针和目标的制定者

如果最高管理者未能解决对知识产权的认识问题，那么在制定知识产权方针时就不能真正符合企业实际和满足相关方需求，即使知识产权方针中有诸如"注重知识产权"之类的描述，也难以起到作用。企业最高管理层根据企业的经营战略、企业规模、资源、产品特点、市场环境变化等情况对公司知识产权方针和目标进行策划。知识产权方针和目标应在符合公司发展战略，满足标准要求，使相关方满意，持续改进管理体系等方面作出更明确的承诺，更贴近用户和相关方，更容易使全体员工理解与接受，更有利于使方针、目标成为上下一致遵循的知识产权工作指南。

2. 领导是职能的明确者

公司的知识产权职能活动和知识产权任务应从最高管理者依次落实到员工，职能不明确或者执行不到位，就会使管理活动没有人去做，或者执行的效果和质量达不到要求，致使知识产权方针和目标得不到有效落实。如果对知识产权职能和知识产权任务安排不当，也会造成责任不明确和内部协调不好，知识产权职能和知识产权任务就无法完成。

3. 领导是资源的分配者

知识产权管理体系要建立和运行，应有必要的资源和相关条件做保障，例如，人员、设施、信息、财务，以及工作环境、供方和合作关系等资源。资源配置不到位或投入不足，都会影响知识产权管理体系取得预期的效果。

4. 领导具有带头作用

对员工来说，领导的一言一行，领导的每个决策都是有影响和导向作用的。领导人缺乏知识产权意识，不重视知识产权工作，必然会给企业知识产权管理工作带来负面作用。反观那些知识产权管理水平高，知识产权对企业经营发展发挥了支持作用的企业，都一定是领导重视和管理职责到位的企业。

5. 领导具有决策作用

企业知识产权管理体系涉及多个部门和生产经营的多个环节，在运行中难免发生协调衔接不畅、做法和意见不一致等情况，往往需要领导发挥沟通协调、落实资源和工作决策等作用。这就需要领导按既定的知识产权，解决问题，推动工作开展。

第三节　全员参与

一、基本含义

全员参与原则是 ISO9000 族标准质量管理八大原则之一，也是知识产权管理的重要原则。所谓全员参与，是指企业全体员工参与知识产权管理，全员参与原则可以借鉴全面质量管理（TQM）的概念，延伸为"全员、全过程、全方位"的"三全"知识产权管理原则，使知识产权工作得到全体员工的理解和支持，通过每个员工参与知识产权管理的实效，保证企业落实知识产权管理各项活动的要求，取得知识产权管理的良好绩效。

二、全员知识产权管理

所谓全员知识产权管理，是指企业应实现全体员工参与知识产权管理工作。企业从产品的设计、开发、制造、销售到售后服务等经营各环节是由各部门、各岗位的人员共同完成的，任何一个环节的知识产权管理出现问题，都有可能给企业带来知识产权风险。

1. 提高全员知识产权意识

落实企业员工参与知识产权管理，员工的知识产权意识、管理方法和技术水平三者缺一不可。首先，应当使每个员工在头脑中树立起较强的知识产权意识，让每个人都认识到知识产权的作用、自己所负的责任、如何履行好职责等问题，从而落实各岗位、各环节的知识产权管理职责。其次，企业要根据不同岗位人员的工作需要，帮助员工学习掌握知识产权管理方法，在员工中普及质量控制工具等工具的应用，掌握必要的知识产权管理的实务技能。最后，要对全员开展持续的知识产权知识培训，适应企业经营发展和知识产权管理水平提高的需要。这种学习培训提高，是现代企业员工的一种精神需要，更是满足员工需求、激励员工的一种有效途径。

2. 营造企业知识产权文化

企业在长期生产经营活动中，领导和员工之间会逐步形成共同的知识产权意识、知识产权行为准则和知识产权价值观，这种"共同点"就是知识产权文化。知识产权文化也是一种管理文化，是一种组织文化。在知识产权管理活动中，知识产权文化通过潜移默化的方式沟通员工的思想，从而产生对企业知识产权目标、知识产权观念、知识产权行为规范的"认同感"。在这种知识产权文化的氛围中，员工自然而然会为实现企业的知识产权改进目标而产生自我激励的动因，并努力工作。

3. 发挥员工的创造性和积极性

企业为促进全员参与知识产权管理，可以采取类似全面质量管理质量控制小组的形式或其他方法，调动员工参与管理的积极性。例如设立知识产权管理小组（IPC 小组），由基层管理人员和员工组成 IPC 小组，能够发现、分析并最终解决生产和经营中的知识产权管理问题。研究发现，许多员工如果被允许参与改进他们所进行的工作，往往会表现出更大的兴趣和获得成就感。一个公司内可能会有许多 IPC 小组，通过这些小组，可以激发员工的创造性，提高全面参与企业知识产权管理的效果。

三、全过程知识产权管理

所谓全过程知识产权管理，是指根据企业知识产权的形成规律，从源头抓起，全过程推进。按照企业知识产权的形成步骤，知识产权管理贯穿从知识产权获取、维护、评价、运用、保护到保密的全过程。其中，上述每个环节又由诸多相互关联的活动构成相应的具体过程。因此，必须掌握识别过程和应用过程方法进行全过程知识产权管理。全过程知识产权管理包括事前管理、事中管理和事后管理，这三大环节构成有机的系统过程，实质就是 PDCA 循环的具体化。

四、全方位知识产权管理

所谓全方位知识产权管理，是指从知识产权管理体系建设、管理职责、资源提供、基础管理、实施运行到审核与改进的全方位管理。知识产权管理体系的各项工作绩效是整个企业知识产权管理工作的保证。全方位知识产权管理涉及企业所有职能管理部门，任何一个职能管理部门的怠慢疏忽或知识产权责任不到位都会对企业知识产权工作造成影响。

企业的所有部门都应当了解知识产权的功能，以及各部门所需要承担的责任。例如，专利更多地涉及研发部门和知识产权部门；商标的管理则和市场营销部门的关系较为密切；而商业秘密的管理则涉及对企业所有层面和所有员工进行知识产权宣传、教育的责任。同时，每个部门对于执行知识产权管理的职责分工又不相同。

综上所述，企业的知识产权管理需要全员、全过程和全方位的管理，只有将知识产权管理逐渐根植企业，形成企业文化的重要方面，才能实现知识产权对企业经营发展的价值和效益的最大化，实现知识产权管理工作对企业研究开发和经营发展的全面、持续、有效的支持和促进。

第五章 知识产权管理体系基础

第一节 过程方法

过程管理是 ISO9001：2008 质量管理体系标准强调的管理方法，GB/T 29490—2013 在引言第 0.3 条对知识产权管理体系的过程方法作出了规定。该条主要规定了过程的定义和 PDCA 循环，并详细介绍了知识产权管理体系的输入和输出内容，下面从三个方面进行阐述。

一、过程的定义

根据 GB/T 29490—2013 的引言第 0.3 条，过程是利用资源将输入转化为输出的任何一项或一组活动。由此可以看出，过程包括输入、输出、资源、活动四大要素，其中活动是过程的主体，输入是过程的开始，输出是过程的结果，资源是过程的必要条件。

由于过程可以是一项活动，也可以是一组活动，所以多个子过程可以组成一个母过程，一个复杂过程可以拆分成多个简单过程；一个过程的输出往往是下一个过程的输入。以产品制造过程为例，其输入是原材料，输出是产品，资源是人员、设备、工艺和环境，输入和资源加起来就是我们常说的人机料法环（4M1E），输出的产品是下一个过程——产品销售过程的输入。

使用过程方法的主要目的是对企业知识产权的相关过程进行整合，在识别和确定所需过程的基础上，明确各过程的相互关系，从而充分利用组织的资源，提高知识产权管理体系整体的有效性和效率，并为持续改进提供充分依据。

二、PDCA 循环

1. PDCA 循环的步骤与阶段

PDCA 循环，也称戴明环，是由美国著名质量管理专家戴明（W. E.

Deming）首先提出的。这个循环主要包括四个阶段：策划（Plan）、实施（Do）、检查（Check）和改进（Action）及八个步骤。八个步骤是四个阶段的具体化。

（1）策划（P）阶段。

策划是知识产权管理的第一阶段。通过策划，确定知识产权管理的方针、目标，以及实现该方针和目标的行动计划和措施。策划阶段包括以下四个步骤：

步骤一：分析现状，诊断企业的知识产权问题。

步骤二：分析原因和影响因素。针对找出的知识产权问题，分析产生的原因和影响因素。

步骤三：找出主要的影响因素。

步骤四：制订改善知识产权的措施，提出行动计划，并预估效果。

在进行这一步时，要反复考虑并明确回答以下问题：

①为什么要制订这些措施（Why）？

②制订这些措施要达到什么目的（What）？

③这些措施在何处即哪个工序、哪个环节或在哪个部门执行（Where）？

④什么时候执行（When）？

⑤由谁负责执行（Who）？

⑥用什么方法完成（How）？

以上六个问题，归纳起来就是原因、目的、地点、时间、执行人和方法，亦称"5W1H问题"。

（2）实施（D）阶段。

步骤五：执行计划或措施。

（3）检查（C）阶段。

步骤六：检查计划的执行效果。通过做好自检、互检、工序交接检、专职检查等方式，将执行结果与预定目标对比，认真检查计划的执行结果。

（4）改进（A）阶段。

步骤七：总结经验。对检查出来的各种问题进行处理，正确的加以肯定，总结成文，及时修订文件。

步骤八：提出尚未解决的问题。通过检查，对效果还不显著，或者效果还不符合要求的一些措施，以及没有得到解决的知识产权问题，应本着实事求是的精神，把其列为遗留问题，反映到下一个循环中去。

改进阶段是PDCA循环的关键。因为改进阶段就是解决存在问题、总结经验和吸取教训的阶段。该阶段的重点又在于修订文件，包括技术标准和管理制度。没有标准化和制度化，就不可能使PDCA循环转动向前。

2. PDCA 循环的特点

PDCA 循环可以使我们的思想方法和工作步骤更加条理化、系统化、图像化和科学化。它具有如下特点：

（1）大环套小环，小环保大环，推动大循环。

PDCA 循环作为知识产权管理的基本方法，不仅适用于整个工程项目，也适应于整个企业和企业内的科室、工段、班组以及个人。各级部门根据企业的方针目标，都有自己的 PDCA 循环，层层循环，形成大环套小环，小环里面又套更小的环。大环是小环的母体和依据，小环是大环的分解和保证。各级部门的小环都围绕着企业的总目标朝着同一方向转动。通过循环把企业上下或工程项目的各项工作有机地联系起来，彼此协同，互相促进。

（2）不断前进、不断提高、螺旋上升的管理模式。

PDCA 循环就像一个上升的螺旋纹一样，一个循环运转结束，生产的效果就会提高一步，然后再制订下一个循环，再运转、提高，不断前进、不断提高。

三、知识产权管理体系的输入和输出

1. 知识产权管理体系的输入

企业知识产权管理体系作为一个整体过程，输入是企业经营发展对知识产权管理的需求和预期，也就是相关方对知识产权管理的需求，一般来说包括：

（1）开发新产品，研发新技术。

（2）提高产品附加值，扩大市场份额。

（3）防范知识产权风险，保障投资安全。

（4）提高生产效率，增加经济效益。

2. 知识产权管理体系的输出

通过建立科学、系统的知识产权管理体系并加以持续改进，最终的输出为企业所取得的知识产权管理成效，可以提高企业核心竞争力，防范知识产权风险，具体可体现在：

（1）激励创造知识产权，促进技术创新。

（2）灵活运用知识产权，改善市场竞争地位。

（3）全面保护知识产权，支撑企业持续发展。

（4）系统管理知识产权，提升企业核心竞争力。

第二节　适用范围

GB/T 29490－2013 第 1 条规定了标准的使用范围，分为两部分，解读如下。

一、GB/T 29490－2013 是体系 PDCA 的管理要求

GB/T 29490－2013 规定了企业策划、实施、检查、改进知识产权管理体系的要求。这实际上重申了体系对 PDCA 过程方法的要求，表明 PDCA 循环是一种能使任何一个过程有效、有序进行的合乎逻辑的工作方法，是知识产权管理的重要工具。

二、GB/T 29490－2013 适用企业要求

GB/T 29490－2013 在第 1 条中规定："本标准适用于有下列愿望的企业：
a) 建立知识产权管理体系；
b) 运行并持续改进知识产权管理体系；
c) 寻求外部组织对其知识产权管理体系的评价。
事业单位、社会团体等其他组织，可参照本标准相关要求执行。"

制订 GB/T 29490－2013 主要是为广大企业提供一套知识产权管理体系的参考标准。企业可根据标准的要求，建立知识产权方针、目标和管理体系；通过定期或不定期的审核评审保证体系的运行有效性；也可申请认证组织对企业知识产权管理开展认证工作。

GB/T 29490－2013 适用的主体是企业，其他的事业单位也可参照执行。

GB/T 29490－2013 不仅要求企业在内部建立知识产权管理体系，并持续改进；而且，对于寻求外部组织对其知识产权管理体系的评价，也是该标准要求的内容之一。

第三节　影响因素

GB/T 29490－2013 在引言中第 0.4 条解释了实施该标准应考虑的影响因素，具体包括以下因素。

一、经济和社会发展状况、法律和政策要求

经济和社会发展状况、法律和政策要求是企业制订知识产权管理体系必须充分考虑的因素。不同国家、不同地区的经济发展水平、社会文化内涵、法律法规及政策都不尽相同，有的甚至差异非常大，经济发达地区和国家如欧洲、美国等的知识产权保护机制比较完善，知识产权侵权赔偿数额较高，社会大众对知识产权的尊重程度也比较高，其法律环境也倾向于严厉的保护制度。发展中国家大多处于产业链的低端，是一些重要的原材料出口基地，因此它们有针对性地制定了一些对自身产业有利的知识产权制度。企业必须要适应不同国家、地区的经济、社会、文化、市场，制定的知识产权制度既要满足企业自身业务的需要，还要满足业务涉及地域的法律、政策等要求。

二、企业的发展需求、竞争策略、所属行业特点

企业在设计和实施自己的知识产权管理体系时，还应当充分考虑企业发展需求、竞争策略、所属行业特点，如果是一家技术性企业，就必须重点地保护其核心技术创新成果。企业的知识产权制度和企业的研发流程、ISO质量管控体系相互结合、相互匹配，可以更有效地促进知识产权对企业日常业务的支撑。因此，将企业的知识产权融入其业务流程也是GB/T 29490－2013所鼓励的。

三、企业的经营规模、组织结构、产品及核心技术

企业的知识产权管理体系是为企业经营发展提供支持服务的，制定知识产权制度还需要充分考虑企业的经营规模、组织结构、产品及核心技术等方面的要求。大型跨国企业可以采用地区联合知识产权管理模式，也可以采取知识产权集中统一的管理模式；而小型企业可以采用新兴的知识产权托管模式。企业的知识产权管理体系需要和企业的业务形态、组织架构、竞争策略等相匹配，适应市场竞争的需要。

第六章 知识产权管理规范引用文件和术语

第一节 规范性引用文件

所谓"规范性引用文件",是指在标准编写中可以被引用的文件,这些文件是以规范化的成文形式表现出来的各种形式的总称。标准中引用了某文件或文件的条款后,这些文件或其中的条款即构成了标准整体不可分割的组成部分,也就是说,所引用的文件或条款与标准文本中的规范性要素具有同等的效力。一般来说,在标准中可以引用的文件包括:国际标准化组织公开发布并可获得的文件、技术规范、报告、指令、指南等;国内具有广泛可接受性和权威性,并且可公开获得的文件。其中,对有标识编号的文件(标准)应提及文件号或发布年号。

GB/T 29490—2013 在第 2 条列明了本标准中的规范性引用文件:GB/T 19000—2008 质量管理体系基础和术语,GB/T 21374—2008 知识产权文献与信息基本词汇。并指出,凡是标注日期的引用文件,仅注日期的版本适用于本文件。凡是未注日期的引用文件,其最新版本(包括所有的修改单)适用于本文件。需要注意的是,注日期引用就是在引用时指明了所引文件的年号或版本号。凡是使用注日期引用的方式,意味着仅仅引用了所引文件的制订版本,即只有所注日期的版本的内容适用于引用它的标准,该版本以后被修订的新版本,甚至修改单(不包括勘误的内容)中的内容均不适用。企业在构建知识产权管理体系、编制体系文件时,会经常运用到"规范性引用文件",具体的引用方式应参考本标准中此条款的规定。

第二节 术语和定义

GB/T 29490—2013 第 3 条对该标准涉及的基础术语和定义进行了说明,企业知识产权管理体系文件提及的相同术语都必须按第 3 条的规定含义进行解释。例如，产品包括服务，方针是工作的宗旨和方向等。第 3 条未涉及的术语和定义，企业知识产权管理体系文件在采用时，要在文件中对其加以说明，说明的方式应参考第 3 条的表述，如同时标注中英文、必要时加注等。

一、知识产权（intellectual property）

GB/T 29490—2013 第 3 条第 3.1 款中规定了知识产权的定义：

在科学技术、文学艺术等领域中，发明者、创造者等对自己的创造性劳动成果依法享有的专有权，其范围包括专利、商标、著作权及相关权、集成电路布图设计、地理标志、植物新品种、商业秘密、传统知识、遗传资源以及民间文艺等。

[GB/T 21374—2008，术语和定义 3.1.1]

二、过程（process）

GB/T 29490—2013 第 3 条第 3.2 款中规定了过程的定义：
将输入转化为输出的相互关联或相互作用的一组活动。
[GB/T 19000—2008，定义 3.4.1]

三、产品（product）过程的结果

GB/T 29490—2013 第 3 条第 3.3 款中对产品作了如下阐释：
注 1：有下列四种通用的产品类别：
——服务（如运输）；
——软件（如计算机程序、字典）；
——硬件（如发动机机械零件）；
——流程性材料（如润滑油）。

许多产品由分属于不同产品类别的成分构成，其属性是服务、软件、硬件或流程性材料取决于产品的主导成分。例如：产品"汽车"是由硬件（如轮胎）、流程性材料（如：燃料、冷却液）、软件（如，发动机控制软件、驾驶员手册）和服务（如销售人员所做的操作说明）所组成。

注 2：服务通常是无形的，并且是在供方和顾客接触面上需要完成至少一项活动的结果。服务的提供可涉及，例如：
——在顾客提供的有形产品（如需要维修的汽车）上所完成的活动；
——在顾客提供的无形产品（如为准备纳税申报单所需的损益表）上所

完成的活动；
　　——无形产品的交付（如知识传授方面的信息提供）；
　　——为顾客创造氛围（如在宾馆和饭店）。
　　软件由信息组成，通常是无形产品，并可以方法、报告或程序的形式存在。
　　硬件通常是有形产品，其量具有计数的特性。流程性材料通常是有形产品，其量具有连续的特性。硬件和流程性材料经常被称为货物。
　　[GB/T 19000－2008，定义3.4.2]

四、体系/系统（system）

GB/T 29490－2013 第3条第3.4款对体系作了如下阐释：
相互关联或相互作用的一组要素。
[GB/T 19000－2008，定义3.2.1]

五、管理体系（management system）

GB/T 29490－2013 第3条第3.5款对管理体系作了如下阐释：
建立方针和目标并实现这些目标的体系。
注：一个组织的管理体系可包括若干个不同的管理体系，如质量管理体系、财务管理体系或环境管理体系。
[GB/T 19000－2008，定义3.2.2]

六、知识产权方针（intellectual property policy）

GB/T 29490－2013 第3条第3.6款对知识产权方针作了如下阐释：
知识产权工作的宗旨和方向。
　　知识产权方针是企业知识产权工作总的行动纲领，在知识产权管理体系中具有"根本大法""纲领"的作用，通过一句话或几句话，代表企业知识产权的宗旨和方向。
　　知识产权方针也是企业最高管理者代表企业向社会公开作出的承诺，并指明企业知识产权工作奋斗的方向。

七、知识产权手册（intellectual property manual）

GB/T 2924－2013 第3条第3.7款对知识产权手册作了阐释：

规定知识产权管理体系的文件。

知识产权手册是证明或描述知识产权体系的主要文件，便于全体员工阅读并获得相关知识产权以及企业相关知识产权制度的册子。知识产权手册一般有封面、前言（企业简介、手册介绍）、颁布令、知识产权方针和目标、组织机构、知识产权管理体系要求等内容。首先要确定方针和目标并将其放进手册中。其次要建立、维持运行和持续改进知识产权管理体系；最后要以方针为核心，以目标为导向，尽可能地去实现知识产权管理体系。

第三篇

GB/T 29490—2013解析

第七章　知识产权管理体系

知识产权管理体系是企业内部建立的，为实现知识产权目标所必需的、系统的知识产权管理模式，是企业的一项战略决策。它以文件化的方式，将资源与过程结合，以过程管理方法进行的系统管理，根据企业特点选用若干体系要素加以组合，一般包括与机构职责、资源提供、基础管理活动、知识产权实施运用、审核改进的过程组成，可以理解为既涵盖了从获取、运用、保护到评价、放弃等知识产权本身的管理全过程，又对企业从满足相关方需求、研究开发、生产、销售到售后服务等企业运营全过程中的知识产权管理提出要求，每个过程及其子过程均由策划、实施、监控分析、纠正与改进活动等PDCA循环组成，实现企业知识产权管理水平的螺旋式提升。

第一节　总体要求

【条款原文】

GB/T 29490—2013 第4条第4.1款规定：

企业应按本标准的要求建立知识产权管理体系，实施、运行并持续改进，保持其有效性，并形成文件。

【名词解释】

体系：泛指一定范围内的或同类事物按照一定的秩序和内部联系组合而成的整体，是不同子系统组成的系统。

知识产权管理体系：根据 GB/T 29490—2013 第3条第3.5款，管理体系是建立方针和目标并实现这些目标的体系。知识产权管理体系是企业管理体系中侧重于管理知识产权的管理体系，旨在建立知识产权方针和目标并予以实现。

【条款精读】

➢ 按本标准的要求建立管理体系有两层含义：一是要求企业知识产权管理体系要符合 GB/T 29490—2013 的要求，本标准是管理体系通过认证审核的重要依据之一，也是验证管理体系符合性和充分性的唯一判定标准；二是"建立"的含义契合 PDCA 中的策划，但不是简单的策划，而是一个复杂系统的筹划与搭建。

  ➤ 实施、运行并持续改进：实施和运行指 PDCA 循环中的实施阶段，持续改进指检查阶段和改进阶段，同时也暗含 PDCA 新循环的策划阶段。

  ➤ 保持其有效性：指知识产权管理体系必须适合企业的实际情况，对企业知识产权管理产生切实有效的促进作用，实际上是对体系适宜性和有效性的要求。

  ➤ 形成文件：文件是管理体系的载体，文件化还是当前先进管理思想最有效的手段，但不限于纸质文件，也包括电子文件。

【操作指南】

知识产权管理体系最重要的是"文件化"。形成文件是基础，在文件的基础上加上标准的要求，GB/T 29490－2013 第 4 条第 4.2 款对文件的要求作出了详细规定。这就使得建立知识产权管理体系具有可操作性，所以这也是企业形成整个体系文件的基础。

【审核要点】

审核的是整个体系文件的建立、实施运行并有持续改进的机制。

第二节　文件要求

一、总　　则

【条款原文】

GB/T 29490－2013 第 4 条第 4.2 款第 4.2.1 项规定：

知识产权管理体系文件应包括：

a) 知识产权方针和目标；

b) 知识产权手册；

c) 本标准中要求形成文件的程序和记录。

注：本标准出现的"形成文件的程序"，是指建立该程序，形成文件，并实施和保持。一个文件可以包括一个或多个程序的要求；一个形成文件的程序的要求可以被包含在多个文件中。

【名词解释】

方针：引导事业前进的方向。知识产权方针是企业最高管理者正式发布的关于知识产权方面的所有意图和方向。

目标：目标是指企业或组织所指向的终点。知识产权目标一般认为是企业通过一定时期的知识产权工作想要实现的目的。

知识产权手册：也称知识产权管理手册，是知识产权管理体系的纲领性文件，是对体系进行总体阐述和系统介绍的指导性文件。企业相关方（包括普通员工）一般通过阅读知识产权手册即可了解企业知识产权管理体系的构成和运行过程。

程序：为进行某项活动或过程所规定的途径。

记录：阐明所取得的结果或提供所完成活动的证据的文件。

记录与文件的区别：记录在广义上也是文件。狭义的文件是做事之前做出来的，体现无形的管理转化为有形的要求，实现了工作的一致性；记录则是事情完毕之后产生的具有可追溯性的文件。

企业知识产权管理的方针和目标文件主要包括：知识产权工作的方针文件、企业知识产权工作的长期规划、中期规划、年度目标、年度工作计划等。

【条款精读】

➢ 应："应"在法律语言中为必须的意思，是义务；"可"在法律语言中为可以的意思，是权利。

➢ 知识产权方针和目标：第4条第4.2款第4.2.1项为总则性规定，即要求了知识产权体系文件必须要包含的内容。文件化的知识产权方针和目标为首要要求，至于形式，可以是单独发布的，也可以是包含在知识产权手册中的。但值得重点指出的是，不管是否单独成文件，都应该属于最高层级的文件。

➢ 知识产权手册：手册是体系的纲领性文件，也是标准要求必须要具备的体系文件之一。

➢ 本标准要求形成文件的程序和记录："本标准要求形成文件"是指标准中明确要求"形成文件的程序"（10处）、"形成记录"（4处）、"保持（或保留）××纪录"（4处）的条款，详见表7-1所示。除以上18处要求必须形成文件的程序和记录外，企业认为有必要而形成文件的程序和记录也可以包括在体系文件中。

表 7-1　标准中要求"形成文件的程序"和"记录"的条款

要求"形成文件的程序"的条款	要求形成或保持"记录"的条款
4.2.4　外来文件与记录文件	6.1.2　教育与培训 b)
5.3.3　法律和其他要求	6.1.2　教育与培训 c)
6.4　信息资源	6.1.2　教育与培训 d)
7.1　获取	7.1　获取 c)
7.2　维护	7.5　合同管理 a)
7.3.1　实施、许可和转让	8.2　研究开发 f)
7.4.1　风险管理	8.4　生产 c)
7.4.2　争议处理	8.5　销售和售后 c)
7.6　保密	
9.2　内部审核	

【操作指南】

GB/T 29490—2013 要求必须形成程序和记录。（可以"一对多"，也可以"多对一"，既可以几个控制要求包含在一个文件中，也可以多个文件描述一个过程。）

例如，某个企业的知识产权管理体系文件内容包括：形成文件的知识产权方针，知识产权目标，知识产权手册，知识产权控制程序，知识产权管理制度（办法）和知识产权管理活动形成的记录，参照企业文件管理的规定要求对文件进行管理。

【审核要点】

企业知识产权管理体系是否齐全。

二、文件控制

【条款原文】

GB/T 29490—2013 第 4 条第 4.2 款第 4.2.2 项规定：

知识产权管理体系文件是企业实施知识产权管理的依据，应确保：

a）发布前经过审核和批准，修订后再发布前重新审核和批准；

b）文件中的相关要求明确；

c）按文件类别、秘密级别进行管理；

d) 易于识别、取用和阅读；

e) 对因特定目的需要保留的失效文件予以标记。

【名词解释】

文件控制：即根据本条款要求对体系文件进行管理，文件控制的目的是保证使用的文件都是经过审批的最新版。

识别：采取一定方式使体系中的每一个文件容易认识和辨别。

取用：发放或保存的体系文件，要方便获得与使用。

阅读：对每一个体系文件中的内容和信息能方便获取，与取用也有关系。

【条款精读】

➤ 体系文件是企业知识产权管理的依据：体系文件是企业知识产权管理体系的载体，也是企业实施知识产权管理所遵循的条文依据。有了体系文件，知识产权管理才能有法可依、有章可循。知识产权体系文件是企业管理制度体系的一部分。

➤ 首次发布和修订后发布都须经审核和批准：体系文件使用前必须经正式发布，发布前必须经过各级授权人员的审核和批准。此处有两点值得注意：一是体系文件至少经过两级人员的审批，审批人员需有明确授权，这样才能保证文件的充分性和适宜性；二是新版本的文件在正式发布后才具有效力。在这一方面，体系文件与国家法律法规、标准的要求是一致的，这是对文件的最高管理要求。

➤ 文件相关要求明确：是指文件表述不得使用模糊不清的字眼，尽量采取科学、可量化的词语明确表达文件的要求，能使用术语或学术名称尽量不使用俗语和口语。其他要求也需要明确。

➤ 按文件类别和秘密级别进行管理：按文件作用和地位，文件可以分为不同层级，对应不同的审批权限。按文件是否受控，文件可以分为受控和非受控文件，文件受控的目的不是为了防止流失，而是为了防止失效版本的非预期使用造成体系管理混乱；按文件保密需要，文件可以分为秘密、机密、绝密等保密文件级别，以防止国家秘密或商业秘密被非授权人员获知。

➤ 易于识别、取用和阅读：这是对于文件的最起码要求，例如，文件有唯一识别编号，有规范固定的名称和格式，制作成纸质版本以便阅读或制成电子版本易于查阅等，这是本条款最容易实现的控制点。

➤ 对失效文件予以标记：失效文件原则上应予以销毁，但因特定目的（如存档、举例等）保留的失效文件，必须予以充分、明显的标记。

【操作指南】

文件控制是体现知识产权标准化管理的重要标志之一。规范化的知识产权管理体系也应包含对知识产权文件本身管理的规范化，这就要求对于知识产权文件本身的审核和批准要正式，并记录相关的审批流程。另外，知识产权文件从本身严谨性要求出发也应对知识产权如何管理、如何操作、如何分类等工作予以明确。

文件的审核和批准无论是通过审批单的形式批准，还是每个文件单独审批，都应有相关负责人的签字。

有的企业将第 4 条第 4.2 款第 4.2.2 项中的秘密级别与第 7 条第 7.6 款中的保密混同。这里的秘密级别仅指对秘密文件的分级，涉密文件只是涉密信息的一种而已；而第 7 条第 7.6 款中的保密包括对涉密人员、涉密设备、涉密信息和涉密区域的全面管理。

文件应按企业一般文件管理的规定进行管理，对文件的发布、标识、更改、使用、保存、废止进行控制，以保证体系的有效实施。在文件有效运行的场所和过程，应确保得到现行有效的文件。

【审核要点】

知识产权管理体系文件的审批流程控制方法与管理。

三、知识产权手册

【条款原文】

GB/T 29490－2013 第 4 条第 4.2 款第 4.2.3 项规定：

编制知识产权手册并保持其有效性，具体内容包括：

a）知识产权机构设置、职责和权限的相关文件；
b）知识产权管理体系的程序文件或对程序文件的引用；
c）知识产权管理体系过程之间相互关系的表述。

【名词解释】

过程：一组将输入转化为输出的相互关联或相互作用的活动。过程强调的是多个活动间的关联性或逻辑性组合，而且每个活动必须能将输入转化为输出。一般情况下，过程和程序是一致的。

【条款精读】

➤ 知识产权手册包括知识产权机构设置、职责和权限的相关文件：是指知识产权手册中应有一部分内容是关于知识产权管理机构的设置、职责和权限，而且这部分内容不是由程序文件来表述的。这与第 5 条第 5.4 款中"职责、权限和沟通"遥相呼应。

➤ 知识产权手册包括知识产权管理体系的程序文件或对程序文件的引

用：如果一个程序属于 GB/T 29490－2013 明确要求形成文件的程序或企业根据需要形成文件的程序，那么手册只需要对其程序文件进行引用和简要说明即可；如果程序没有独立的文件进行表述，那么手册就要对该程序表现的过程进行表述，形成手册中包含的程序文件。

> 知识产权手册包括知识产权管理体系过程之间相互关系的表述：一个过程是由多个关联的将输入转化为输出的活动组成的，一个活动的输出可能是另外一个活动的输入，当这两个活动分属两个过程时，这两个过程间的关系就变得复杂。除了在各自的程序文件中对对方进行引用外，知识产权手册中还需要对所有过程之间的相互关系进行说明，从而体现体系的系统性。

【操作指南】

企业文件的形式基本都采用了第 4 条第 4.2 款第 4.2.3 项中"b）对程序文件的引用"的表达方式。这种形成文件的方式也基本符合大部分企业 ISO 体系建立的思路，易于企业理解和操作。建议企业参照现有体系建立知识产权体系文件，有利于知识产权体系的理解和贯彻执行。

当然根据本条款的理解，手册中也可以直接包括程序的所有内容。手册中是否直接包括程序的所有内容取决于体系的复杂程度；如果体系简单，在手册中包含程序的形式是可以的；但由于很多时候手册需要对外展示，这涉及企业的保密问题，在很多企业中程序文件是保密或受控的，所以在实际操作中直接把程序文件所有的表达放在手册中的情况很少见。

【审核要点】

知识产权手册的内容是否全面、完整。

四、外来文件与记录文件

【条款原文】

GB/T 29490－2013 第 4 条第 4.2 款第 4.2.4 项规定：

编制形成文件的程序，规定记录的标识、贮存、保护、检索、保存和处置所需的控制。对外来文件和知识产权管理体系记录文件应予以控制并确保：

a) 对行政决定、司法判决、律师函件等外来文件进行有效管理，确保其来源与取得时间可识别；

b) 建立、保持和维护记录文件，以证实知识产权管理体系符合本标准要求，并有效运行；

c) 外来文件与记录文件完整，明确保管方式和保管期限。

【名词解释】

知识产权外来文件：一般指来自企业外部的行政决定、司法判决、律师函件等对企业知识产权可能产生影响的重要文件。

知识产权记录文件：一般指对产生相关的知识产权的重要过程应予以记录，明确产生相关知识产权的原因、过程等，同时对记录文件在各个环节应予以保存。

标识：给出记录文件的标志以帮助识别不同的记录文件。

贮存：归档文件的保管责任归属、方式和形式。

保护：从物理条件上对记录提高抵抗损毁的能力，如注重纸张材质的选用，提高消防条件，合理放置柜体等。这些在现代企业中都不是问题。

检索：通过记录清单来体现。在制作记录清单时，应注明文件名称、文件编号、制作部门、保管期限等，以方便查找。

处置：处理失效文件的方式、方法。

【条款精读】

➢ 编制形成文件的程序，规定记录的标识、贮存、保护、检索和处置所需的控制：这是标准要求形成文件的第一个程序文件，尤其强调对记录的控制要求。

➢ 对行政决定、司法判决、律师函件等外来文件进行有效管理，确保其来源与取得时间可识别：一个"等"字说明，外来文件包括但不限于以上三种文件，在企业实际操作过程中，既可以将外来文件定义为与以上三种文件类似的重要外来文件，也可以将外来文件的定义扩大为一般的会议和培训通知等文件，但法律法规类的外来文件因有单独的条款要求，故不在外来文件范畴内。但不论是哪种外来文件的定义，都需要确保其来源和取得时间可识别，以对外来文件的答复对象及时限作出准确判断，避免出现差错，影响企业利益。

➢ 建立、保持和维护记录文件，以证实知识产权管理体系符合本标准要求：标准要求企业建立、保持并维护的记录文件有八类，但实际上没有一个企业的体系文件中仅包括这八类记录，这是因为保持记录文件是为了向认证机构或相关方提供证明企业的知识产权管理体系符合标准要求和有效运行的审核证据。所以在标准要求的各个控制点均会有各种记录存在，只不过有的是松散型的控制点，相应的记录要求也不是特别明确罢了。

➢ 外来文件与记录文件完整，明确保管方式和保管期限：对外来文件这种影响重大的证明类文件，以及记录文件这种数量巨大的证据类文件而言，明确保管方式和保管时间尤为重要，明确归档保管的责任部门甚至责任人可以在需要时能及时找到，明确保管时间可以减少浪费。

【操作指南】

对于外来文件和记录文件一定要有个范围和区分：

（1）外来文件应进行有效管理，确保来源和时间的可识别；

（2）记录填写应做到详细、准确、及时、字迹清晰、内容完整、易于识别和检索；

（3）记录可以采用文字（表格）、照片、电子媒体等；

（4）记录的形成、保管、使用、废弃应按企业的记录管理规定要求进行；

（5）对于外来文件与记录文件，企业应采取措施保证其完整性，并明确保管方式和保管期限。

企业往往在如何界定外来文件时比较疑惑，有企业把所有接受的信函都定义为外来文件，也有企业把专利申请过程中国家知识产权局下发的受理通知书等作为外来文件。无论把什么样的信函作为外来文件，一定要在外来文件控制程序中表述清楚。从标准本身来看，外来文件主要是行政决定、司法判决、律师函件等。这类文件由哪个部门管理，在实践中，不同的企业，其管理部门也各不相同。放在或行政部或法务部或技术中心或销售部，不一而足。这就要求在建立体系的过程中，重新理顺相应的职责，并确定主管部门，这对外来文件的管理是非常重要的。

案例：

某企业在知识产权手册中表述的外来文件与记录文件的内容：

1. 知识产权部负责外来文件和记录的控制。

2. 知识产权部负责制订《知识产权外来文件与记录文件控制程序》，规定外来文件和记录文件的分类、接收、识别、归档、发放等过程的控制。

3. 对行政决定、司法判决、律师函件等知识产权相关外来文件，确保其来源和取得时间可识别。

4. 知识产权活动形成的记录的标识、贮存、保护、检索、保存期限和处置所需的控制按《知识产权外来文件与记录文件控制程序》进行。

5. 各部门应制订并保持记录，以提供知识产权管理体系符合要求和有效运行的证据。

【审核要点】

程序文件、外来文件和记录文件是否符合标准的要求。

【程序文件示例001】外来文件与记录文件控制程序

1　目的

对知识产权管理体系运行过程中接收的各类知识产权相关外来文件和产生的各种记录实施有效控制，以保证管理体系符合要求并有效运行。

2　范围

适用于与知识产权有关的各类外来文件及记录管理。

3　术语

4　引用文件或标准

5　职责

5.1　各相应部门负责对本部门记录的标识、收集、编目、贮存、保管、处置。

5.2　知识产权管理机构负责对知识产权相关外来文件进行管理。

5.3　知识产权管理机构负责对记录文件管理的监督和检查。

6　程序

6.1　知识产权外来文件的管理

公司各部门收到外来文件应根据文件内容是否涉及知识产权内容进行划分，涉及知识产权相关的外来文件应交知识产权管理机构按受控文件进行标识和发放管理，并填写《知识产权外来文件一览表》。表中要注明来源、获取时间等内容。行政决定、司法判决、律师函件等三类知识产权相关外来文件为必须填入《知识产权外来文件一览表》中的外来文件。知识产权外来文件均由知识产权管理机构保管，保管期限可以根据需要来确定。

6.2　记录的标识、编目、填写

6.2.1　所有记录都应按"文件编号"规则进行编号加以区分。"文件编号"规则如下：

6.2.2　知识产权管理机构编制《记录文件清单》，列出知识产权管理体系所使用的各种有效记录，并明确保管部门和保管期限。

6.2.3　所有的记录都应字迹清晰，内容准确完整，具有可追溯性。要求记录人签名的，应由记录人亲自签名或盖章，并标明时间。

6.3　记录的贮存、保管、处置

6.3.1　所记录工作结束后一个月内，由记录的填写部门负责收集并由部门负责人进行复核，复核人员应签字或盖章。

6.3.2　记录复核后可按类按日顺序每月装订、整理成册、归档、统一管理。装订后的记录装入档案袋或档案盒，档案袋或档案盒应有记录名称和记录年份的标识，要保证记录不破坏，不丢失，存取和检索方便。

6.3.3　明确记录文件保存期限；明确重要的知识产权记录文件的保存方

式。超过保存期的记录，由知识产权管理机构经管理者代表批准，统一销毁，并明确销毁方式。

6.4　借阅

6.4.1　客户借阅记录，应经知识产权管理机构批准后方可查阅。

6.4.2　借阅记录的，应填写《文件借阅登记表》。

7　记录

7.1　《知识产权外来文件一览表》

7.2　《记录文件清单》

7.3　《文件借阅登记表》

第八章　管理职责

企业知识产权管理体系是制定实施知识产权制度的框架，而企业的知识产权组织机构和管理职责是企业要实现知识产权有效管理的基础，知识产权制度稳步推行的关键在于明确管理职责。

对现代企业，尤其是集团企业、高新技术企业而言，最主要的资产已不是厂房和设备，而是研究开发成果（如产品设计、生产方法、工艺流程、材料配方、计算机软件等）以及商标、商誉等无形财产。一个企业知识产权含量的多少，决定企业日后的发展规模与潜力。而企业面对众多的知识产权，必须要建立一个科学的管理体系，才能切实保证企业知识产权工作落到实处。最高管理者是企业知识产权管理的第一责任人，知识产权制度的推行实施有赖于最高管理者的大力支持。在此基础上，企业通过制订知识产权方针和目标，成立组织机构，明确管理职责并有效执行，才能使知识产权管理体系落到实处；企业还应定期对知识产权管理体系的适宜性和有效性进行评审，改进不足，不断完善知识产权制度，这也是现代企业制度对企业管理的要求。

不同的企业因其主体性质、行业特点、地域特性和发展阶段等多种因素，其组织机构呈现出不同的特点，知识产权部门的职责也因企业不同而有所区别。但不管是哪种模式，都须遵循知识产权的共性，满足管理的各项职能，适应企业自身发展的需要，并在企业管理中占据重要地位。

第一节　管理承诺

【条款原文】

GB/T 29490－2013 第 5 条第 5.1 款规定：

最高管理者是企业知识产权管理的第一责任人，应通过以下活动实现知识产权管理体系的有效性：

a) 制订知识产权方针；
b) 制订知识产权目标；
c) 明确知识产权管理职责和权限，确保有效沟通；
d) 确保资源的配备；
e) 组织管理评审。

【名词解释】

最高管理者：根据 ISO9000 标准条款 3.2.7 定义，最高管理者是在最高层指挥和控制组织的一个人或一组人。根据企业情况不同，可以是公司董事长、总经理或执行董事，也可以是多个高层管理人员的组合，如管理委员会、运营执委会等。

承诺：承诺是一种保证，保证一定要去做什么事情，承诺在语义上有誓言、义务和责任的含义。要求最高管理者作出知识产权承诺，既可表明企业对知识产权的态度和决心，也可增加客户对企业的信心，又可帮助企业员工提高对知识产权的重视程度，还可促进全社会的知识产权文化建设。

职责：职责指本职工作岗位所承担的责任。知识产权相关职责就是与知识产权管理相关的职位的工作职责。不同岗位有不同知识产权职责，GB/T 29490－2013 提出的全员参与要求，就是要每一个员工都根据所在岗位的特点负起知识产权的责任来。

权限：权限是指为了保证职责的有效履行，任职者必须具备的，对某事项进行决策的范围和程度。它常用"具有批准……事项的权限"来进行表述。知识产权有关权限是为了保证知识产权职责有效履行的职责范围，本规范提出的岗位知识产权权限，是岗位权限必要的、有机的组成部分。不能因为对岗位知识产权职责提出要求、赋予相应的权限，而影响了岗位职责、权限的完整性、一致性。

有效沟通：沟通是指人与人之间、人与群体之间思想与感情的传递和反馈的过程，以求思想一致和感情通畅。沟通是人类组织的基本特征和活动之一。没有沟通，就不可能形成组织和人类社会。家庭、社会、国家，都是十分典型的人类组织形态。沟通是维系组织存在，保持和加强组织纽带，创造和维护组织文化，提高组织效率、效益，支持、促进组织不断进步发展的主要途径。有效沟通的意义可以总结为以下几点：一是满足人们彼此交流的需要；二是使人们达成共识、更多的合作；三是降低工作的代理成本，提高办事效率；四是能获得有价值的信息，并使个人办事更加井井有条；五是使人进行清晰的思考，有效把握所做的事。

管理评审：管理评审就是最高管理者为评价管理体系的适宜性、充分性和有效性所进行的活动。管理评审的主要内容是组织的最高管理者就管理体系的现状、适宜性、充分性和有效性以及方针和目标的贯彻落实和实现情况进行正式的评价，其目的就是通过这种评价活动来总结管理体系的业绩，并从当前业绩上找出与预期目标的差距，同时还应考虑任何可能改进的机会；并在研究分析的基础上，对组织在市场中所处地位及竞争对手的业绩予以评价，从而找出自身的改进方向。知识产权管理评审是指最高管理者对知识产权管理体系进行的评审。

资源：在企业经营管理中，资源通常指人力、财力、物力和信息。此处所讲确保资源的配备是指为实现知识产权目标、职责、权限等，企业最高管理者确切保证所需资源的及时和可用。

【条款精读】

最高管理者是企业知识产权管理的第一责任人；第一责任人的含义包括权利和义务两方面，一方面是最高管理者拥有知识产权管理体系内所有决策的最高决定权和所有冲突的最终裁量权，所有中低层管理者必须经最高管理者授权；另一方面是最高管理者同时也担负为体系指明方向和目标、搭建组织架构、配备所需资源、评价管理绩效并持续改进的义务，在体系发生重大事故时，最高管理者要承担最高责任。

管理承诺的内容（方针、目标、职责权限、资源和管理评审）：这五个方面的承诺实际上是最高管理者持续改进体系有效性的职责，更是知识产权管理体系顶层设计的重要内容，可以理解为体系最高层级的 PDCA 循环中的除了实施（D）之外的其他三个环节都掌握在最高管理者手中，制订方针目标、明确职责权限以及配置各项资源均属于体系策划（P）的范畴，管理评审属于体系检查评价（C）和改进（A）的内容。在具体操作过程中，要体现为这五个方面的承诺均必须由最高管理者亲自组织完成。

【操作指南】

领导重视是本标准贯彻的重要原则之一，只有最高管理者重视知识产权的管理，亲自作出管理承诺，知识产权管理工作才能做好。在很大程度上，现阶段企业知识产权管理工作是"一把手"工程。一把手重视了，就能做好；一把手不重视，就很难做好。

最高管理者一定要明确其应做的事情：最高管理者第一是导航者，第二是服务者。企业知识产权管理人员通过和最高管理者的沟通，有利于把握企业整个的知识产权现状和最高管理者对企业未来的规划，这在后续企业的知识产权方针目标制订时起到非常大的引领作用。

为了在企业中建立知识产权保护体系，并确保该体系在企业中运行，建议在开展贯标启动会和约谈时，一定要由最高领导者出席并讲话，服务机构在约谈时尽量约到最高管理者。若服务机构在服务过程中遇到配合不畅时，及时传达最高领导者的重视态度及引用其重要指示还是很有效果的。

【审核要点】

最高管理者对知识产权方针、目标的制订过程，对其他知识产权工作的参与程度。

第二节 知识产权方针

【条款原文】

GB/T 29490—2013 第 5 条第 5.2 款规定：

最高管理者应批准、发布企业知识产权方针，并确保方针：

a）符合相关法律和政策的要求；
b）与企业的经营发展相适应；
c）在企业内部得到有效运行；
d）在持续适宜性方面得到评审；
e）形成文件，付诸实施，并予以保持；
f）得到全体员工的理解。

【名词解释】

相关法律法规和政策：主要是指和知识产权有关的法律、法规以及中央政府、地方政府制订的政策。如《中华人民共和国专利法》《中华人民共和国商标法》《中华人民共和国著作权法》《中华人民共和国反不正当竞争法》及《国家知识产权战略纲要》等。

【条款精读】

➢ 最高管理者应批准、发布企业知识产权方针：知识产权方针必须经最高管理者批准发布。

➢ 符合相关法律和政策的要求：制订知识产权方针的底线就是要合法合规。

➢ 与企业的经营发展相适应：明确方针的适宜性。

➢ 在企业内部得到有效运行：明确方针的有效性。

➢ 在持续适宜性方面得到评审：明确方针要持续改进。

➢ 形成文件，付诸实施，并予以保持：明确方针必须文件化。

➢ 得到全体员工的理解：明确方针要实际发挥作用，还是有效性。

【操作指南】

在有最高管理者知识产权承诺的情况下，要确保知识产权方针在一定的框架内运作，目的是把承诺的事项进一步落实。就是说，知识产权方针是最高管理者的知识产权承诺从个人化、职位性的表述落实为组织性、文件化的表述，以强化对知识产权管理的指导性作用。

企业应制订文件化的"企业知识产权方针"：方针为知识产权目标的制订

提供总体框架。

知识产权机构通过培训、教育、宣传等方式，向全体员工宣传知识产权方针；方针由最高管理者批准发布实施；企业根据内外部环境的变化，组织对知识产权方针的适宜性进行评审，必要时进行修改。

【审核要点】

知识产权方针的内涵及适宜性、有效性。

第三节　策　　划

一、知识产权管理体系策划

【条款原文】

GB/T 29490－2013 第 5 条第 5.3 款第 5.3.1 项规定：

最高管理者应确保：

a）理解相关方的需求，对知识产权管理体系进行策划，满足知识产权方针的要求；

b）知识产权获取、维护、运用和保护活动得到有效运行和控制；

c）知识产权管理体系得到持续改进。

【名词解释】

策划：指为了达成某种特定的目标，借助一定的科学方法和艺术，为决策、计划而构思、设计、制作、落实方案的过程。对知识产权管理体系进行策划指的是策划知识产权管理体系的行为或工作。

持续改进：指增强满足要求的能力的循环活动。制订改进目标和寻求改进机会的过程是一个持续过程，该过程使用审核发现和审核结论、数据分析、管理评审或其他方法，其结果通常是产生纠正措施或预防措施。

【条款精读】

➢ 最高管理者应确保：知识产权管理体系的策划必须由最高管理者组织完成。

➢ 理解相关方的需求：满足相关方的需求是企业知识产权管理体系的最终目标和出发点，这里的相关方包括企业内外部所有相关的人员或组织，如企业员工、员工家属、公司股东或所有者、政府主管部门、顾客、供应商、生产协作商、行业联盟单位、企业周边居民等。

> 满足知识产权方针的要求：必须明白体系策划是在知识产权方针制订之后完成的这样一个逻辑关系。

> 知识产权获取、维护、运用和保护活动得到有效运行和控制：知识产权管理体系运行的重点在于控制这四种知识产权运营活动。

> 知识产权管理体系得到持续改进：体系的持续改进是策划时必须要重点关注的原则。

【操作指南】

本节所讲的知识产权管理体系策划实际上不是体系策划所要做的工作，而是体系策划时必须遵循的原则，可以归纳概括为体系要满足知识产权方针的要求（本质是满足相关方的需求），要立足有效控制知识产权运营活动，要持续改进三个原则。

"相关方的需求"指内外部的要求，如，股东的需求，监管方的需求，即在制订方针时要满足相关方的需求。同时企业应识别自身所涉及的知识产权种类和所起的作用等；并按 GB/T 29490－2013 的要求建立知识产权管理机构和相应的管理程序，规范工作职责，使之形成文件加以实施和保持，并持续改进。知识产权管理机构牵头，依据知识产权方针将知识产权目标分解为可以落实的具体目标，由相关部门负责实施，实施过程中形成的文件落款应可追溯，以实现对企业生产经营活动中各环节知识产权创造、运用、保护和管理的有效运行和控制；并定期开展检查、分析、评价，确保持续改进。对已出现和潜在的不符合知识产权管理要求的问题，采取纠正和预防措施，对体系进行及时调整、修订和完善，促进知识产权目标的实现。企业知识产权的策划是动态的，是遵循 PDCA 循环的，既要确保体系在企业内部发挥作用，也要保证后续的提高和改进。

【审核要点】

最高管理者在建立、运行、控制和改进知识产权管理体系方面的工作。

二、知识产权目标

【条款原文】

GB/T 29490－2013 第 5 条第 5.3 款第 5.3.2 项规定：

最高管理者应对企业内部有关职能和层次，建立并保持知识产权目标，并确保：

a）形成文件并且可考核；

b）与知识产权方针保持一致，内容包括对持续改进的承诺。

【名词解释】

目标：目标是指个人、部门或整个组织所期望的成果。知识产权目标是有关知识产权的数量目标、质量目标、进度目标、贡献目标等。

【条款精读】

➢ 最高管理者应对企业内部有关职能和层次，建立并保持知识产权目标：具有两层含义：一是知识产权目标必须按职能和层次建立，也就是说企业的知识产权目标并不是只有一个，而是一组，如，在公司层面，根据实现周期的长短，分为长期目标和短期目标（3~5年或年度目标），在部门甚至岗位层面，根据职能分工，制作分解目标。二是强调最高管理者的直接参与，在实际操作中，所有目标均需经过最高管理者批准。

➢ 形成文件并且可考核：目标是体系文件之一，必须经过最高管理者的批准形成和下发执行，并能对目标进行考核。

➢ 与知识产权方针保持一致：强调目标是在方针基础上制订的这一逻辑性。

➢ 内容包括对持续改进的承诺：强调目标的制订需要体现持续改进。

【操作指南】

企业制定的知识产权目标与根据目标制定的获取计划不一样。目标是可以量化的，在企业组织内部有不同层级的目标；计划是怎么去做，如根据目标制定的获取计划则要说明通过什么样的方法或手段去实现目标。在制订文件时应明确最高管理者组织制定企业的知识产权管理目标，知识产权管理部门负责在企业的相关职能部门和各作业层次上来分解知识产权目标；知识产权考核目标应分解到各职能部门，部门指标应能考核；对知识产权目标应适时动态管理，各职能部门定期对本部门目标适时进行检查、考核评价，并报知识产权管理部门。

【审核要点】

现场审核的审核计划中相关部门可能会涉及第 5.3.2 项，在进行现场审核时，审核人员会针对本部门的知识产权目标和计划进行审核，在方针的框架内审核目标的分解、考核与改进。

三、法律和其他要求

【条款原文】

GB/T 29490－2013 第 5 条第 5.3 款第 5.3.3 项规定：

最高管理者应批准建立、实施并保持形成文件的程序，以便：
a）识别和获取适用的法律和其他要求，并建立获取渠道；
b）及时更新有关法律和其他要求的信息，并传达给员工。

【名词解释】

更新：是指收集新的信息以对旧的信息进行替换，此处要保证收集到的相关法律法规条文及时、有效。

【条款精读】

➢ 最高管理者应批准建立、实施并保持形成文件的程序：对法律法规的管理要求也是经最高管理者批准制订的，并且要求形成程序文件。在实际操作过程中，可以单独作为程序文件设立，也可将其融入其他控制程序中。

➢ 识别和获取适用的法律和其他要求，并建立获取渠道：获取及获取渠道在互联网发达的当今社会不是一件难事，但是识别是否适用，需要管理人员具有较强的法律专业能力，因此这项工作如果企业不重视，很容易埋下重大知识产权隐患。

➢ 及时更新有关法律和其他要求的信息，并传达给员工：作为法律法规的更新，专业管理人员要及时、准确地掌握最新版本，并及时告知企业内部相关人员。

【操作指南】

根据本标准的要求，识别、获取及更新法律信息，都要形成程序文件，同时经最高管理者批准。

企业应根据自身情况，收集对企业适用的、与企业知识产权管理密切相关的，而不是一股脑不加选择地收集。例如，有的企业对创新要求不高，但对商标和商品外包装等有品牌需求，则应有倾向性地收集涉及商标、反不正当竞争方面的知识产权法律法规。

（1）企业在制订程序文件时，应将法律、法规及其他要求的内容在体系文件中具体列明，一般包括：

①国家颁布的有关知识产权的法律法规（如专利法、商标法、著作权法等）。

②涉及知识产权的相关法规（如《计算机软件保护条例》）。

③我国签订的国际条约（如《专利合作条约》《马德里协定》《巴黎公约》等）。

④各级地方人民代表大会、政府颁布的有关知识产权的法规政策。

⑤其他相关方所提出的要求。

（2）企业应建立渠道为员工能有效地获取相关法律法规内容提供方便：

①订阅报纸、杂志，关注政府部门及相关行业官方、正规网站，及时、有效地获得法律、法规和其他信息。

②对收集到的法律、法规及其他信息应及时向相关部门及人员进行传达。

③建立法律、法规及其他要求的台账，对法律、法规及其他要求的变化、更新情况进行跟踪，获取最新信息，并及时向相关部门及人员进行传达。

（3）法律法规的传达：必须是有效传达，通过企业的 OA 系统、电子邮件、会议、板报或下发通知等方式，知识产权管理人员应确保更新的法律法规及时地传送给需要了解的领导和员工，让其知晓。

【审核要点】

是否建立信息获取渠道的相关记录文件；是否及时更新，有效传达给需要的员工。

【程序文件示例002】法律和其他要求控制程序

1 目的

确保本公司能及时收集、获取适用于公司知识产权管理活动、产品、服务的法律法规及其他应遵守的要求，并定期评价对法律法规及其他要求的遵循情况。

2 范围

适用于本公司知识产权相关的法律法规及其他应遵守的要求的识别、获取、更新、评价和传达。

3 职责

3.1 知识产权管理机构或法务部门负责知识产权相关法律法规及其他要求的识别、获取、更新和传达

4 程序

4.1 识别

知识产权法律法规及其他要求包括但不限于：

a）国际知识产权公约；

b）国家知识产权法律、法规、标准及各部委规章；

c）省、市知识产权保护法规、规章、标准；

d）相关方的要求、行业要求及行业标准。

4.2 获取

4.2.1 知识产权法律法规及其他要求的获取途径包括：

a）国家、省、市级知识产权局等知识产权主管机关；

b）专业性知识产权报纸、杂志；

c）电子媒体及知识产权法律专业网站；

d）相关执法部门。

4.2.2 知识产权管理机构及时、有效地获得法律、法规和其他要求，形成《知识产权法律法规一览表》。

4.3 更新

知识产权管理机构每年至少对知识产权法律法规进行一次定期更新，但也可根据变化和需求随时更新。

4.4 传达

知识产权管理机构在获取或更新法律法规之后，应及时将法律法规及其他要求等以文件、会议、培训等形式传达给员工。

5 记录

5.1 《知识产权法律法规一览表》

第四节 职责、权限和沟通

一、管理者代表

【条款原文】

GB/T 29490—2013 第 5 条第 5.4 款第 5.4.1 项规定：

最高管理者应在企业最高管理层中指定专人作为管理者代表，授权其承担以下职责：

a) 确保知识产权管理体系的建立、实施和保持；

b) 向最高管理者报告知识产权管理绩效和改进需求；

c) 确保全体员工对知识产权方针和目标的理解；

d) 落实知识产权管理体系运行和改进需要的各项资源；

e) 确保知识产权外部沟通的有效性。

【名词解释】

指定：指令性地确定。

代表：指定者的代表，代表指定者行使 GB/T 29490—2013 规定的职责并达到相应的要求。

【条款精读】

➤ 最高管理者应在企业最高管理层中指定专人作为管理者代表：管理者代表作为最高管理者部分职权的代表行使者，必须由最高管理者指定并授权。设置管理者代表的初衷就是为了减少最高管理者的工作量，同时确保有专人来负责知识产权体系运行的管理工作。

➢ 确保知识产权管理体系的建立、实施和保持：注意此处采用的动词是"确保"，是对最高管理者关于建立、实施体系并保持体系有效性的管理承诺的落实和实施。

➢ 向最高管理者报告知识产权管理绩效和改进需求：目的是让最高管理者掌握体系运行情况以及改进需求，以便于最高管理者组织管理评审并予以改进。

➢ 确保全体员工对知识产权方针和目标的理解：落实最高管理者制订的方针和目标，使全体员工理解。

➢ 落实知识产权管理体系运行和改进需要的各项资源：落实各项资源的配备，使知识产权管理体系有效运行和持续改进。

➢ 确保知识产权外部沟通的有效性：管理者代表负责与外部相关方的有效沟通。

【操作指南】

最高管理者指定符合一定条件要求的人专职负责知识产权工作，是推进知识产权管理的重要手段。

最高管理者应在最高管理层中指定一名成员作为管理者代表，一般也是在企业召开贯标启动会时公布企业任命书，并将相关职责在任命书中予以写明。

【审核要点】

确认管理者代表的任命：承担知识产权管理体系的运行、管理、资源配备、联系沟通等职责。

二、机　　构

【条款原文】

GB/T 29490－2013 第 5 条第 5.4 款第 5.4.2 项规定：

建立知识产权管理机构并配备专业的专职或兼职工作人员，或委托专业的服务机构代为管理，承担以下职责：

a) 制订企业知识产权发展规划；
b) 建立知识产权管理绩效评价体系；
c) 参与监督和考核其他相关管理机构；
d) 负责企业知识产权的日常管理工作。
e) 其他管理机构负责落实与本机构相关的知识产权工作。

【名词解释】

机构：指企业的一个管理部门或企业委托的专业服务机构。

【条款精读】

➤ 建立知识产权管理机构并配备专业的专职或兼职工作人员，或委托专业的服务机构代为管理：企业的知识产权管理机构是企业组织机构中专门管理知识产权体系和事务的部门，工作人员可以是专职的，也可以是兼职的，一些企业甚至可以将该职能外包给专业的知识产权服务机构来完成。

➤ 制订企业知识产权发展规划：根据企业实际情况制订企业知识产权发展规划。

➤ 建立知识产权管理绩效评价体系：建立知识产权绩效评价体系是前述第5.4.2项规定的知识产权管理机构的职责之一，但对于如何开展知识产权绩效评价，本标准没有规定。

➤ 参与监督和考核其他相关管理机构：请注意，是"参与"，不是组织或负责，也就是说体系赋予知识产权管理机构对其他机构的监督和考核权限仅限于参与，应该说真正的负责人是管理者代表或最高管理者。

➤ 负责企业知识产权的日常管理工作。

➤ 其他管理机构负责落实与本机构相关的知识产权工作。

【操作指南】

一般的企业，我们是希望通过 GB/T 29490—2013 的推行成立独立的知识产权管理机构，如果人员不够，暂时可以兼职，但知识产权部门的职责是独立的，这样有利于企业知识产权管理工作的统一协调。

设立知识产权机构的决定文件，一般在企业召开贯标启动会时一并公布。在知识产权手册中应写明知识产权管理机构的职责和其他部门的职责。

【审核要点】

知识产权管理机构的职责以及人员配备等。

三、内部沟通

【条款原文】

GB/T 29490—2013 第 5 条第 5.4 款第 5.4.3 项规定：
建立沟通渠道，确保知识产权管理体系有效运行。

【名词解释】

确保：明确、坚定地保证、保障。

知识产权沟通渠道：关于知识产权工作的专门沟通渠道。

【条款精读】

➢ 建立沟通渠道，确保知识产权管理体系有效运行：因第 5.4.3 项是第 5 条"管理职责"的一部分，可以认为第 5.4.3 项的主体是最高管理者，即最高管理者确保组织内部各个部门（机构）都支持知识产权管理体系的有效运行，支持知识产权管理机构的工作；各部门都要接受知识产权管理机构的监督和考核，并有义务就知识产权管理问题提出建议；最高管理者应鼓励各部门就知识产权方针、目标及其完成情况进行沟通，达到全员参与知识产权管理的目的。

➢ 这些内部沟通渠道的形式可以包括管理者主持的会议、小组简报、布告栏、内部刊物、网上沟通、调查表与建议书等，内部沟通渠道的方向可以分上行沟通、下行沟通和平行沟通。

【操作指南】

企业内部普通的沟通渠道和形式也适用于知识产权工作，如会议、讨论、研讨、交流以及其他非正式沟通渠道等，从而保证知识产权制度有效执行。知识产权工作还需要尝试一些特殊形式的沟通渠道，如信息推送，知识产权具有情报属性，企业可以通过技术简报、制度简报等形式推送知识产权技术信息、制度更新信息等；由于知识产权的专业性，通过经常性、制度性的知识产权培训可以提高员工的知识产权意识，普及知识产权常识，同时获得员工对知识产权工作存在的问题的反馈。

【审核要点】

内部沟通的方式和渠道。

第五节　管理评审

一、评审要求

【条款原文】

GB/T 29490－2013 第 5 条第 5.5 款第 5.5.1 项规定：
最高管理者应定期评审知识产权管理体系的适宜性和有效性。

【名词解释】

适宜性：建立的管理体系、策划形成的管理要求等应符合、贴近企业运行实际，管理体系具备随内外部环境的改变而作相应的调整或改进的能力。

有效性：完成策划的活动得到策划结果的程度。（ISO9000 3.2.14）

【条款精读】

➢ 最高管理者应定期评审知识产权管理体系的适宜性和有效性：首先，明确管理评审是由最高管理者组织完成的；其次，定期评审的含义是按计划的时间间隔进行评审；最后，管理评审关注的是体系的适宜性和有效性，即体系是否适合企业实际情况，是否真正有效实施并实现预期效果，这与内部审核主要关注体系与标准文件的符合性和充分性是有区别的。

二、评审输入

【条款原文】

GB/T 29490－2013 第 5 条第 5.5 款第 5.5.2 项规定：

评审输入应包括：

a) 知识产权方针、目标；
b) 企业经营目标、策略及新产品、新业务规划；
c) 企业知识产权基本情况及风险评估信息；
d) 技术、标准发展趋势；
e) 前期审核结果。

【名词解释】

输入：是指一个活动或过程运行前需得到的信息。评审输入是指管理评审之前需要得到的各类信息，如果把管理评审看作一次会议的话，评审输入应该是会议要审议的议题或议案。

【条款精读】

➢ 知识产权方针、目标：主要是评审和矫正方针和目标的适宜性与有效性。

➢ 企业经营目标、策略及新产品、新业务规划：同理，简单将这些目标、策略和规划作为评审输入项也是不合适的，输入的应该是由其导致的需要对方针、目标或体系文件进行改进或维持现状的结论。

➢ 企业知识产权基本情况及风险评估信息：同理，输入项应该落脚在风险评估结论导致改进或维持现状的结论。

➢ 技术、标准发展趋势：同理，输入项应该是技术和标准发展趋势导致的改进或维持现状的结论。

➢ 前期审核结果：前期的内外部审核结果都应该作为本次管理评审的输入项，同时还应将以往管理评审的跟踪措施、相关方的需求分析以及对体系的改进建议列为管理评审输入项的重要组成部分。

三、评审输出

【条款原文】
GB/T 29490－2013 第 5 条第 5.5 款第 5.5.2 项规定：
评审输出应包括：
a) 知识产权方针、目标改进建议；
b) 知识产权管理程序改进建议；
c) 资源需求。

【名词解释】
输出：指一个活动或过程完成时给出的若干信息。评审输出是指管理评审完成后提出的决定和措施，如果把管理评审看作一次会议的话，评审输出应该是类似决议的可以执行的信息。

【条款精读】
➢ 知识产权方针、目标改进建议：本书认为，改进建议是不能作为管理评审的输出项的，因为建议还是不可执行的，是未定事宜。列为输出项的应该是经过批准的改进方案。

➢ 知识产权管理程序改进建议：列为输出项的应该是经过批准的改进方案。不仅管理程序可以改进，所有的体系文件都可以改进。

➢ 资源需求：对资源的需求是可以列为输出项的，这样的表述是没有问题的。如，人员的增减，组织结构的调整，引进先进设施，购买信息分析报告，增加资金投入等。

【操作指南】
管理评审由最高管理者定期组织实施，对知识产权的适宜性和有效性进行评估。
（1）应按计划的时间间隔（每年至少一次）进行知识产权管理体系的管理评审。
（2）依据是知识产权方针和预期的目标，必要时，应考虑内外部环境的变化。
（3）结论应明确管理体系调整和方针、目标改进的需求，以及采取措施的可行性，以利于持续改进。

管理评审输入应包括 GB/T 29490－2013 要求的信息，也应全面按 GB/T 29490－2013 的要求执行。

【审核要点】

查看有关管理评审文件。

第九章 资源管理

企业开展知识产权管理工作的保障性资源主要包括四个方面：人力资源、基础设施、财务资源和信息资源。

企业开展知识产权管理工作的人力资源包括从事知识产权管理的工作人员以及与企业知识产权管理活动有关的人员，几乎与企业从事生产经营活动的全部人员有关。企业知识产权管理活动的开展，离不开全体员工知识产权意识的提高，离不开高素质的创新人才队伍、管理人才队伍、财务人才队伍、营销人才队伍等各类人才的保障，更离不开知识产权专业人员的管理。因此，人力资源是企业知识产权管理活动最重要的核心资源，只有科学、合理地配置人力资源，才能有效保障企业知识产权管理活动正常开展。

基础设施包括知识产权管理软件、数据库、计算机、网络设备、保密设备、办公场所地等相关资源。

财务资源是指企业开展知识产权管理活动的经费保障体系和知识产权价值管理体系。企业各项知识产权工作的开展需要经费支持，才能落到实处，见到成效。

企业的财务资源要为知识产权管理活动的开展提供有效的经费支撑，与企业的知识产权战略需求相适应。对于具有研究开发能力的生产型企业，一般知识产权工作经费投入要达到企业研究开发经费投入的10%左右，才能有效支撑知识产权管理体系的高效运行。同时，知识产权的价值管理体系也是企业十分重要的财务资源。在企业的财务资源管理中，只有建立知识产权价值评估体系及知识产权成本收益的会计核算体系，才能实现知识产权价值的最大化。

知识产权信息资源是指企业开展知识产权管理活动的一切有用信息。包括国家产业政策、知识产权法律法规政策信息、产品市场需求信息、人才供需信息、专利文献和行业文献信息等与企业开展知识产权管理活动相关的信息。企业对知识产权信息的利用，贯穿于企业从开发、立项到产品生产制造和销售等的各个环节，与企业的人力资源、财务资源共同构成企业开展知识产权管理活动不可或缺的基础资源。

第一节 人力资源

一、知识产权工作人员

【条款原文】

GB/T 29490－2013 第 6 条第 6.1 款第 6.1.1 项规定：

明确知识产权工作人员的任职条件，并采取适当措施，确保从事知识产权工作的人员满足相应的条件。

【名词解释】

知识产权工作人员：企业中从事与知识产权事务相关的管理人员，可以是专职的，也可以是兼职的，但不包括和知识产权事务无关的一般管理人员和生产人员。

任职条件：指从事指定工作的岗位准入条件，包括员工的教育背景和技能、经验要求，以及上岗前需要参加的培训教育和分数要求。

【条款精读】

➢ 明确知识产权工作人员的任职条件：一是确定知识产权工作人员的岗位要求，即这个岗位需要做哪些方面的工作，如有必要，列明各部门的知识产权工作岗位分布情况及标准编制人数，最后汇总成知识产权工作人员花名册。二是确定各知识产权工作岗位的任职条件，确定前要广泛征求各部门意见，形成科学准确的知识产权工作人员任职条件文件。

➢ 并采取适当措施，确保从事知识产权工作的人员满足相应的条件：一是随着知识产权管理工作的发展或企业知识产权业务的发展，需定期对知识产权岗位要求进行评价，看其是否符合企业阶段性的知识产权管理要求。如果企业知识产权发展进步了，那相应的对知识产权的岗位职责要求也要提高。二是对具体工作在知识产权岗位上的管理人员进行能力评价，看其是否符合现阶段的岗位要求和企业知识产权发展对未来或潜在的知识产权管理能力要求。在采取的具体措施上，企业可以通过上岗前评价审批制度、岗位人员业务能力定期评价制度等进行规范和约束；也可以通过经常性的培训提升岗位人员工作能力；还可以鼓励工作人员自我学习，以提升知识产权的管理能力。

【操作指南】

例如，企业在知识产权手册中描述的内容是："知识产权工作人员主要指知识产权管理人员（包括知识产权联络员）以及专利工程师等。知识产权部门制订《知识产权岗位说明书》，明确知识产权相关各岗位的工作职责，确定知识产权工作人员的教育、培训、技能和经历要求，配备能够胜任的人员。"

该企业据此形成了相关文件：《T－略－06 知识产权岗位说明书》。

【审核要点】

知识产权专职人员或兼职人员的任职条件，其他相关措施。

二、教育与培训

【条款原文】

GB/T 29490－2013 第 6 条第 6.1 款第 6.1.2 项规定：

组织开展知识产权教育培训，包括以下内容：

a) 规定知识产权工作人员的教育培训要求，制订计划并执行；

b) 组织对全体员工按业务领域和岗位要求进行知识产权培训，并形成记录；

c) 组织对中、高层管理人员进行知识产权培训，并形成记录；

d) 组织对研究开发等与知识产权关系密切的岗位人员进行知识产权培训，并形成记录。

【名词解释】

培训记录：企业人员参加培训后形成的记录文件，一般可以包括培训签到表、培训材料、培训满意度调查表、培训效果评价表、培训后考试试卷及分数汇总等。

【条款精读】

➤ 规定知识产权工作人员的教育培训要求，制订计划并执行：岗位的培训要求应该在任职条件中列明；培训计划应定期编制，制订前应充分征集各部门的培训需求，培训计划经授权人员批准后，应严格执行，可考核培训计划完成率和培训满意度等。

➤ 组织对全体员工按业务领域和岗位要求进行知识产权培训，并形成记录：此类培训可以分为专业管理岗位的知识产权管理培训和全体员工的知识产权普及培训。

➤ 组织对中、高层管理人员进行知识产权培训，并形成记录：此类培训可以归纳为知识产权意识培训。

➢ 组织对研究开发等与知识产权关系密切的岗位人员进行知识产权培训，并形成记录：此类培训可以归纳为知识产权技术培训。

【操作指南】

进行知识产权的宣传、培训是提升职工知识产权保护意识，加强企业知识产权保护的有效途径。培训的根本目的是提高企业领导层和员工的知识产权保护意识和战略意识，使他们充分认识到知识产权是法律确认的重要的无形资产、竞争优势和市场垄断的合法机制，并且知识产权与企业经营管理和发展壮大息息相关，是企业扩大市场份额和提升竞争力的重要手段。特别是应注意提高企业领导层知识产权保护意识和战略意识，提高知识产权管理、利用和运营水平。

GB/T 29490－2013 规定了培训的内容，但又把过程要求穿插在里面，同时需要有记录并进行效果的评价。培训的方式可以多种多样，包括专家知识产权报告会，知识产权培训班，重大知识产权事件或案例的对策讨论等。

【审核要点】

审核相关的培训记录文件。

三、人事合同

【条款原文】

GB/T 29490－2013 第 6 条第 6.1 款第 6.1.3 项规定：

通过劳动合同、劳务合同等方式对员工进行管理，约定知识产权权属、保密条款；明确发明创造人员享有的权利和负有的义务；必要时应约定竞业限制和补偿条款。

【名词解释】

劳动合同：劳动者与用工单位之间依据劳动法、劳动合同法等法律、法规签订的确立劳动关系，明确双方权利和义务的协议。

劳务合同：劳务合同是民事合同，是当事人各方在平等协商的情况下达成的，就某一项劳务以及劳务成果所达成的协议。劳务合同不属于劳动合同，从法律适用看，劳务合同受合同法、民法通则以及其他民事法律所调整，而劳动合同受劳动法以及相关行政法规所调整。

竞业限制：竞业限制是用人单位对负有保守用人单位商业秘密的劳动者，在劳动合同、知识产权权利归属协议或技术保密协议中约定的竞业限制条款，即，劳动者在终止或解除劳动合同后的一定期限内不得在生产同类产品、经营同类业务或有其他竞争关系的用人单位任职，也不得自己生产与原单位有竞争关系的同类产品或经营同类业务。限制时间由当事人事先约定，但不得超过 2 年。竞业限制条款在劳动合同中为延迟生效条款，也就是劳动合同的其他条款法律约束力终结后，该条款开始生效。

【条款精读】

➤ 通过劳动合同、劳务合同等方式对员工进行管理，约定知识产权权属、保密条款：要求企业同每位员工都要签订劳动合同或劳务合同，合同中必须规定知识产权权属和保密事项的条款，对员工加以约束，降低企业知识产权风险。

➤ 明确发明创造人员享有的权利和负有的义务：对技术人员，企业应在其入职前告知职务发明的权利和义务，方式可包括上岗前培训、合同中注明等。

➤ 必要时应约定竞业限制和补偿条款：企业可选择核心技术人员签订保密协议或竞业限制协议，约定竞业限制和补偿条款。

【操作指南】

根据劳动法、劳动合同法的规定，企业可以将保密条款作为劳动合同的一部分，在劳动合同中进行约定。企业在与劳动者签订的劳动合同中约定保守企业知识产权或商业秘密的有关条款时，一般应包括以下内容：

（1）明确规定在劳动合同履行期间，劳动者负有保守用人单位知识产权或商业秘密不对外泄露的义务。

（2）对劳动者跳槽或解除、终止劳动合同后就业于同类企业，从事同种职业进行合理限制及应给予的补偿。

（3）劳动者违反劳动合同约定的保守知识产权或商业秘密条款所应承担的责任，包括赔偿损失的数额和方式。

某企业的劳动合同中约定的相关条款如下所示：

（1）保密及竞业限制：乙方依法负有保守甲方商业秘密和知识产权的义务。乙方的保密范围为：甲方经营的全部产品，竞业限制的区域为全中国，竞业限制期限为 2 年。双方约定的保密及竞业限制协议为本合同附件。若乙方违反甲方规定的保密事项，应对给甲方造成的损失承担赔偿责任，承担对甲方的违约责任，违约金为乙方上一年度工资总额的 30%，并交纳与损失程度相对应的赔偿金。

（2）竞业限制的范围：乙方工作接触到的甲方产品，及乙方在职期间、离职后两年内不得到与甲方同行企业就职或者自办与甲方同行业的企业，在竞业限制期间甲方每月支付乙方补偿金，补偿金应为当年度当地的最低工资标准。

（3）在乙方离职时，甲方认为有必要给予乙方竞业限制的，则双方应另行签订保密及竞业限制协议，甲方在乙方离职时支付乙方补偿金。

乙方在离职时，若双方没有另行签订保密及竞业限制合同，甲方认为对乙方有必要实行竞业限制的，从甲方支付给乙方竞业限制费时起，乙方即应履行本合同中约定的竞业限制的义务。

【审核要点】

抽查劳动合同，看其有无保密条款、竞业限制和补偿条款。

四、入　　职

【条款原文】

GB/T 29490－2013 第 6 条第 6.1 款第 6.1.4 项规定：

对新入职员工进行适当的知识产权背景调查，以避免侵犯他人知识产权；对于研究开发等与知识产权关系密切的岗位，应要求新入职员工签署知识产权声明文件。

【条款精读】

➤ 对新入职员工进行适当的知识产权背景调查，以避免侵犯他人知识产权：知识产权背景调查可以采取问卷填写、电话核实的方式进行，必要时可以到员工的前雇主处进行走访。

➤ 对于研究开发等与知识产权关系密切的岗位，应要求新入职员工签署知识产权声明文件：人力资源部门应该确定与知识产权关系密切的岗位范围，签署入职知识产权声明的员工，可以同时作为签订保密协议或竞业限制协议的人员范围，这也是企业知识产权相关人力资源管理的重点。

【操作指南】

企业在招收新员工时，不能只注重员工以往的就业经历、拥有的技术成果，还有必要对该员工在原企业的有关情况及知识产权背景进行调查和了解，这样既有利于遴选出适合企业发展要求的员工，也可以避免与原企业发生不必要的诉讼。而且，我国反不正当竞争法明确规定，对于明知或故意聘请知悉原企业商业秘密的员工并利用原企业商业秘密进行竞业的，聘用单位与员工承担连带责任。

（1）为了避免可能发生的知识产权争议，用工单位可以在新员工入职时进行适当的背景调查，调查其在前企业所从事的技术工作的内容、所处的技术岗位，以及该企业关于知识产权管理方面的相关规定，职工是否与企业在签订的劳动合同中有关于知识产权的规定，离职时是否签订了竞业限制协议等内容。必要时，企业知识产权部门还可以向新员工原服务单位发出正式的书面函件，通知原单位该员工目前或即将从事的工作岗位，这样既尊重了其他企业的知识产权保护，也避免了企业在不知情的情况下侵犯其他企业知识产权的可能，防止与原企业产生不必要的争议和纠纷。

（2）企业在招聘新员工进行面试时，可以采用答卷的形式，对其职业经历的知识产权背景进行简单的调查。

（3）对于研发产品生产线等与知识产权关系密切的岗位，有条件的企业还可以要求新入职员工签署《入职知识产权声明》。《入职知识产权声明》应当包括入职前所从事职业简况，入职前与原服务单位有无知识产权纠纷，入职后遵守本单位知识产权管理规定和保密规定等内容。

【审核要点】

是否对新员工入职时的知识产权状况进行调查，是否签署了知识产权声明文件，是否制订了相关管理制度。

五、离　职

【条款原文】

GB/T 29490－2013 第 6 条第 6.1 款第 6.1.5 项规定：

对离职的员工进行相应的知识产权事项提醒；涉及核心知识产权的员工离职时，应签署离职知识产权协议或执行竞业限制协议。

【条款精读】

➤ 对离职的员工进行相应的知识产权事项提醒：提醒的内容主要是告知员工在职期间接触的商业秘密均属于公司所有。企业最好明确员工需要保守的具体的商业秘密内容，以表格或条款的形式固定，使之清楚意识到离职后不能泄露的具体内容是哪些，离职后不得以任何理由透露给第三者；同时，对职务发明的权属作出规定或约定等。

➤ 涉及核心知识产权的员工离职时，应签订离职知识产权协议或执行竞业限制协议：鉴于离职时签订知识产权协议较为困难，企业大多采取执行竞业限制协议，并给予离职员工约定的补偿。

【操作指南】

（1）企业应对离职员工进行相应的知识产权义务提醒，并对涉及重要知识产权的离职人员签订保密协议和竞业限制协议。如，对有机会接触企业商业秘密的员工，企业在其离职时应当要求其填写离职人员登记表，对其离职原因及离职后的去向等作详细了解，并要求离职人员交回其曾保管的企业重要文件。并在协议中约定，对其在职期间获取的商业秘密负有保密义务，在离职后一段时间内不得从事与本企业相竞争的业务。

（2）签署竞业限制协议或离职知识产权协议是确保员工离职后，企业知识产权不随之流失的一种有效途径。竞业限制条款一般应当包括竞业限制的具体范围，竞业限制的期限，补偿费的数额及支付方法，违约责任等。

【审核要点】

审核离职职员的档案，涉及知识产权事项提醒、离职知识产权协议或竞业限制协议。

六、激　　励

【条款原文】

GB/T 29490－2013 第 6 条第 6.1 款第 6.1.6 项规定：

明确员工知识产权创造、保护和运用的奖励和报酬；明确员工造成知识产权损失的责任。

【名词解释】

有关奖励的规定：根据《专利法实施细则》第 77 条的规定，被授予专利权的单位未与发明人、设计人约定，也未在其依法制定的规章制度中规定《专利法》第 16 条规定的奖励的方式和数额的，应当自专利权公告之日起 3 个月内发给发明人或者设计人奖金。一项发明专利的奖金最低不少于 3 000 元；一项实用新型专利或者外观设计专利的奖金最低不少于 1 000 元。发明人、设计人主张的奖金多于 3 000 元或者 1 000 元的，多余部分不予支持。

有关报酬的规定：根据《专利法实施细则》第 78 条的规定，单位自己实施专利时，一项发明专利或者实用新型专利的报酬为不低于实施相应专利的营业利润的 2%，一项外观设计专利的报酬为不低于实施相应专利的营业利润的 0.2%；许可他人实施专利时，一项专利的报酬为不低于收取的使用费中提取 10%。发明人、设计人主张的报酬分成比例高于前述最低分成比例的，高出部分不予支持。鉴于转让与许可的类似性，应参考《专利法》及其实施细则对专利许可中职务发明创造报酬的确定规则，来确定专利转让时的职务发明创造的报酬。

【条款精读】

明确员工知识产权创造、保护和运用的奖励和报酬：这是给予员工的正激励措施，目的是奖励员工在知识产权管理过程中作出的贡献。企业在激励管理制度中对知识产权的奖励和报酬作出的规定，不论是否高于《专利法实施细则》规定的奖励和报酬金额，都不再受《专利法实施细则》的限制。

➢ 明确员工知识产权创造的奖励和报酬。企业员工在专利、商标创意、著作权或非专利的技术创新改革方面有所贡献，都应根据贡献度的大小给予员工合理的奖励或报酬，以激发员工在知识产权方面的创新。

➢ 明确员工知识产权保护的奖励和报酬：员工在发现本企业的产品或技术涉嫌侵权或有被侵权的可能性时，应及时向企业相关部门如知识产权部通报，以便企业及时应对。当员工的通报经查证属实时，应给予员工奖励或报酬。

➢ 明确员工知识产权运用的奖励和报酬：应激励员工在企业知识产权运用方面多做工作，在企业的知识产权运用如专利实施、转让、许可或商标的转让、许可或其他企业专有的技术输出方面有所贡献，从而使企业获利的，应根据企业获取收益的比例给予员工奖励和报酬。

➢ 明确员工造成知识产权损失的责任：这是给予员工的负激励措施，目的是惩戒员工在知识产权管理过程中造成的损失。如商业秘密的泄露，商标或专利未及时缴费续展，商标在其他类被抢注，公司域名被抢注，未经授权的含专利技术的论文预先发表，在海外贸易目的国家相关知识产权被抢注而给企业造成的损失等，诸如此类的知识产权工作方面的疏忽或管理不善，相应的责任者应承担责任。

【操作指南】

企业应建立完善的知识产权激励措施体系，鼓励员工知识产权创造和运用的积极性，包括正式、非正式的物质激励或精神激励，营造尊重产权、尊重创新的文化氛围，并要求员工在造成损失时承担责任。

例如："某企业知识产权部负责制订《知识产权奖励制度》，奖励应形成奖励记录，归档备查。《知识产权奖励制度》中应明确：

（1）明确给员工创造的知识产权给予相应的物质奖励和精神奖励。物质奖励标准不低于国家相关法律规定的标准。

（2）奖罚分明，同时明确员工在造成知识产权损失时，应承担的责任。

对于知识产权管理团队强大，知识产权管理领导熟悉业务的企业，应注重平时的知识产权管理工作。对于知识产权管理一般的中小型企业，如果生产业务繁忙，可委托专业的知识产权管理机构托管，打包维护企业的专利、商标、域名等，并让专业的托管机构根据企业的需要和发展，出具管理意见或建议，更好地维护企业自身权利。

形成的相关文件：《T-略-09 知识产权奖惩制度》。"

【审核要点】

审核奖惩制度和实施。

第二节　基础设施

【条款原文】

GB/T 29490—2013 第 6 条第 6.2 款规定：
根据需要配备相关资源，以确保知识产权管理体系的运行：
a）软硬件设备，如知识产权管理软件、数据库、计算机和网络设施等；
b）办公场所。

【条款精读】

> 软硬件设备，如知识产权管理软件、数据库、计算机和网络设施等：对软硬件设备的管理，重点在于确定、提供并维护以上软硬件设备，必要时，设备管理应与 GB/T 29490—2013 第 7 条第 7.6 款的涉密设备联合管理。

> 办公场所：对办公场所的管理，重点在于制定制度，对办公环境、办公秩序作出规定，以利于知识产权管理活动的实施，必要时，办公场所管理应与 GB/T 29490—2013 第 7 条第 7.6 款条款的涉密区域联合管理。

【操作指南】

随着计算机的普及、网络的发展，专利、商标、域名的前期检索、转让信息等都可以通过网上获得，知识产权软件和信息管理系统成为企业知识产权管理的重要工具。同时，知识产权部门涉及企业秘密，应该有其固定并且相对独立的办公场所，以方便工作的开展，同时，可以使技术秘密得以很好的保护。

GB/T 29490—2013 只提到配备，要求还是比较低的，一般的企业都能达到。与知识产权相关的软件包括知识产权检索分析软件、知识产权管理软件、知识产权起草软件、知识产权归档软件、知识产权集成管理软件等，企业可以根据自身特点和需求配备相关的软件系统。

【审核要点】

有关软硬件设施和办公场所的配备。

第三节 财务资源

【条款原文】

GB/T 29490—2013 第 6 条第 6.3 款规定：

应设立知识产权经常性预算费用，以确保知识产权管理体系的运行：

a) 用于知识产权申请、注册、登记、维持、检索、分析、评估、诉讼和培训等事项；

b) 用于知识产权管理机构运行；

c) 用于知识产权激励；

d) 有条件的企业可设立知识产权风险准备金。

【条款精读】

➢ 应设立知识产权经常性预算费用，以确保知识产权管理体系的运行：基于对成本控制的需求，很多企业都有财务预算制度。制订科学的预算计划是件比较有难度的工作，与知识产权相关的经常性费用明细不难确定，可以依据上述第 6.3 款中要求的内容编制，但确定每项费用的具体金额难度较大，定的少了需要经常修改，也失去了计划的意义，定得多了完成起来比较容易，但起不到控制支出、降低成本的作用。财务周期结束后，预算的完成情况及其分析就显得尤为重要。

➢ 有条件的企业可设立知识产权风险准备金：风险准备金制度也是很多上市公司财务制度的一部分，如果企业有风险准备金，可通过文件将其中一部分列为知识产权风险准备金，规定好预期应对风险的项目明细即可。

【操作指南】

企业应当为知识产权管理工作的有效开展提供相应的经费保障，设立知识产权经常性预算费用，主要包括用于知识产权申请、注册、登记、维持、检索、分析、评估、诉讼和培训等事项；用于知识产权管理机构运行；用于知识产权激励；有条件的企业可设立知识产权风险准备金。

如，某企业在知识产权手册中对这一条作了如下描述：

本企业应当为知识产权管理工作的有效开展提供相应的经费保障，设立知识产权经常性预算费用，主要包括用于知识产权申请、注册、登记、维持、检索、分析、评估、诉讼和培训等事项；用于知识产权管理机构运行；用于知识产权激励；设立知识产权风险准备金，主要用于知识产权风险应对。

财务部负责管理本企业与知识产权相关的财务资源，负责制订《知识产权财务资源控制程序》，对知识产权经常性预算费用和知识产权风险准备金的设立和使用作出规定。

【审核要点】

有关知识产权工作经费预算及其实施记录。

第四节　信息资源

【条款原文】

GB/T 29490－2013 第 6 条第 6.4 款规定：

应编制形成文件的程序，以规定以下方面所需的控制：

a) 建立信息收集渠道，及时获取所属领域、竞争对手的知识产权信息；
b) 对信息进行分类筛选和分析加工，并加以有效利用；
c) 在对外信息发布之前进行相应审批；
d) 有条件的企业可建立知识产权信息数据库，并有效维护和及时更新。

【条款精读】

➤ 应编制形成文件的程序：这是本标准要求必须编制的第三个程序文件，也是需要必须形成文件的 10 个程序之一。

➤ 建立信息收集渠道，及时获取所属领域、竞争对手的知识产权信息：此处信息主要分为专业信息和舆情信息，专业信息包括专利、商标、著作权等知识产权各类公开文件中的信息以及期刊、学位论文等各类文献资料中的技术信息，通常通过定期检索的方式完成，对数据库的完整权威程度有较高要求，对人员的专业技术背景、检索和分析能力要求也比较高。舆情信息属于我们工作生活中随时随地出现和发生影响的信息，缺点是信息种类繁杂、信息量大、重复率高，优点是选好软件和关键词利用互联网平台搜索即可，对人员专业能力要求不高。企业可将这两种信息收集工作归到相应职能部门完成。

➤ 对信息进行分类筛选和分析加工，并加以有效利用：信息资源管理的重点和难点是分类筛选和分析加工，也称作信息数据处理，经过处理之后，繁杂的信息才能转化为"有用"信息。信息分析人员定期将有用信息在企业内部平台共享，相关人员可各取所需加以利用。

➤ 在对外信息发布之前进行相应审批：信息发布审批属于风险管控和保密范畴，规定好发布信息的范围界定、审批流程和权限是本程序文件的关键。

➤ 有条件的企业可建立知识产权信息数据库，并有效维护和及时更新：有条件的企业指对知识产权信息依赖度较高、实力雄厚的企业，可建立符合企业特点及发展过程中需要的数据库。

【操作指南】

企业在制订信息资源控制程序时，应列明信息收集的渠道，并进行筛选分析，建立企业内部的知识产权信息数据库，在对外发布信息时应经过审批。如，员工论文的发表，产品的上市，宣传册的宣传，网站的宣传等相关内容应有一个审批，防止出现知识产权泄露和纠纷。

【审核要点】

企业竞争对手的知识产权信息的收集、分析与利用的结果，企业信息发布流程记录等。

【程序文件示例003】知识产权信息资源控制程序

1　目的

对本公司涉及知识产权的信息收集、分析、利用和信息发布进行控制，保证本公司知识产权信息管理过程符合企业知识产权管理体系的要求。

2　范围

适用于本公司知识产权相关信息收集、使用、发布过程的控制。

3　职责

明确竞争对手的知识产权信息收集责任部门。

4　程序

4.1　知识产权专业信息收集、筛选与分析

明确收集信息的渠道、范围，信息汇集的部门，分析并有效利用的责任部门，最终形成《竞争对手的知识产权分析报告》。

4.2　知识产权信息数据库

4.2.1　明确职能部门负责建立知识产权信息数据库，并对其进行维护管理。

4.2.2　本公司授权人员均可在数据库中查询知识产权信息。

4.3　知识产权信息发布审批

4.3.1　本公司业务部门根据需要拟定信息发布内容，涉及知识产权的信息，须填写《知识产权信息发布评审表》，提交知识产权管理机构进行审查，经最高管理者或授权领导批准后发布。

4.3.2　知识产权管理机构审查要求：审查内容包括发布信息是否侵权，是否泄露公司商业秘密，是否涉及虚假宣传等，并填写审查意见。

5　记录

5.1　《竞争对手的知识产权分析报告》

5.2　《知识产权信息发布评审表》

第十章　基础管理

　　企业应根据自身经营发展的需要,规划所需的知识产权种类、覆盖范围和有效期限,制订相应的基础管理方案。这就要求企业在了解自身发展状况的同时,了解和掌握行业竞争格局以及国际国内法律法规,做到"知己知彼"。

　　知识产权的规划应当与企业所处行业、企业性质及其发展阶段相匹配,并且随着企业所处的竞争环境和市场的变化作出相应的调整。各企业可从技术水平和市场营运能力两个方面对自身作出一个合理的分析评价,找出自身的"长木板"和"短木板",以及最可能实现短期突破和"弯道超车"的技术领域,真正做到"知己"。同时,对所处行业经济特性、竞争格局及变化趋势进行深入分析,找出当前主要的竞争对手,对比分析其知识产权保护状况,抓住对手的软肋,真正做到"知彼"。企业知识产权基础管理,包括知识产权权利的获取、维护、运用、保护,合同管理和保密等内容。

第一节　获　　取

【条款原文】

GB/T 29490—2013 第 7 条第 7.1 款规定:
应编制形成文件的程序,以规定以下方面所需的控制:
a) 根据知识产权目标,制订知识产权获取的工作计划,明确获取的方式和途径;
b) 在获取知识产权前进行必要的检索和分析;
c) 保持知识产权获取记录;
d) 保障发明创造人员的署名权。

【名词解释】

　　方式:处理和解决问题的方法和形式,通常与"采用""采取"等动词关联。

　　途径:解决问题的路径或渠道,指如何到达目的地,通常与"通过""利用"等动词关联。

检索：检索是指从文献资料、网络信息等信息集合中查找到自己需要的信息或资料的过程。检索实际上是一个信息收集、筛选、整理的过程，检索的结果往往伴随着分析过程和结论。

分析：分析就是将研究对象的整体分为各个部分、方面、因素和层次，并分别加以考查的认识活动。知识产权中的分析定义更接近于评估。

【条款精读】

> 应编制形成文件的程序：这是本标准要求必须编制的第四个程序文件。

> 根据知识产权目标，制订知识产权获取的工作计划：从前述分析可知，知识产权目标是根据知识产权方针制订的，知识产权目标又可以分解成若干分解目标，其中关于知识产权获取类的分解目标是制订知识产权获取工作计划的依据，即知识产权方针→知识产权目标→知识产权获取类分解目标→知识产权获取工作计划。

> 明确获取的方式和途径：获取工作计划的主要内容是明确获取方式和途径，获取方式包括申请（自主研发）、转让（受让、受赠或并购）或许可（独占、排他、普通或交叉）等三种。根据选择方式的不同，列明获取计划的详细内容。例如，采取申请的获取方式时，研发过程的专利挖掘是重点，获取途径可介绍专利挖掘的流程：①研发开始前规划专利申请节点→②研发过程中过程监控→③筛选可申报专利的方案。

> 在获取知识产权前进行必要的检索和分析：知识产权获取前的检索和分析是非常重要的，是提高专利申请成功率或能否获取有价值知识产权的关键。在实际操作过程中，检索的流程是控制点，检索和分析的水平是体现知识产权管理水平的关键。

> 保持知识产权获取记录：这是本标准要求必须形成记录文件的 8 个条款之一，值得注意的是，这里的知识产权获取记录，除了管理体系建立的记录文件外，还包括知识产权获取过程中产生的证明类文件，如受理通知书、审查意见通知书、缴费通知书等，企业一般将其作为外来文件管理。

> 保障发明创造人员的署名权：发明创造人员的署名权是法律赋予的权利，应该给予保障。

【操作指南】

企业应根据自身的情况选择适合的知识产权保护类型，并建立获取程序，确定获取的方式和途径。

【审核要点】

有关知识产权获取的文件，查看检索、申请等记录。

【程序文件示例004】 知识产权获取控制程序

1 目的

对本公司知识产权检索、申请等获取过程进行控制，保证本公司在知识产权获取过程中符合法律和保密性要求，特制订本程序。

2 范围

适用于本公司知识产权获取过程的控制工作。

3 职责

3.1 明确负责知识产权委外检索的批准。

3.2 明确知识产权委外检索实施及知识产权申请和获取过程管理的管理部门和责任部门。

4 程序

4.1 知识产权获取工作计划

4.1.1 知识产权管理机构和技术部门根据知识产权分解目标，制订本部门知识产权获取的工作计划，明确获取方式和途径。

4.1.2 知识产权获取方式包括自行申请或转让获得。

4.2 知识产权获取前的检索

明确检索的方式、责任，对《知识产权检索报告》负责。

4.3 知识产权申请审批

按照相关管理制度填写《知识产权申请审批表》，经领导批准后交执行部门。

4.4 相关知识产权的获取程序及其获取记录的管理要求。

5 记录

5.1 《知识产权检索报告》

5.2 《知识产权检索申请表》

5.3 《知识产权申请审批表》

5.4 《专利状态一览表》

第二节　维　　护

【条款原文】

GB/T 29490－2013 第 7 条第 7.2 款规定：

应编制形成文件的程序，以规定以下方面所需的控制：

a) 建立知识产权分类管理档案，进行日常维护；

b) 知识产权评估；

c) 知识产权权属变更；
d) 知识产权权属放弃；
e) 有条件的企业可对知识产权进行分级管理。

【名词解释】

知识产权评估：通过分析和评定，确定知识产权现在的价值和通过未来的效应所得到的价值。知识产权的评估往往以知识产权检索为前置条件。

知识产权权属：狭义指知识产权所有权或者知识产权申请权的归属，广义还应包括知识产权独占许可使用权的归属，但不包括排他和普通许可使用权的归属。

权属变更：此处的权属变更指通过知识产权转让、许可产生的知识产权所有权、申请权、独占使用权的归属变化，不包括权属放弃和权属自然终结。

权属放弃：指因自身作为或不作为导致权属处于无主状态，权属放弃可通过官方声明、向管理机构申请、停止缴费等方式完成，停止缴费是最常见的放弃方式。

分类管理：分类管理就是指将事物分门别类，针对不同的分类适用不同的或类似的管理方法进行管理。

分级管理：分级管理是将同类事物按不同等级进行管理。

【条款精读】

➢ 应编制形成文件的程序：这是本标准要求必须编制的第五个程序文件。

➢ 建立知识产权分类管理档案，进行日常维护：知识产权分类包括大类和小类，大类包括专利、商标、著作权、商业秘密等，小类就是在大类下再进行分类，如专利可分为发明专利、实用新型专利、外观设计专利等，小类之下还可再分小类，如发明专利可分为申请专利、授权专利、失效专利等。企业应按自己的分类方式建立档案，将各类资料、证明性文件放入其中，一般可执行公司原有的档案资料管理制度。

➢ 知识产权评估：评估的审批流程设置不复杂，关键是体现评估的严肃性和科学性。但评估的实施过程，即如何评估，是贯标企业的难题之一。评估过程最怕拍脑袋，这样的评估会让人感觉不科学，可信度不高，这也是认证审核时经常发现的问题。解决方法有三：一是尽可能与检索分析结合，辅以市场调研，多用数字和证据说话；二是尽可能吸收多部门、多领域的人员参与评估，避免出现只有企业知识产权管理机构自言自语的情况；三是特别重要的知识产权评估，最好请有资质的专业律师团队或服务机构完成。

➢ 知识产权权属变更：权属变更的审批流程设置不难，关键是体现变更决策的谨慎原则，通常以知识产权评估为前置条件。

➢ 知识产权权属放弃：权属放弃与权属变更的管控要求大致相同，区别之处在于，权属放弃往往是不可逆的，例如，专利停止续费后失效，不能再通过补缴费用等方式恢复权利。

➢ 有条件的企业可对知识产权进行分级管理：从"有条件的企业"可以看出分级管理比分类管理更难，对人员的专业能力要求很高，有时会需要前置的知识产权评估，而分类管理根本不需要评估。例如，按技术价值含量将专利分为一般专利、重要专利、核心专利的时候，往往很难一下子判断出来，需要通过专业评估之后才能完成分级。分级管理也可以同知识产权权属变更和知识产权权属放弃的管理结合起来，例如，对不同级别的专利通过缴费设定不同的有效期等。

【操作指南】

企业在生产经营活动中，应适时对企业所属的知识产权进行评估。例如，在企业规划新产品、新技术、新项目、新业务时；或者主营或关键业务所处行业出现有重要影响的新技术、新趋势时；与企业有关的新技术标准公布时；有侵权或被侵权疑虑时；对外投资、资本化运作、上市等情况发生时；在打算对企业知识产权放弃时，应评估相关知识产权的效益以决定是否继续缴费续展。

同时，知识产权评估应包括市场评估、技术评估、经济评估等。关于知识产权权属变更，主要指变更和放弃。

（1）知识产权日常维护。

企业的研发成果要合理地获得知识产权保护，就必须建立一套完整的知识产权申请组织程序和文档管理方案。

以专利为例，专利申请组织程序包括申请素材挖掘、申请决策和申请准备。其中，申请决策包括决定是否申请专利、申请何种类型的专利、申请专利的时机、是否申请国外专利、是否请求提前公开等事项；申请准备包括是自己撰写还是委托代理机构撰写，让发明人完善技术交底材料，在委托代理机构撰写时需安排发明人和专利工程师、专利代理人之间进行沟通，进行专利申请文件质量监控和申请时限监控等。

由于专利文件种类繁多，进程复杂且周期长，专利文档管理问题显得非常突出，因此需要建立系统的专利文档管理制度，防止流程过程中的疏忽而导致权利丧失。企业专利文档应包括未申请专利的技术文件档案、处于审查程序中的专利申请文件档案、已获授权的专利文件档案、专利许可转让文件档案、专利质押文件档案、专利诉讼无效文件档案等。企业专利工作者可以利用这些文件，对企业历年的专利申请与授权情况、实施与收益情况、年费缴纳情况、专利奖酬情况、专利技术评估情况、专利纠纷情况等定期进行分析，针对专利的管理及实施运用等方面向企业有关的主管人员提出相关建议。

商标、著作权、集成电路布图设计、商业秘密等申请组织程序和文档管理等，根据其类型和特点制定相关的管理流程和制度。

（2）建立分级管理档案。可以参考《中华人民共和国保守国家秘密法》和相关法律中的分级管理。在知识产权管理中，可以按知识产权的重要性来进行分级管理，例如，将专利分为核心专利和一般专利，这样的分级有利于企业对知识产权的成本控制和对判断创新成果的重要性提供参考依据。也可根据企业的需求来执行，例如，按不同的管理级别或按项目的重要程度进行分级管理。

【审核要点】

审核相关知识产权维护的文件；知识产权档案管理、各环节的评估程序，以及变更、放弃的管理。

【程序文件示例005】知识产权变更/放弃控制程序

1　目的

对本公司知识产权维护的过程进行控制，并满足科学性和利益要求，特制订本程序。

2　范围

适用于本公司知识产权维护过程的控制。

3　职责

明确相关部门对现有知识产权档案及其权利的维护责任部门等。

4　程序

4.1　知识产权维护

明确知识产权档案及其权利的维护过程和责任部门。

4.2　知识产权的变更和放弃

明确相关知识产权变更和放弃的基本程序要求及其形成记录的保管要求。

5　记录

5.1　《专利台账》

5.2　《著作权台账》

5.3　《商标台账》

5.4　《知识产权变更、放弃审批表》

5.5　《知识产权变更、放弃记录台账》

6　相关文件

6.1　《保密工作规定》

6.2　《知识产权评估控制程序》

第三节 运　　用

一、实施、许可和转让

【条款原文】

GB/T 29490—1993 第 7 条第 7.3 款第 7.3.1 项规定：

应编制形成文件的程序，以规定以下方面所需的控制：

a) 促进和监控知识产权的实施，有条件的企业可评估知识产权对企业的贡献；

b) 知识产权实施、许可或转让前，应分别制订调查方案，并进行评估。

【名词解释】

知识产权的实施：指通过知识产权的使用创造价值，具体分为专利实施、商标使用等。专利实施是指专利权人或者专利权人许可他人为了生产经营的目的，制造、使用和销售专利产品或使用专利方法。商标使用是指以经营为目的，将商标用于商品、商品包装或者容器上；用于服务或者与服务有关的物件上；用于商品或者服务交易文书上；或者将商标用于商品或者服务的广告宣传、展览以及其他商业活动中，足以使相关公众认其为区别该商品或者服务来源的标志的实际使用。

知识产权的许可：许可方将所涉知识产权授予被许可方按照约定使用的活动，简称许可。许可一般分为独占许可、排他许可、普通许可等。知识产权许可促进了知识产权的有效运用，提高了知识产权收益能力，减少、降低了在知识产权活动中的经济与法律风险。知识产权许可中的专利强制许可、专利实施许可合同备案、商标使用许可合同备案、特许经营合同等，国家法律法规有强制性规定的，适用有关规定。

知识产权的转让：知识产权出让主体与受让主体，根据与知识产权转让有关的法律法规和双方签订的转让合同，将知识产权权利由出让方转移给受让方的法律行为。

专利转让：专利转让包括专利权转让和专利申请权转让，是指转让方将其所拥有的专利权（或专利申请权）转让给受让方，由此获得转让费的经营方式。专利转让是所有权的转让，需要事前对专利技术的市场前景、法律状态、转让方式和转让价格等进行综合考量。

专利许可：又称专利实施许可，是指专利权人作为许可方在专利权有效期内，许可被许可方在一定时间和范围内实施其专利，由此获得专利使用费的经营方式。

专利独占许可，指专利权人许可被许可方在一定的条件下对专利拥有独占使用权的行为。采用这种许可时，专利权人和任何第三方都不得在约定的地域和期间内使用被许可专利。不过专利权人仍拥有该专利的所有权。

专利排他许可，指在一定的条件下，专利权人只用于一家单位或个人作为被许可方使用其专利的行为，采用这种许可时，专利权人保留自己使用其专利权的权利。

专利普通许可，指在一定的条件下，专利权人许可一家单位或个人使用专利权，同时保留许可其他单位或个人使用其专利和自己使用其专利的行为。

专利分许可：是指在一定的条件下，专利权人许可被许可方再许可他方实施专利的行为。一般情况下前一许可是独占或排他许可，后一许可为普通许可。

专利交叉许可：也称互惠许可、互换许可，是指双方当事人对各自的专利互相许可对方实施的行为。不同于上述各种单向许可形式，交叉许可是一种双向许可形式，通常是在双方都需要使用对方的专利技术时，相互有条件或者无条件地容许对方使用己方的专利技术。

专利联盟许可，是指联盟内部成员将各自的专利组合搭配在一起，在联盟内部实施交叉许可，在联盟外部实施普通许可的行为。

专利强制许可：是指在专利法规定的特殊条件下，未经权利人的同意，他人可以在履行完毕法定手续后取得实施专利的许可，但仍应向专利权人缴纳专利实施许可费。我国目前尚未有专利强制许可案例。

【条款精读】

> 应编制形成文件的程序：这是本标准要求必须编制的第六个程序文件。

> 促进和监控知识产权的实施，有条件的企业可评估知识产权对企业的贡献：知识产权的实施能够为企业带来价值，如果不实施，则是企业的损失，因此标准要求促进知识产权的实施；对于已经实施的知识产权，企业应定期监控，对其价值进行评估，有条件（知识产权管理水平高）的企业可评估其对企业的贡献；对于未实施的知识产权，企业应通过价值评估判定是否实施，如具有实施价值，且时机合适，应推动其实施，实施方式可采取独立实施、合作实施或许可他人实施等。

> 知识产权实施、许可或转让前，应分别制订调查方案，并进行评估：本条款涉及的实施、许可、转让三种情形，实际上可以归为两类：一类是广义的实施，许可也是实施的一种；另一类是广义的权属变更，转让是权属变

更的一种，独占许可意味着使用权的变更。表 10-1 可以帮助读者理解各种知识产权维护和运用行为之间的关系，其共同点是大部分需要前置评估，不同点是部分行为需要进行指定的评估。因此评估水平的高低基本上代表了企业知识产权管理水平高低。

表 10-1　知识产权维护和运用行为的评估明细

管理类别	管理行为	本质	是否前置评估	指定评估内容
维护	权属变更	广义的权属变更	应	—
	权属放弃	广义的权属变更	应	—
	分类管理	内部管理	否	—
	分级管理	内部管理	可	—
	评估	内部管理	—	—
运用	实施	广义的实施	应	贡献度（可）
	许可	广义的实施 & 广义的权属变更	应	贡献度（可）
	转让	广义的权属变更	应	—
	投融资	广义的权属变更	应	风险和价值（应）
	企业重组	广义的权属变更	应	竞争力影响（应）
	标准化	技术活动	否	—
	联盟	技术活动	应	—

【操作指南】

企业知识产权运用是指企业将知识产权作为资产，通过运营实现其商业价值的各种行为。包括利用自身知识产权开展的知识产权经营活动和利用他人知识产权开展的知识产权运营活动，这些运营活动以直接产生经济效益为目的。

企业知识产权运用模式包括知识产权转让、许可、质押贷款、作价入股、联盟、标准化、交易、信托、证券化等多种形态。

（1）企业应根据法律法规的规定，在生产经营过程和市场交易活动中，合理运营知识产权。

（2）企业在制订知识产权运用策略前，针对企业作为出让方和受让方分别设定调查内容，并根据知识产权评估原则对知识产权进行评估。

【审核要点】

是否实施企业的知识产权及其监控措施，是否建立了完备的知识产权许可和转让审批管理流程。

【程序文件示例006】知识产权运用控制程序

1　目的

本公司取得知识产权后，为对知识产权进行合理、有效的运用，保障企业的经济利益和社会效益，满足知识产权管理体系的要求，特制订本程序。

2　范围

适用于本公司知识产权运用过程的管理。

3　职责

知识产权管理机构负责公司总的知识产权运用过程的管理。

4　程序

4.1　知识产权运用管理分类

4.2　知识产权实施、许可和转让

4.2.1　公司技术部门、生产部门及知识产权管理机构应联合促进已获取的知识产权在企业的实际应用，及时填写《产品中知识产权应用表》。应逐步完善管理，通过对知识产权的应用率考核促使知识产权转化为生产力。

4.2.2　监控知识产权的实施：财务部拟根据知识产权的发展，逐步评估知识产权对企业的贡献，每年12月底前财务部对年度知识产权贡献进行汇总、统计，评估知识产权对企业的贡献，完成《产品中知识产权贡献度统计表》。

4.2.3　知识产权实施、许可和转让前，技术部门制订调查方案，并进行评估，形成《知识产权评估报告》。知识产权转让时的权属变更审批执行《知识产权维护控制程序》。

5　记录

5.1　《产品中知识产权应用表》

5.2　《产品中知识产权贡献度统计表》

5.3　《知识产权标准化运用档案》

6　相关文件

6.1　《知识产权维护控制程序》

6.2　《知识产权评估控制程序》

【程序文件示例007】知识产权评估控制程序

1　目的

在本公司生产经营活动中，需要对知识产权的价值进行评估时，规范评估流程，以维护本公司经济利益，满足知识产权管理体系的要求，特制订本程序。

2　范围

适用于本公司知识产权的评估管理。

3　职责

3.1　知识产权管理机构负责本公司知识产权评估的组织管理工作，其中涉及发明、实用新型等专利项目的，由技术部门和知识产权管理机构共同进行相关管理工作。

4　程序

4.1　出现以下情况之一时，须对知识产权进行评估

a）知识产权放弃申请前；

b）知识产权许可和转让前；

c）知识产权投融资前；

d）合并和并购前；

e）牵头制订国际、国家或行业标准时；

f）组建或参加知识产权联盟时；

g）应对知识产权纠纷制订处理方式前；

h）研发项目立项时；

i）研发成果发布前；

j）涉及产品与工艺方法的技术改进与创新评价时；

k）其他需要对知识产权进行评估的情况。

4.2　评估申请和实施

在执行上述工作前，相关部门填写《知识产权评估申请》，向知识产权管理机构提出申请，知识产权管理机构根据申请立即组织相关人员对知识产权价值或风险进行评估，在《知识产权评估申请》基础上形成评估意见。如内容较多，可形成《知识产权评估报告》。

4.3　评估意见或报告内容

a）知识产权放弃前的评估，评估意见或报告中应有产品中知识产权贡献度的统计分析内容。

b）知识产权许可和转让前的评估，评估意见或报告中应有许可和转让事前调查内容。

c）知识产权投融资前的评估和合并和并购前的评估，评估意见或报告中应有尽职调查记录和价值评估内容。

d）牵头制订国际、国家或行业标准时的评估，评估意见或报告中应包括知识产权政策评估。

e）组建或参加知识产权联盟时的评估，评估意见或报告中应包括知识产权政策评估，明确知识产权联盟的原则。

f）应对知识产权纠纷制订处理方式前的评估，评估意见或报告中应包括纠纷处理方式的结论。

g）研发项目立项时的评估，评估意见或报告中应包括是否支持项目立项的结论。

h）研发成果发布前的评估，评估意见或报告中应包括研发成果保护建议。

i）涉及产品与工艺方法的技术改进与创新评价时的评估，评估意见或报告中应有对有价值的改进和创新的保护建议。

4.4 评估的方式

4.4.1 对于知识产权面临是否放弃以及是否进行权利变更或许可的情况，由相关部门的人员对该知识产权的技术性、经济性、稳定性做详细的评估，撰写评估意见或报告并报主管经理审批。

4.4.2 对于其他需要评估的情况，可由职能部门组织评估小组进行评估，形成评估意见或报告，知识产权管理机构和技术部门在分管职责内负责审核，并经相关分管领导批准。

4.5 记录归档

知识产权评估记录在各相关部门备案后交知识产权管理机构或者技术部门归档管理。

5 记录

5.1 《知识产权评估申请》

5.2 《知识产权评估报告》

二、投融资

【条款原文】

GB/T 29490－1993 第 7 条第 7.3 款第 7.3.2 项规定：

投融资活动前，应对相关知识产权开展尽职调查，进行风险和价值评估。在境外投资前，应针对目的地的知识产权法律、政策及其执行情况，进行风险分析。

【名词解释】

尽职调查：由中介机构在企业的配合下，对企业的历史数据和文档、管理人员的背景、市场风险、管理风险、技术风险和资金风险做全面深入的审核，多发生在企业公开发行股票上市和企业收购以及基金管理中。

知识产权投融资：包括知识产权出资入股、知识产权质押、知识产权担保等形式。

知识产权出资入股：知识产权权利人将知识产权作为资本入股，由此获得股权收入的经营方式。接受知识产权权利人将知识产权作价入股也属于这种经营方式。

知识产权质押：以专利权等知识产权作为监督债务人履行债务，保证债权人实现权利的一种担保行为。知识产权的质押与转让、许可不同。质押过程中，知识产权仍属于出质人所有，在质押合同生效后，质权人虽然能够限制出质人对知识产权进行处置，但质权人自己不得实施该知识产权。只有当出质人到期不能偿还债务时，质权人才有权将出质的知识产权拍卖、变卖以实现其权利，保障其利益。

知识产权担保：卖方应保证对其所出售的货物或出让方应保证对其所提供的技术享有合法的知识产权，没有侵犯任何第三方的知识产权，并且任何第三方也不会就该货物向买方或就该技术向受让方主张任何知识产权。

【条款精读】

➤ 投融资活动前，应对相关知识产权开展尽职调查，进行风险和价值评估：知识产权投融资的知识产权尽职调查必须选择具有资质的第三方机构完成，因此合同和报告为认证审核的重点；风险和价值评估是标准指定的评估内容。

➤ 在境外投资前，应针对目的地的知识产权法律、政策及其执行情况，进行风险分析：境外的知识产权投融资活动，评估内容还应包括目的地的法律政策情况。

【操作指南】

企业在投融资活动前，应当确认知识产权资产状况，尽到尽职调查义务，同时进行价值评估。知识产权融资离不开价值评估。知识产权价值评估或定价只能是一种预测性的评价，评估者的结论必须是建立在对相关市场情况的分析和预测基础上，是对市场价值的估计和判断，而最终由市场决定和反映的价值才是知识产权的真正价值。

对知识产权开展的尽职调查应全面化、专业化和细节化。具体可包括：

（1）目标企业的知识产权资产情况，例如，商业秘密的保护和内部管理。

（2）调查目标企业签署的与知识产权相关的协议，包括许可协议、销售协议、OEM/ODM 协议、员工职务发明协议等。

（3）目标企业知识产权诉讼情况。

（4）目标企业产品出口国产品技术管制情况等。

【审核要点】

投融资过程中的知识产权运用。

三、企业重组

【条款原文】

GB/T 29490－1993 第 7 条第 7.3 款第 7.3.3 项规定：

企业重组工作应满足以下要求：

企业合并或并购前，应开展知识产权尽职调查，根据合并或并购的目的设定对目标企业知识产权状况的调查内容；有条件的企业可进行知识产权评估。

企业出售或剥离资产前，应对相关知识产权开展调查和评估，分析出售或剥离的知识产权对本企业未来竞争力的影响。

【名词解释】

企业合并：指两个或者两个以上单独的企业，订立合并协议，依照法律规定，不经过清算程序，直接合并为一个企业的法律行为。

企业并购：指一切涉及企业控制权转移与合并的行为，包括资产收购（营业转让）、股权收购和企业合并等方式。其中所谓"并"（Merger），即企业合并，主要指吸收合并，即指两家或者更多的独立企业，合并组成一家企业，通常由一家占优势的企业吸收一家或者多家企业；"购"（Acquisition），即购买股权或资产，指一家企业用现金或者有价证券购买另一家企业的股票或者资产，以获得对该企业的全部资产或者某项资产的所有权，或对该企业的控制权。

【条款精读】

➤ 企业合并或并购前，应开展知识产权尽职调查，根据合并或并购的目的设定对目标企业知识产权状况的调查内容；有条件的企业可进行知识产权评估：这里所说的企业合并或并购，应该指的是主导合并或并购的企业，而不是被合并或被并购的企业，此时请第三方机构完成的尽职调查报告中一定要包括知识产权评估内容。所以本书认为，引处的"有条件"是多余的。

➤ 企业出售或剥离资产前，应对相关知识产权开展调查和评估，分析出售或剥离的知识产权对本企业未来竞争力的影响：由于涉及资产出售，此处的调查和评估最好也要作尽职调查，"对本企业未来竞争力的影响"本质上也是风险和价值评估。

【操作指南】

未来的财富表现形式将更加多样化，而股权入资将是未来拥有财富的最好见证。随着中国资本市场特别是证监会注册制度的实施，越来越多的企业将通过资本市场融资，所以企业的并购、重组将会趋向常态化、国际化。而通过并购占领行业技术的制高点也将是行业垄头企业的必由之路。因此知识产权管理应贯穿于整个并购过程无论在并购前、并购中、还是并购后都非常重要。例如，在一起并购案件中，在并购协议中属于出让方的 20 件商标根本没有列明价值。后来出现了商标纠纷，出让方才大呼上当，这都是出让方没有重视知识产权的缘故，所以无论在并购前或并购中及并购后，知识产权的管理都是非常重要的。

【审核要点】

企业重组过程中的知识产权运用。

四、标准化

【条款原文】

GB/T 29490－1993 第 7 条第 7.3 款第 7.3.4 项规定：

参与标准化工作应满足以下要求：

a）参与标准化组织时，了解标准化组织的知识产权政策；将包含专利和专利申请的技术方案向标准化组织提案时，应按照知识产权政策要求披露并作出许可承诺；

b）牵头制订标准时，应组织制订标准工作组的知识产权政策和工作程序。

【名词解释】

标准：GB/T 20000.1－2002《标准化工作指南第 1 部分：标准化和相关活动的通用词汇》中对标准的定义是，为了在一定范围内获得最佳秩序，经协商一致制订并由公认机构批准，共同使用的和重复使用的一种规范性文件。

标准化：为在一定的范围内获得最佳秩序，对实际的或潜在的问题制订共同的和重复使用的规章的活动，即制订、发布及实施标准的过程，称为标准化。

标准种类：其制订和类型按使用范围划分有国际标准、区域标准、国家标准、专业标准、地方标准、企业标准；按内容划分有基础标准（一般包括名词术语、符号、代号、机械制图、公差与配合等）、产品标准、辅助产品标准（工具、模具、量具、夹具等）、原材料标准、方法标准（包括工艺要求、过程、要素、工艺说明等）；按成熟程度划分有法定标准、推荐标准、试行标准、标准草案。标准的制订，国际标准由国际标准化组织（ISO）理事会审查，国际标准会组织理事会接纳国际标准并由中央秘书处颁布；国家标准在中国由国务院标准化行政主管部门制订，行业标准由国务院有关行政主管部门制订，企业生产的产品没有国家标准和行业标准的，应当制订企业标准，作为组织生产的依据，并报有关部门备案。法律对标准的制订另有规定的，依照法律的规定执行。

【条款精读】

➤ 参与标准化组织时，了解标准化组织的知识产权政策：这是知识产权运用条款中唯一一个不需要前置评估的子条款，但了解标准化组织的知识产权政策却并不是一件容易事。这是由于当前国内制修订国家、行业、地方标准的基层组织，即各个标准化技术委员会基本上都没有自己的知识产权政策。但值得庆幸的是，中国标准化工作的最高机构国家标准化管理委员会与国家知识产权局共同于 2013 年 12 月 19 日发布了《国家标准涉及专利的管理规定（暂行）》，对国家标准制修订过程中的专利信息披露、专利实施许可以及强制标准涉及专利的特殊规定等作出明确要求，并明确指出制修订行业和地方标准也参照适用本规定。

➤ 将包含专利和专利申请的技术方案向标准化组织提案时，应按照知识产权政策要求披露并作出许可承诺：根据《国家标准涉及专利的管理规定（暂行）》第 5 条规定，"参与标准制修订的组织或者个人应当尽早向相关全国专业标准化技术委员会或者归口单位披露其拥有和知悉的必要专利，同时提供有关专利信息及相应证明材料，并对所提供证明材料的真实性负责"；第 9 条规定，"全国专业标准化技术委员会或者归口单位应当及时要求专利权人或者专利申请人作出专利实施许可声明"，第 10 条规定该声明只有选择"专利权人或者专利申请人同意在公平、合理、无歧视基础上，免费（或收费）许可任何组织或者个人在实施该国家标准时实施其专利"，才可在标准中包括基于该专利的条款。在实际操作过程中，企业应将参与涉及本企业专利标准的专利披露和许可声明等证明材料提供给审核组，如果是不涉及本企业专利的标准，则不需提供。

➤ 牵头制订标准时，应组织制订标准工作组的知识产权政策和工作程序：标准工作组的知识产权政策和工作程序可以参照《国家标准涉及专利的管理规定（暂行）》制订。

【操作指南】

（1）企业参与其他标准化组织的，首先需要去了解标准化组织涉及的知识产权政策，按照政策的要求提案、披露和许可承诺。

（2）企业牵头组建标准工作组的，需要制订相应的知识产权政策和工作程序。

（3）企业在牵头制订标准时应注意企业的专利技术与标准的融合和区别。

【审核要点】

标准化过程中的知识产权运用。

五、联盟及相关组织

【条款原文】

GB/T 29490—2013 第7条第7.3款第7.3.5项规定：

参与或组建知识产权联盟及相关组织应满足以下要求：

a）参与知识产权联盟或其他组织前，应了解其知识产权政策，并进行评估；

b）组建知识产权联盟时，应遵循公平、合理且无歧视的原则，制订联盟知识产权政策；主要涉及专利合作的联盟可围绕核心技术建立专利池。

【名词解释】

知识产权联盟：是由一定数量的企业、科研单位按所在区域或行业结成的，从事知识产权集体保护的民间社会团体。通过在联盟内部建立知识产权的集体保护机制，成员可依靠集体和社会的力量，提高自身的知识产权保护水平，共同创造一个有利于知识产权保护的社会环境。

【条款精读】

➤ 参与知识产权联盟或其他组织前，应了解其知识产权政策，并进行评估：参与联盟需要对其知识产权政策进行前置评估。

➤ 组建知识产权联盟时，应遵循公平、合理且无歧视的原则，制定联盟知识产权政策：常见的联盟知识产权政策包括搭建知识产权公共信息平台，建立创新奖励基金，联盟成员享受许可优惠政策等。

➤ 主要涉及专利合作的联盟可围绕核心技术建立专利池：专利池是运行成熟的联盟发展到一定阶段的高级产物，因此本条款用的是"可"，联盟可根据实际情况量力而行。

【操作指南】

（1）参与知识产权联盟或其他组织前，应了解其知识产权政策，评估参与利弊。

（2）组建知识产权联盟时，以知识产权为基础，与联盟企业共同推动技术标准，增加企业的行业话语权，在联盟内将自有知识产权作为交易筹码与联盟企业互换使用，构建专利池，开展专利合作。

（3）知识产权联盟内应统一评估和分析联盟内的知识产权现状，并就是否侵权和对外如何防范风险提出可行的方案和实施计划。

【审核要点】

企业参与或组建联盟过程中的知识产权运用。

第四节 保 护

一、风险管理

【条款原文】

GB/T 29490－2013 第 7 条第 7.4 款第 7.4.1 项规定：

应编制形成文件的程序，以规定以下方面所需的控制：

a）采取措施，避免或降低生产、办公设备及软件侵犯他人知识产权的风险；

b）定期监控产品可能涉及他人知识产权的状况，分析可能发生的纠纷及其对企业的损害程度，提出防范预案；

c）有条件的企业可将知识产权纳入企业风险管理体系，对知识产权风险进行识别和评测，并采取相应风险控制措施。

【名词解释】

风险：预期与实际结果之间的不确定性。

【条款精读】

➢ 应编制形成文件的程序：这是 GB/T 29490－2013 要求形成文件的 10 个程序之一。

➢ 采取措施，避免或降低生产、办公设备及软件侵犯他人知识产权的风险：避免或降低办公设备及软件侵权风险的措施主要包括员工正版软件意识培训，避免购买无正版软件授权的组装兼容机等；生产设备及软件的侵权风险防范主要依靠采购环节对供应商的知识产权评估和管控。

➢ 定期监控产品可能涉及他人知识产权的状况，分析可能发生的纠纷及其对企业的损害程度，提出防范预案：本标准多个条款都有监控的要求，企业可以将所有监控职能进行整合，统一对产品、市场、项目研究、体系运行等方面进行监控，定期发布监控结果，知识产权管理部门根据监控结果分析可能发生的纠纷及对企业的损害，建立和不断完善相应的风险防范预案。

➢ 有条件的企业可将知识产权纳入企业风险管理体系，对知识产权风险进行识别和评测，并采取相应的风险控制措施：风险防范预案完善到一定程度，就可以纳入企业风险管理体系，上市公司一般都会有较为完善的风险管理体系，非上市公司可以尝试创建并不断完善，最后形成"风险识别→风险评估→风险计划（防范预案）→风险监控→风险控制"的全面风险管理体系。

【操作指南】

中国企业参与世界经济的交流越发频繁和紧密，国际上的知识产权摩擦也越来越多。我国在半导体、通信、软件等行业中的多家企业频繁遭到外国企业的侵权指控。我国企业如果提前做好知识产权风险识别，那么在遭遇知识产权纠纷的时候，将会在一定程度上摆脱被动，并最大限度地减少损失，为企业赢得更多的利益。

在实务中，第 7.4.1 项通过知识产权风险控制程序和知识产权预警制度进行约定并实施。

（1）尊重他人知识产权，通过检索、查新等开展侵权的可能性调查，出具调查报告，采取措施防止侵犯别人的知识产权（包括办公、生产等设备及软件）。

（2）知识产权部根据有关法律法规规定，对知识产权实施市场监控，各部门发现任何侵犯企业知识产权的现象应及时向企业书面报告，由知识产权部跟踪和调查侵犯本企业知识产权的侵权行为并依法维权，活动过程应有记录。当存在侵权疑虑时，企业应收集相关知识产权数据，进行检索分析，确定侵权风险是否存在；当遭遇侵犯他人知识产权的风险时，企业应评估风险，制订相应预案，考虑采取回避设计、进行谈判准备或进行诉讼准备等措施，积极应对，降低侵害他人知识产权的风险。

（3）企业按照知识产权风险分析和预警机制，预防和应对知识产权纠纷。

【审核要点】

企业建立知识产权预警体系；企业定期进行知识产权自查，以发现和防范知识产权风险。

【程序文件示例008】知识产权风险控制程序

1 目的

为对本公司所有与知识产权相关的工作进行风险防范保护，减少本公司知识产权风险，特制订本程序。

2 范围

适用于本企业所有与知识产权相关的工作环节。

3 职责

3.1 知识产权管理机构负责本公司知识产权风险防范综合管理工作；

3.2 知识产权管理机构负责办公设备及软件侵权风险防范及识别的管理工作。

4 程序

4.1 办公或生产设备的侵权风险识别及控制

4.1.1 意识培训

知识产权管理机构负责组织对本公司员工进行有关办公设备和软件知识产权的普及培训，使员工知悉法律风险，提高版权意识。

4.1.2 采购过程中的知识产权管理

在办理本公司办公或生产设备的采购过程中，应对供应商提出知识产权要求，确保办公或生产设备不侵犯他人知识产权。

4.2 产品销售市场知识产权定期监控

销售公司每季度对市场上销售的产品的知识产权状况进行监控，规定监控的具体方法和步骤。

4.3 公司经营知识产权风险控制

4.4 对公司已有知识产权的监控

规定对公司已有知识产权进行监控的具体方法和步骤，明确责任人。

5 记录

《风险监控记录》。

6 相关文件

6.1 《知识产权争议处理控制程序》

6.2 《知识产权信息资源控制程序》

二、争议处理

【条款原文】

GB/T 29490－2013 第 7 条第 7.4 款第 7.4.2 项规定：

应编制形成文件的程序，以规定以下方面所需的控制：

a) 及时发现和监控知识产权被侵犯的情况，适时运用行政和司法途径保护知识产权；

b) 在处理知识产权纠纷时，评估诉讼、仲裁、和解等不同处理方式对企业的影响，选取适宜的争议解决方式。

【名词解释】

知识产权诉讼：在人民法院进行的，涉及知识产权的各种诉讼的总称，包括知识产权刑事诉讼、知识产权民事诉讼和知识产权行政诉讼。从这一角度讲，知识产权诉讼不是一类单独的诉讼类型，其本质仍是刑事诉讼、民事诉讼及行政诉讼的总和。

仲裁：一般是当事人根据他们之间订立的仲裁协议，自愿将其争议提交由非官方身份的仲裁员组成的仲裁庭进行裁判，并受该裁判约束的一种制度。仲裁活动和法院的审判活动一样，关乎当事人的实体权益，是解决民事争议的方式之一。

【条款精读】

➢ 应编制形成文件的程序：这是 GB/T 29490－2013 要求形成文件的 10 个程序之一。

➢ 及时发现和监控知识产权被侵犯的情况，适时运用行政和司法途径保护知识产权：在风险管理过程中，预期风险实际发生后，风险防范预案启动，企业相关部门立即进入应激状态，防止风险造成的损失进一步扩大（止损），如果风险表现为特定的争议和纠纷时，则马上进入争议处理环节。本书认为，如果风险管理环节侧重于"预防和止损"，是一种企业自身的应急自保机制，争议处理环节更侧重于"修复和反击"，是一种企业凭借外力的主动进攻机制。对于知识产权被侵犯的纠纷，应适时运用行政和司法途径对对方进行打击。

➢ 在处理知识产权纠纷时，评估诉讼、仲裁、和解等不同处理方式对企业的影响，选取适宜的争议解决方式：对于诉己方侵权的纠纷，企业应在全面评估之后积极应对，解决纠纷。

【操作指南】

当前知识产权的违法成本比较低，对于专利技术而言尤其明显，但是通过风险监控以制止扰乱市场的行为还是有必要的。

华为首席法务官宋柳平先生讲过，"对于企业来讲，专利在没有转化前，对企业就是成本"。体现知识产权价值的方式有很多种，通过知识产权维权获得赔偿额也是其中一种。企业对侵权纠纷的处理方式，主要是根据对知识产权进行分析评估的结果来作决定。

【审核要点】

企业是否建立知识产权跟踪体系；是否建立知识产权争议解决机制；是否能够科学合理地解决知识产权侵权纠纷。

【程序文件示例009】知识产权争议处理控制程序

1　目的

对企业所有与知识产权相关的争议进行控制，确保企业利益。

2　范围

适用于本企业所有与知识产权争议的处理环节。

3　职责

负责本公司知识产权争议处理及其侵权与被侵权的监控工作。

4　程序

4.1　知识产权侵权争议

规定监控知识产权侵权的流程。

4.2　知识产权被侵权争议

规定监控知识产权被侵权的流程。

4.3　知识产权管理机构对解决争议处理的方式进行预测评估，上报管理者代表和最高管理者，并决定采取和解、行政处理与诉讼等处理方式，并形成《知识产权争议处理方式评估表》。

4.4　在处理过程中，如需使用启用风险准备金，由知识产权管理机构负责办理相关手续。

4.5　知识产权管理机构负责对知识产权争议处理过程中产生的所有文件、记录归档，并填写《知识产权维权记录》，长期保存。

5　记录

5.1　《知识产权争议处理审批表》

5.2　《知识产权维权记录》

三、涉外贸易

【条款原文】

GB/T 29490－2013 第7条第7.4款第7.4.3项规定：

涉外贸易过程中的知识产权工作包括：

a）向境外销售产品前，应调查目的地的知识产权法律、政策及其执行情况，了解行业相关诉讼，分析可能涉及的知识产权风险；

b）向境外销售产品前，应适时在目的地进行知识产权申请、注册和登记；

c）对向境外销售的涉及知识产权的产品可采取相应的边境保护措施。

【名词解释】

涉外贸易：通常是指不同国家（和/或地区）之间的产品和服务的交换活

动。但此处涉外贸易仅限于产品的出口。

边境保护：指知识产权的海关保护。知识产权权利人将其知识产权的法律状况等书面形式通知海关总署，以便海关在对进出口货物的监督过程中，能够主动实施法律保护。

【条款精读】

➤ 向境外销售产品前，应调查目的地的知识产权法律、政策及其执行情况，了解行业相关诉讼，分析可能涉及的知识产权风险。知己知彼，才能百战不殆。产品海外销售前，对陌生市场的与该产品相关的知识产权调查非常重要。海外市场的售前市场调查可分两步走，第一步是通过互联网，由公司内部机构对目的地的知识产权法律、政策及行业诉讼情况进行调查，如果分析结果显示风险低，可以完成调查；如果风险高，那第二步应委托专业服务机构进行调查，甚至可以聘请当地律师事务所或咨询公司完成报告，第二步完成的调查报告应更全面，包括对目的地知识产权状况的详尽分析以及知识产权布局建议。

➤ 向境外销售产品前，应适时在目的地进行知识产权申请、注册和登记：根据调查结果，企业可选取适当时机在目的地进行专利申请、商标注册和著作权登记，从法律角度进行保护。

➤ 对向境外销售的涉及知识产权的产品可采取相应的边境保护措施：知识产权调查时还应对目的地的知识产权边境保护政策进行了解，必要时制订和采取相应的销售产品的边境保护措施。

【操作指南】

产品销售目的国的知识产权法律、政策及相关的诉讼，一般需要通过专业的知识产权事务所来提供资料。必要时可以聘请国外的专业机构。

【审核要点】

企业是否建立相关的知识产权预警机制；是否进行海外知识产权申请注册；是否建立海外知识产权纠纷处理制度及边境保护措施。

第五节　合同管理

【条款原文】

GB/T 29490—2013 第 7 条第 7.5 款规定：

加强合同中知识产权管理：

a) 应对合同中有关知识产权条款进行审查，并形成记录；

b）对检索与分析、预警、申请、诉讼、侵权调查与鉴定、管理咨询等知识产权对外委托业务应签订书面合同，并约定知识产权权属、保密等内容；

c）在进行委托开发或合作开发时，应签订书面合同，约定知识产权权属、许可及利益分配、后续改进的权属和使用等；

d）承担涉及国家重大专项等政府支持项目时，应了解项目相关的知识产权管理规定，并按照要求进行管理。

【名词解释】

合同管理：企业间的经济往来主要是以合同形式进行的。一个企业的经营成败与合同及合同管理有密切关系。企业对以自身为当事人的合同依法进行订立、履行、变更、解除、转让、终止是合同管理的内容；审查、监督、控制是合同管理的手段。各合同管理必须是全过程的、系统性的、动态性的。

【条款精读】

➢ 应对合同中有关知识产权条款进行审查，并形成记录：这是 GB/T 29490－2013 要求形成文件的 8 类记录之一。

➢ 对检索与分析、预警、申请、诉讼、侵权调查与鉴定、管理咨询等知识产权对外委托业务应签订书面合同，并约定知识产权权属、保密等内容：这是本款重点控制的合同类型之一，除本款规定的对外委托合同、委托/合作开发合同、政府支持项目合同外，还要对人事合同❶、采购合同❷和外协生产合同❸的相应知识产权条款进行审查，并形成记录。销售合同的审查不在本标准要求之列。

➢ 在进行委托开发或合作开发时，应签订书面合同，约定知识产权权属、许可及利益分配、后续改进的权属和使用等：委托/合作开发合同审查也很重要，应在书面合同中明确相关知识产权事宜，将可能产生的知识产权风险责任承担和纠纷解决方式固定下来。

➢ 承担涉及国家重大专项等政府支持项目时，应了解项目相关的知识产权管理规定，并按照要求进行管理：承担政府支持项目的合同，重在了解相关规定，如果是多家企业共同承担建设项目时，划清各个承担单位的知识产权权利和义务就显得更为重要。

【操作指南】

企业合同管理是市场经济条件下企业管理的一项核心内容，随着企业业

---

❶ 见 GB/T 29490－2013 第 6 条第 6.1 款第 6.1.3 项。
❷ 见 GB/T 29490－2013 第 8 条第 8.3 款。
❸ 见 GB/T 29490－2013 第 8 条第 8.4 款。

务的快速发展，涉及知识产权保护方面的合同纠纷发生频率相应增加，因此，如何加强合同管理，规范合同中知识产权条款进而加强知识产权保护已成为合同管理的重要内容。

（1）从企业层面看，企业应保证全部合同中有关知识产权的约定均经过专业的法律和/或知识产权工作人员审阅，并保留审阅记录。审阅标准应达到：

①符合企业知识产权方针。

②保障企业知识产权方面的权益。

③当事各方在知识产权方面的权利义务及违约责任明确。

④权属、保密、争议解决及法律适用等界定清晰。

（2）在委托管理过程中，企业应与外部知识产权机构签订正式的知识产权代理合同，合同应明确委托业务服务范围、双方在实体及程序上的权利义务、双方在权利成果上的归属、保密义务及其他争议解决与法律适用等内容，尤其重要的是对代理费用支付金额以及支付的条件、支付的流程、时限等作出规定。

知识产权服务机构根据需要，可以签订单个项目或单项服务的合同；也可以签订一个时间段的代理合同，例如，以一年为单位的合同；还可以签订一个框架协议的合同来确定双方全方位的合作。

企业在进行委托研发或合作研发时，合同应明确规定各方投入技术的知识产权事项约定，包括知识产权权利归属，许可对方使用的方式和范围，权利维护，各方保密责任等；还应对研发成果的知识产权事项进行约定，包括权利归属，许可对方使用的方式和范围，各方保密义务，对外转让或许可的约定及许可收益的分配等。

承担涉及国家重大专项等科技项目时，要先明确相关规定，并按照规定的要求对项目中的知识产权进行管理。

【审核要点】

企业是否制定了规范的知识产权合同管理制度，并保留了审查记录；在委托研发、合作开发等项目签订的合同中是否制定了知识产权相关条款；企业常见的合同中，除销售合同没有特别提出知识产权管理外，其他类型合同都有相应的控制要点。

表10-2是GB/T 29490－2013中对不同合同的要求。

表 10-2　GB/T 29490－2013 对不同合同的要求

合同种类	细分	GB/T 29490－2013 控制点
知识产权委托合同	检索、分析	知识产权权属、保密
	申请、预警	
	诉讼、侵权调查与鉴定	
	管理咨询	
采购合同		知识产权权属、许可使用范围、侵权责任承担
生产合同	委托生产	知识产权权属、许可使用范围、侵权责任承担
	贴牌生产	
	来料加工	
委托开发、合作开发合同		知识产权权属、许可及利益分配、后续改进的权属和使用
国家专项类合同	政府支持	合同本身的约定

第六节　保　　密

【条款原文】

GB/T 29490－2013 第 7 条第 7.6 款规定：

应编制形成文件的程序，以规定以下方面所需的控制：

a) 明确涉密人员，设定保密等级和接触权限；

b) 明确可能造成知识产权流失的设备，规定使用目的、人员和方式；

c) 明确涉密信息，规定保密等级、期限和传递、保存及销毁的要求；

d) 明确涉密区域，规定客户及参访人员活动范围等。

【名词解释】

保密：本企业知识产权管理中所涉及的保密因素，包括涉密人员、涉密设备、涉密信息、涉密区域等。

【条款精读】

➢ 应编制形成文件的程序：这是 GB/T 29490－2013 要求形成文件的

10 个程序之一。

> 明确涉密人员，设定保密等级和接触权限：一般理解，本款"涉密"所涉之秘密应为商业秘密；如果涉及国家秘密，可依据《保守国家秘密法》及相关法律、法规的要求另行建立保密管理体系。后者不在本程序管理的范围内。

> 明确可能造成知识产权流失的设备，规定使用目的、人员和方式：最高保密等级涉密设备的管理原则应是"涉密不上网、上网不涉密"，即从物理手段彻底消除泄密的可能性。但这种管理要求对企业要求较高，企业不要随便把涉密信息定为"绝密"增加企业的管理难度。但处理"绝密"信息的设备一定要严格执行保密管理原则。

> 明确涉密信息，规定保密等级、期限和传递、保存及销毁的要求：涉密信息管理的关键在于其载体的管理，应根据载体不同制订不同的管理要求。

> 明确涉密区域，规定客户及参访人员活动范围等：涉密区域的管理主要依靠门卫、门禁、监控装置、报警设备、提醒标识等手段完成。

【操作指南】

知识产权是企业重要的无形资产，由于知识产权的无形性、高投入性等特殊性质，对知识产权管理的保密制度也就有特殊的要求。从企业管理角度看，企业应采取保密措施，以确保企业知识产权的机密性、完整性与可用性。一方面，可以在企业管理中建立起一张密不透风的知识产权保密制度网，保证企业在投入大量人力、物力开发知识产权时没有后顾之忧；另一方面，依据我国《反不正当竞争法》第 10 条第 3 款的规定，商业秘密是指不为公众所知悉、能为权利人带来经济利益、具有实用性并经权利人采取保密措施的技术信息和商业信息，在商业秘密侵权诉讼中，企业采取了保密措施是认定商业秘密必不可少的因素。因此，为了切实保护企业的知识产权，必须采取保密措施。

常见的保密措施主要包括确定本企业知识产权和商业秘密的保密范围，并加以分类、分级，划定保密区域，加强保密措施，制订保密规章制度，加强对知识产权和商业秘密文件的管理，以及与企业员工以及其他相关人员签订保密协议等。

一、明确涉密人员，设定保密等级和接触权限

人员保密管理包括涉密人员范围、分级，与涉密人员签订保密协议或竞业限制协议，确定不同涉密人员的接触权限等内容。

一般来说，涉密人员是指在涉密岗位上知悉、掌握国家秘密或企业商业秘密、工作秘密事项的有关人员，主要包括：①企业高级研发人员、技术人员、经营管理人员。②一般技术支持人员和关键岗位的技术工人，他们也有可能接触到企业的核心技术。③市场计划、销售人员。他们是经营决策的实施者，了解企业的营销计划、客户名单，因此企业应与他们签订保密协议。④财会人员、秘书人员、保安人员等，企业视情况决定是否与他们签订保密协议。

二、明确可能造成知识产权秘密流失的设备，规定使用目的、人员和方式

对容易造成企业知识产权秘密流失的设备，尤其是存储涉密信息的计算机及存储介质、打印机、传真机、复印机、扫描仪、照相机、摄像机、3G移动终端等具有信息存储和处理功能的设备，企业应建立管理制度或流程，规范其使用人员、使用目的、使用方式与资料的流通方式等。如可能，应对企业内部的涉密计算机设立分级操作口令，进行加密处理，以防止非正常使用人进入。

三、明确涉密文件，规定保密等级、保密期限及传递、保存及销毁方式与要求

涉密文件是指以文字、图标、音像及其他记录形式记载知识产权内容的资料，包括公文、书刊、函件、图纸、报表、磁盘、胶片、幻灯片、照片、录音带等。对这些记载知识产权的载体，必须按照规定进行严格的管理。

四、明确涉密区域，规定客户及参访人员活动范围等

企业应提供管理秘密文件的环境及取用设施，明确管理区域和管理措施，包括门禁管理，划定客户及参访人员的活动范围等。如可能，应将企业的研发中心、档案室、资料室等涉及商业秘密的部门确定为涉密区域，将其与企业生产、办公场所中的普通区域以明显警示标志隔离，无关人员不得随意进入，以尽可能地减少知晓企业商业秘密的人员。同时，加强门卫管理，建立保安安保体系以及来访人员登记制度，对来访者应当问明身份，弄清来访事由，不让无关人员特别是竞争对手随便进入企业。对来访人员参观企业要有所限制，对外来人员驻留、参观、来访等活动严格管理，谢绝来访者参观、

摄影、摄像涉密区域或涉密信息。

【审核要点】

审核涉密人员、涉密信息、涉密设备和涉密区域的规定与执行情况。

【程序文件示例010】 保密控制程序

1　目的

规范企业保密行为，确保企业生产经营符合国家法律法规要求，并保障企业利益。

2　范围

适用于本公司生产经营过程中秘密保护的控制。

3　职责

3.1　明确涉密人员、涉密信息、涉密设备、涉密区域的涉密信息管理部门。

3.2　公司各部门按本程序的规定负有相关的职责，完成相应的工作任务。

4　程序

4.1　明确涉密人员及其相关事项的管理。

4.2　明确可能造成知识产权流失的设备及其管理。

4.3　明确涉密信息文件的规定及其管理。

4.4　明确涉密区域的管理。

5　相关记录

第十一章 实施和运行

在科技进步和经济全球化迅猛发展的新形势下，国际竞争的其中一个焦点就是知识产权。因此，如何有效地保护、管理和运用知识产权，加强产品的研发、采购、生产、销售等各个过程中的知识产权管理，强化并保持这种竞争力，是企业的生存根本。

立项阶段的知识产权管理涉及市场分析、概念设计、风险控制等内容；而研发阶段注重研发流程中各个环节的知识产权管理；采购环节中的知识产权管理嵌入，重点在风险的预防上，包括侵权风险和违约风险的防范，也有企业在采购环节设置知识产权资源获取和共享工作。如何选择行动的种类和数量，需要结合企业所在行业的竞争态势、竞争地位、企业竞争风格等进行综合考虑。生产阶段关注生产技术的改进、生产合同及其生产记录的管理，销售和售后阶段的知识产权管理涉及产品上市后的知识产权保护和风险规避、市场监控等方面。

大部分企业在产品研发过程中注重成本、技术、质量等的管理，而忽视对知识产权的管理。如何将知识产权管理贯彻到研发过程中是很多企业面临的课题。可以借助传统的研发管理流程，将知识产权工作纳入各流程环节中。具体为：在项目立项的项目可行性报告中要有专利分析报告，在产品的概要设计评审、方案设计评审、方案详细设计评审和最终的产品销售前各个阶段的评审中都要有知识产权分析和评审。即在现有项目评审的各节点和交付物中增加知识产权评审内容。

第一节 立 项

【条款原文】

GB/T 29490—2013 第 8 条第 8.1 款规定：

立项阶段的知识产权管理包括：

a) 分析该项目所涉及的知识产权信息，包括各关键技术的专利数量、地域分布和专利权人信息等；

b) 通过知识产权分析及市场调研相结合，明确该产品潜在的合作伙伴和竞争对手；

c) 进行知识产权风险评估，并将评估结果、防范预案作为项目立项与整体预算的依据。

【名词解释】

知识产权风险评估：评价分析项目立项后因知识产权问题引发的知识产权风险，并预估由此产生的损失。

【条款精读】

➤ 分析该项目所涉及的知识产权信息，包括各关键技术的专利数量、地域分布和专利权人信息等：GB/T 29490－2013 第 8 条第 8.1 款、第 8.2 款都属于研发项目管理的内容，如果把二者看作一个整体，各阶段工作间的逻辑性就更强了。研发项目管理一般分立项、实施和验收三个阶段，分别对应 PDCA 循环的 P、D 和 CA。第 8.1 款规定的是立项阶段的内容。按照过程管理的方法，立项过程的第一个输入项是项目知识产权检索分析。

➤ 通过知识产权分析及市场调研相结合，明确该产品潜在的合作伙伴和竞争对手：这是立项过程的第二个输入项，通过分析和市场调研来确定项目产品的潜在合作伙伴和竞争对手。

➤ 进行知识产权风险评估，并将评估结果、防范预案作为项目立项与整体预算的依据：这是立项过程的输出项，输出结果是项目知识产权风险评估结论及防范预案。

【操作指南】

立项阶段是决定项目是否能够成立的关键阶段，在此阶段将进行技术、市场信息收集和评审，通过知识产权调研分析可以更好、更全面地了解市场和技术，并能更加全面地评估项目风险，因此知识产权分析评议报告是立项阶段必不可少的评审要点。

（1）项目立项前要进行知识产权的检索调查，分析该项目所涉及的知识产权信息，包括各专利技术的专利数量、地域分布和专利权人信息等；通过知识产权分析评议及市场调研相结合，明确该产品潜在的合作伙伴和竞争对手；编制立项报告，如开题报告、项目申报书、项目申请书；进行知识产权风险评估，并将评估结果、防范预案作为项目立项与整体预算的依据，避免重复研发和资源浪费。

（2）立项报告内容应包括：对项目领域的科技文献、专利文献进行检索，对该技术领域的现有技术发展状况、知识产权状况和竞争对手进行分析。

（3）随着设计和开发进展，必要时更新研发计划。

【审核要点】

立项阶段的相关记录。

第二节　研究开发

【条款原文】

GB/T 29490－2013 第 8 条第 8.2 款规定：

研究开发阶段的知识产权管理包括：

a) 对该领域的知识产权信息、相关文献及其他公开信息进行检索，对项目的技术发展状况、知识产权状况和竞争对手状况等进行分析；

b) 在检索分析的基础上，制订知识产权规划；

c) 跟踪与监控研究开发活动中的知识产权，适时调整研究开发策略和内容，避免或降低知识产权侵权风险；

d) 督促研究人员及时报告研究开发成果；

e) 及时对研究开发结果进行评估和确认，明确保护方式和权益归属，适时形成知识产权；

f) 保留研究开发活动中形成的记录，并实施有效的管理。

【名词解释】

研究开发：是指各种研究机构、企业为获得科学技术（不包括人文、社会科学）新知识，创造性运用科学技术新知识，或实质性改进技术、产品和服务而持续进行的具有明确目标的系统活动。一般指对产品、科技的研究和开发。研发活动是一种创新活动，需要创造性的工作。技术研发是研究开发的一种，是指为了实质性改进技术、产品和服务，将科研成果转化为质量可靠、成本可行、具有创新性的产品、材料、装置、工艺和服务的系统性活动。

规避侵权风险：是指通过设计来消除风险或降低风险，保护产品免受风险的影响。规避侵权风险并不能完全消除风险，也有可能只是降低侵权发生的概率或者降低损失程度，这主要取决于事先控制、事后补救两个方面。

【条款精读】

➢ 对该领域的知识产权信息、相关文献及其他公开信息进行检索，对项目的技术发展状况、知识产权状况和竞争对手状况等进行分析：项目立项后，进入第二个阶段，即研发实施阶段。按照过程管理的方法，研发实施过程的第一个输入项是项目技术的知识产权检索分析。请注意，这个检索分析与立项阶段的检索分析相比更偏重于技术本身，立项检索分析重点在于分析项目的可行性和实现成本，而在立项之后，检索分析的重点在于探究技术的稳定性和发掘区别于其他专利的创新点。

> 在检索分析的基础上，制订知识产权规划：这是研发实施过程的第一个输出项，即项目知识产权规划。

> 跟踪与监控研究开发活动中的知识产权，适时调整研究开发策略和内容，避免或降低知识产权侵权风险：这句话包括研发实施过程的第二个输入项——项目知识产权跟踪检索分析，以及第二个输出项——项目研发策略和内容的调整措施。一般项目的管理过程是很难看到第二个输出项的，但是出于风险控制的考虑，跟踪检索分析这个输入项是一定要做的。

> 督促研究人员及时报告研究开发成果：经过前两个阶段后，研发项目进入了最后一个阶段——验收阶段。这也是验收过程的输入项，即项目研发成果及其检索分析。

> 及时对研究开发结果进行评估和确认，明确保护方式和权益归属，适时形成知识产权：这是验收过程的输出项，即项目成果知识产权评估结论和知识产权获取计划。从上述对 GB/T 29490－2013 第 8 条第 8.1 款和第 8.2 款的解读可以看出，项目研发中知识产权管理的重点在于三个不同阶段的知识产权检索分析，做好了检索分析，就能为项目立项、实施和验收评价提供坚实的依据。

> 保留研究开发活动中形成的记录，并实施有效的管理：这是 GB/T 29490－2013 要求形成文件的 8 类记录文件之一。

【操作指南】

（1）在专利申请规划方面，建议根据企业所处行业等制订企业的知识产权规划，同时应重点考虑技术、市场、时间、费用等因素。

（2）在专利跟踪方面，建议建立专利跟踪分析制度，明确规定跟踪内容、跟踪频次（如每季度一次）以及跟踪分析报告内容，研究开发团队的专利工程师按照制度要求负责收集整理相关知识产权信息，并通过会议和内部资料共享的方式向项目组成员进行传达。如果在跟踪过程中发现与研究开发方案相关程度特别高的专利文献，则应和知识产权部相关负责人进行确认，由知识产权部负责人与研究开发负责人共同组成专题小组，进行风险评估和分析，并制订相应策略。

（3）对研究与开发活动中形成的档案和记录进行管理，以使研发活动具有可追溯性，并准确界定研发创新成果的知识产权权利归属。

（4）建立研发活动的知识产权跟踪检索与监督制度，及时调整研发策略和内容，避免资源浪费与规避侵权风险。

（5）研究与开发活动中的知识产权管理由知识产权部与技术部配合实施。

（6）研发成果产出后技术部进行最终文献检索，并由知识产权管理部门组织评估、确定，形成知识产权评估报告。评估报告应明确取得知识产权的可能性、相应的知识产权类型及保护建议，报企业领导审批，并采取相应的保护措施。

（7）建立研发成果信息发布审批制度，研发成果信息按规定的程序审批后对外发布。

【审核要点】

评审研发阶段各控制点、研发流程及其相关记录。

第三节　采　　购

【条款原文】

GB/T 29490—2013 第 8 条第 8.3 款规定：

采购阶段的知识产权管理包括：

a）在采购涉及知识产权的产品过程中，收集相关知识产权信息，以避免采购知识产权侵权产品，必要时应要求供方提供知识产权权属证明；

b）做好供方信息、进货渠道、进价策略等信息资料的管理和保密工作；

c）在采购合同中应明确知识产权权属、许可使用范围、侵权责任承担等。

【名词解释】

采购：是指企业在一定的条件下从供应市场获取产品或服务作为企业资源，以保证企业生产及经营活动正常开展的一项企业经营活动。战略采购是根据企业的经营战略需求，制订和执行采购企业的物料获得的规划，通过内部客户需求分析，外部供应市场、竞争对手、供应基础等分析，在标杆比较的基础上设定物料的长短期的采购目标、达成目标所需的采购策略及行动计划，并通过行动的实施寻找到合适的供应资源，满足企业在成本、质量、时间、技术等方面的综合指标。

【条款精读】

➢ 在采购涉及知识产权的产品过程中，收集相关知识产权信息，以避免采购知识产权侵权产品，必要时应要求供方提供知识产权权属证明：这实质上是对供方进行知识产权评价，可以通过对供方知识产权专业信息的检索分析和供方舆情的搜索分析得出，而且企业的采购行为是长期行为，因此企业不仅要对新供应商进行知识产权评价，定期对老供应商评价也变得很重要。

做好供方信息、进货渠道、进价策略等信息资料的管理和保密工作，重要的采购信息可以列为商业秘密，按涉密信息❶的要求进行管理。

> 在采购合同中应明确知识产权权属、许可使用范围、侵权责任承担等；可以在合同管理❷程序中对采购合同进行审查。

采购是企业，尤其是制造型企业最为重要的业务主流程之一。采购属于审查过程中的特定环节，因此其流程的进度，尤其是进入到生产流程中的进度一般需要追求效率，但其中的风险预防与排除工作则会影响到效率。

【操作指南】

采购一般包括供应商选择、供应商管理、招标、采购、合同履行、追责等管理模块。通常企业在采购环节更多地考虑价格、交货期、质量等，而忽视知识产权方面的考虑。所以，有些企业将合同中知识产权的审核工作交给律师处理。例如，在最重要的采购合同中，知识产权条款的审核和谈判是采购合同审核内容的一部分。这就意味着，企业律师不仅需要熟悉知识产权方面的法律法规内容，还需有知识产权竞争和风险防控的知识和经验。这就要求企业在采购流程的设计中将风险预防与排除工作尽量设计在长效流程上，例如，供应商选择节点；而不要设计在需要短期内决策的流程点上，例如，元件购买节点。在采购管理的任何一个阶段都可嵌入知识产权管理环节，也可有选择地在重要的模块中嵌入。

【审核要点】

在审核中，通过查看采购管理制度和采购流程文件，供应商管理相关制度文件，以及抽查采购合同等方式，证明在采购环节实施和运行了知识产权规范。

第四节 生　　产

【条款原文】

GB/T 29490—2013 第 8 条第 8.4 款规定：

生产阶段的知识产权管理包括：

a) 及时评估、确认生产过程中涉及与工艺方法的技术改进与创新，明确保护方式，适时形成知识产权；

---

❶ 见 GB/T 29490—2013 第 7 条第 7.6 款。
❷ 见 GB/T 29490—2013 第 7 条第 7.5 款。

b）在委托加工、来料加工、贴牌生产等对外协作的过程中，应在生产合同中明确知识产权权属、许可使用范围、侵权责任承担等，必要时应要求供方提供知识产权许可证明；

c）保留生产活动中形成的记录，并实施有效的管理。

【名词解释】

技术改进与创新：改进现有或创作新的产品、生产过程或服务方式的技术活动。重大的技术改进与创新会导致社会经济系统的根本性转变。

委托加工：是指由委托方提供原料和主要材料，受托方只代垫部分辅助材料，按照委托方的要求加工货物并收取加工费的经营活动。

来料加工：是指外商提供全部原材料、辅料、零部件、元器件、配套件和包装物料，必要时提供设备，由承接方加工单位按外商的要求进行加工装配，成品交外商销售，承接方收取工缴费，外商提供的作价设备价款，承接方用工缴费偿还的业务。

贴牌生产：贴牌生产一词源自 OEM（Original Equipment Manufacturer），英文原意是原始设备生产商。在我国往往从不同角度称之为"贴牌生产""代工生产""委托生产""定牌制造""生产外包"等。虽然称谓各异，其本质都是指拥有优势品牌的企业为了降低成本、缩短运距、抢占市场，委托其他企业进行加工生产，并向这些生产企业提供产品的设计参数和技术设备支持，来满足对产品质量、规格和型号等方面的要求，生产出的产品贴上委托方的商标出售的一种经营模式。

【条款精读】

➢ 及时评估、确认生产过程中涉及与工艺方法的技术改进与创新，明确保护方式，适时形成知识产权：除了项目研发可以产生知识产权（特别是专利），生产过程中众多的技术改进与创新思路也是专利的重要源泉。如何发掘、确认、汇总、评估这些思路是知识产权管理的一项重要工作。

➢ 在委托加工、来料加工、贴牌生产等对外协作的过程中，应在生产合同中明确知识产权权属、许可使用范围、侵权责任承担等，必要时应要求供方提供知识产权许可证明：可以在合同管理❶程序中对对外协作生产合同进行审查。

➢ 保留生产活动中形成的记录，并实施有效的管理：这是本标准要求形成文件的 8 类记录文件之一。

【操作指南】

（1）在生产过程中对生产工艺进行改进和创新，应与研究开发阶段一样，

---

❶ 见 GB/T 29490－2013 第 7 条第 7.5 款。

将知识产权评审嵌入流程：在生产过程中产生的创新成果应采取哪种知识产权形式进行保护以及如何进行保护。通常对加工方法更适合采取商业秘密的方式进行保护，而对具体机构的改进则更适合采取专利进行保护。

（2）除此之外，生产过程中应考虑标识的合法性及商标注册问题。在生产过程中需要在很多零部件上打上标识，一定要注意对标识进行知识产权尽职调查，以确保该标识可以被正常使用。

（3）对于委托加工、来料加工、贴牌生产及对外协作的生产模式，不论企业是作为委托方还是被委托方，都应该重视合同的签署及谈判，并对相关合同进行有效管理。例如，在贴牌生产合同中，应明确各方的知识产权权利和责任。以委托加工为例，双方在合同中约定委托加工产品的知识产权权属，以及后续改进设计的知识产权权属及利益，同时应明确各自所承担的知识产权风险。而对于贴牌生产，重点要明确贴牌生产产品的知识产权状况，避免还未生产即已经侵犯了第三方的知识产权等事件的发生。除了在合同中进行明确约定外，在生产过程中企业还应保持良好的生产记录及合同管理。

【审核要点】

检查企业生产管理制度文件，查看生产记录及评审报告，抽查生产合同文件，以审核企业是否执行了知识产权管理规范。

第五节 销售和售后

【条款原文】

GB/T 29490—2013 第 8 条第 8.5 款规定：

销售和售后阶段的知识产权管理包括：

a) 产品销售前，对产品所涉及的知识产权状况进行全面审查和分析，制订好知识产权保护和风险规避方案；

b) 在产品宣传、销售、会展等商业活动前制订知识产权保护或风险规避方案；

c) 建立产品销售市场监控程序，采取保护措施，及时跟踪和调查相关知识产权被侵权情况，建立和保持相关记录；

d) 产品升级或市场环境发生变化时，及时进行跟踪调查，调整知识产权策略和风险规避方案，适时形成新的知识产权。

【名词解释】

销售：是创造、沟通与传递价值给顾客，及经营顾客关系以便让组织与其利益关系人（stakeholder）受益的一种组织功能与程序。销售就是介绍商品提供的利益，以满足客户特定需求的过程。

【条款精读】

➢ 产品销售前，对产品所涉及的知识产权状况进行全面审查和分析，制订好知识产权保护风险规避方案：产品销售的知识产权管理活动可以分为售前、售中、售后三个阶段。这是产品整体上市销售前要做的知识产权检索分析以及保护策略或风险规避方案，属于售前阶段的知识产权管理。知识产权保护策略或风险规避方案应包括针对产品的知识产权布局建议。

➢ 在产品宣传、销售、会展等商业活动前制订知识产权保护或风险规避方案：商业活动涵盖了三个方面：宣传，如举办产品发布会或推介会；销售，如举办促销活动或销售订货会洽谈会；会展，如参加国际或国内专业展览会或博览会。每个具体商业活动都要通过知识产权检索和分析，制订知识产权保护策略或风险规避方案。

➢ 建立产品销售市场监控程序，采取保护措施，及时跟踪和调查相关知识产权被侵权情况，建立和保持相关记录：这是售中阶段的知识产权管理活动，也是标准要求形成记录的 8 类记录之一。

➢ 产品升级或市场环境发生变化时，及时进行跟踪调查，调整知识产权策略和风险规避方案，适时形成新的知识产权：这是售后阶段的知识产权管理活动，触发时机是产品升级或市场环境变化时，正常的售中市场监控转化为跟踪调查，通过分析评估，制订新的知识产权保护策略或风险规避方案。

【操作指南】

销售一般分为售前和售后，售前又分为不面对具体客户的营销和面对具体客户的营销。

【审核要点】

在产品销售前后的知识产权管理，如何保护、风险规避和监控。

第十二章 审核和改进

知识产权是企业的重要竞争力之一,与企业的生产经营活动休戚相关、密不可分。而企业作为从事生产、流通、服务等经济活动,以生产或服务满足社会需要,实行自主经营、独立核算、依法设立的一种营利性质的经济组织,其内部经营体系和外部的竞争环境始终处于动态变化中,外部竞争环境促使企业必须不断调整内部经营体系,而内部经营体系的改变带来资源、效率、竞争力等的变化,从而也使企业在外部竞争中所处的环境发生改变。在这样内外同时变化及内部变化相辅相成的情况下,企业的知识产权管理体系必然需要定期根据企业实施知识产权管理规范的情况与内外部竞争环境的变化情况进行动态完善,以满足企业在不同的发展阶段或不同的发展环境下对知识产权管理体系的不同需求。满足知识产权管理规范要求的循环活动就是审核和改进,审核和改进应当成为企业知识产权管理的理念与价值观之一,是 GB/T 29490-2013 实施过程中必不可少的重要因素。

GB/T 29490-2013 旨在指导企业建立统一的知识产权管理体系,帮助企业全面落实"鼓励创造、有效运用、科学管理、依法保护"的知识产权战略精神,积极应对当前全球范围内知识产权竞争态势,有效提高知识产权对企业经营发展的贡献水平。GB/T 29490-2013 所调整的企业知识产权管理体系应当是满足企业健康、可持续发展的要求为最终目的。

而审核和改进的目的是:通过对企业知识产权管理体系的持续审核和改进提出要求,强调企业必须对本规范的实施情况建立定期检查制度,按照改进的目标、原则、方法,运用评审、分析、矫正与预防等措施,持续发现自身知识产权管理体系中的问题并予以改进,不断提升其有效性、适用性与科学性,最终确保企业知识产权管理体系能够得到动态完善,与企业生产经营活动实现高度契合。

企业知识产权管理体系的审核和改进是该体系得以持续运行、不断完善和保障有效性的关键环节。审核和改进环节不同于企业知识产权管理的其他环节,本环节是以企业知识产权管理中的其他环节为基础,持续就其实施情况进行审核和改进。包括以下原则:

1. 持续动态原则

审核和改进强调对知识产权管理体系运行状况进行不断的完善和发展，关键在于改进的持续和循环，一个改进过程的结束往往是另一个改进过程的开始。

2. 相对定期原则

科学的审核和改进是对企业知识产权管理的正向促进，但这并不意味着需要频繁的、无规律的改进。企业知识产权管理体系以制度和流程为构成基础的，若其过于频繁地改进，一方面使得制度和流程的实施效率大打折扣，另一方面也使得企业发布的制度流程缺乏严肃性和可执行性。应当设定明确的、有规律的、符合企业自身情况的周期作为审核和改进的时间周期。

3. 规范原则

对企业知识产权管理体系的审核和改进，应当制订明确的改进制度与流程，使得企业能够使用相对稳定的方法推行审核和改进，并形成一个完善的机制。

4. 效率原则

在审核和改进知识产权管理体系的过程中，需要较为广泛的内外部专业机构参与，需要对体系各个环节的实施情况进行检查、分析，并提出改进方案，有效提高环节本身的工作效率，才能使企业知识产权管理体系更好地作用于企业的知识产权活动，更密切地配合企业的生产经营活动。

企业对知识产权管理体系进行审核和改进，对知识产权管理规范所调整的全部活动进行审核、分析和评价，查找和发现知识产权管理体系制订和实施中存在的问题，分析问题的诱因，并针对问题提出相应的改进方向和措施，以达到提升企业知识产权管理体系有效性的目的。审核和改进是 GB/T 29490－2013 对企业知识产权工作提出的保障措施类的要求，也是 GB/T 29490－2013 各项规定中很重要的一环。企业应当理解并吸收审核和改进的文化理念，形成凝聚力和向心力，共同推进针对企业知识产权工作的自我监督和自我完善机制，才能有效保障企业知识产权管理体系的高效运行。

第一节 总 则

【条款原文】

GB/T 29490－2013 第 9 条第 9.1 款规定：

策划并实施以下方面所需的监控、审查和改进过程：

a) 确保产品、软硬件设施设备符合知识产权有关要求；
b) 确保知识产权管理体系的适宜性；
c) 持续改进知识产权管理体系，确保其有效性。

【条款精读】

> 策划并实施以下方面所需的监控、审查和改进过程：本款阐述了体系审核和改进的三个过程和三个目的。三个过程的前两个（监控和审查）组成体系内部审核，监控即检查，要以抽样为方法对记录进行检查；审查即结合标准分析、评价、确定不符合项。改进过程是通过制订和落实纠正措施完成的。

> 确保产品、软硬件设施设备符合知识产权有关要求：这是体系审核的符合性目的，产品和设备符合要求只是其中的一部分，其确切的要求是知识产权管理体系应符合法律法规要求、本标准的要求和企业确定的知识产权管理体系文件的要求，这也是审核准则和依据。

> 确保知识产权管理体系的适宜性：这是体系审核的适宜性目的，要求体系适宜企业实际现状和发展需求，即体系既不能落后于企业现状，也不能超前于发展规划。

> 持续改进知识产权管理体系，确保其有效性：这是体系审核的有效性目的，即体系不但要有效地实施，还要有效地保持。

【操作指南】

企业对知识产权产权管理体系的审核和改进包括对企业知识产权管理体系本身的改进，以及对企业知识产权管理体系运行、实施过程的改进两个方面。审核和改进活动是动静结合的：对企业知识产权管理体系本身的改进包括战略意识准备、组织机构设置、管理资源配置、规范性文件制订、规范流程建设、必要资源调配等，这些方面是相对静态的；对企业知识产权管理体系运行、实施过程的改进包括组织机构的运转，管理人员的工作成效，规章制度及流程的执行效果，必要管理资源的投入情况等，这些方面则是相对动态的。总之，企业知识产权管理体系的审核和改进工作主要是对前述动态和静态的两个方面进行检查、分析，查找上述环节中存在的问题或不足，判断其现状是否能够满足企业知识产权工作的需求，是否能够达到企业知识产权管理体系预期的目标，如果不能，则应当进行适当的改进。

（1）促进企业管理者重视并自觉地对审核和改进工作作出客观的评价与判断，支持审核和改进工作。

（2）企业应当建立、保持和实施内部的审核和改进规范或程序，包括目的、规范、准则和方法等，以确保其审核和改进工作符合 GB/T 29490－2013

的要求。

（3）企业应当采用适宜的方法对知识产权管理过程进行检查，看其是否满足相关规范要求，以证实其是否具有实现预期效果的能力。

（4）企业对知识产权管理体系的审核和改进应当定期进行，可以根据本企业知识产权管理体系设置的特点及本企业生产经营活动的特点等设定改进周期。

（5）在企业知识产权管理体系的审核和改进过程中，发现问题时，应首先观察过程的输入、活动和输出是否满足预期目标，然后针对不满足项再进行下一步的分析和改进。

（6）企业知识产权管理部门或者本企业承担相应管理职能的部门，在"横向沟通"和"纵向申报"后，应制订并发布审核和改进工作规划及具体项目的检查计划。

（7）主持或参与审核和改进工作的内外部专业机构或人员，应符合《知识产权管理体系认证审核员确认方案》中对审核员的要求，并酌情成立专家组或专项工作组来推动相关工作。

第二节　内部审核

【条款原文】

GB/T 29490－2013 第 9 条第 9.2 款规定：

应编制形成文件的程序，确保定期对知识产权管理体系进行内部审核，满足本标准的要求。

【条款精读】

➢ 应编制形成文件的程序：这是本标准要求形成文件的 10 个程序之一。

➢ 确保定期对知识产权管理体系进行内部审核，满足本标准的要求：定期是指按照策划的时间间隔进行，企业一般至少一年对知识产权管理体系进行一次内部审核。

【操作指南】

内部审核是指企业对知识产权管理体系制订及运行实施情况的检查结果开展的管理活动，主要目的在于通过对检查过程中收集的资料和信息的分析，发现问题与不足，并查找原因。企业内部审核关注的是知识产权管理体系的符合性，从理论上，其应符合国家法律法规、国家标准、体系文件要求；在实际工作中，一般是按照国家标准审核的。总体而言，内部审核工作将产生至少两个方面的效果，一是验证并判断企业知识产权管理体系的制订和运行实施的实际效果，是否符合企业知识产权管理体系设定目标的要求；二是明确问题、不足及产生的原因，为改进计划的实施提供依据。

内部审核过程中，企业可以根据自身的管理水平、经验积累等判断是否聘请外部专业机构，以及明确聘请外部专业机构的主要工作目的。需要聘请外部专业机构的，应当注意提高自身对外部专业机构的管理水平，包括工作过程控制、成果质量控制等。

内部审核工作的成果是本环节的结论，同时也是下一步改进环节的启动点，负责本企业知识产权管理体系改进工作的部门或机构，应当尽快对内部审核结果进行整理和汇总，并以适当的成果形态报送本企业管理层。企业管理层在收到内部审核结论后，应当及时对是否或者如何调整知识产权管理目标或修正知识产权管理体系作出决策。

（1）企业应当按照本企业知识产权管理体系的要求进行内部审核工作，收集和分析来自内部审核环节的评价、结果，知识产权管理体系在各个环节的执行、运行记录信息，以及其他有关来源的信息和数据。

（2）企业应当认识到内部审核的目的在于验证和评价企业知识产权管理体系制订和实施效果的适宜性和有效性，企业还应通过内部审核工作，明确如何进一步提高本企业知识产权管理体系的有效性和科学性。

（3）企业对自身知识产权管理体系的内部审核，包括企业知识产权方针、目标、管理体系设置，规章制度制订，管理流程建设，必要资源配置，体系运行控制，文档管理等方面。内部审核环节主要是判断：企业知识产权管理体系的制订和实施是否符合自身知识产权管理的要求；本企业知识产权管理体系的制订和实施工作是否得到了有效保持和正确的操作；本企业知识产权管理体系的制订和实施是否有效满足了本企业知识产权方针和目标。

（4）企业可以根据自身的管理水平、经验积累情况等判断是否需要在内部审核环节聘请外部专业机构。自身知识产权管理水平较高，管理体系较为成熟的企业，可以聘请外部专业机构协助处理信息梳理与分析工作。自身知识产权管理工作尚处于起步阶段的企业，可以聘请外部专业机构协助"把脉"，分析确定本企业知识产权管理体系制订和实施中存在的问题和不足。

（5）内部审核的结果包含本企业知识产权管理体系制定和实施效果的适宜性和有效性，以及如何进一步提高本企业知识产权管理体系的有效性和科学性。本企业知识产权管理体系内部审核工作的主办部门应当及时、准确、全面地收集各个方面的分析结果，并对其进行梳理和汇总，及时报送给本企业的管理层，包括决策层以及有决策权的企业管理者。

图 12-1 是编写者绘制的内部审核流程图，仅供参考。

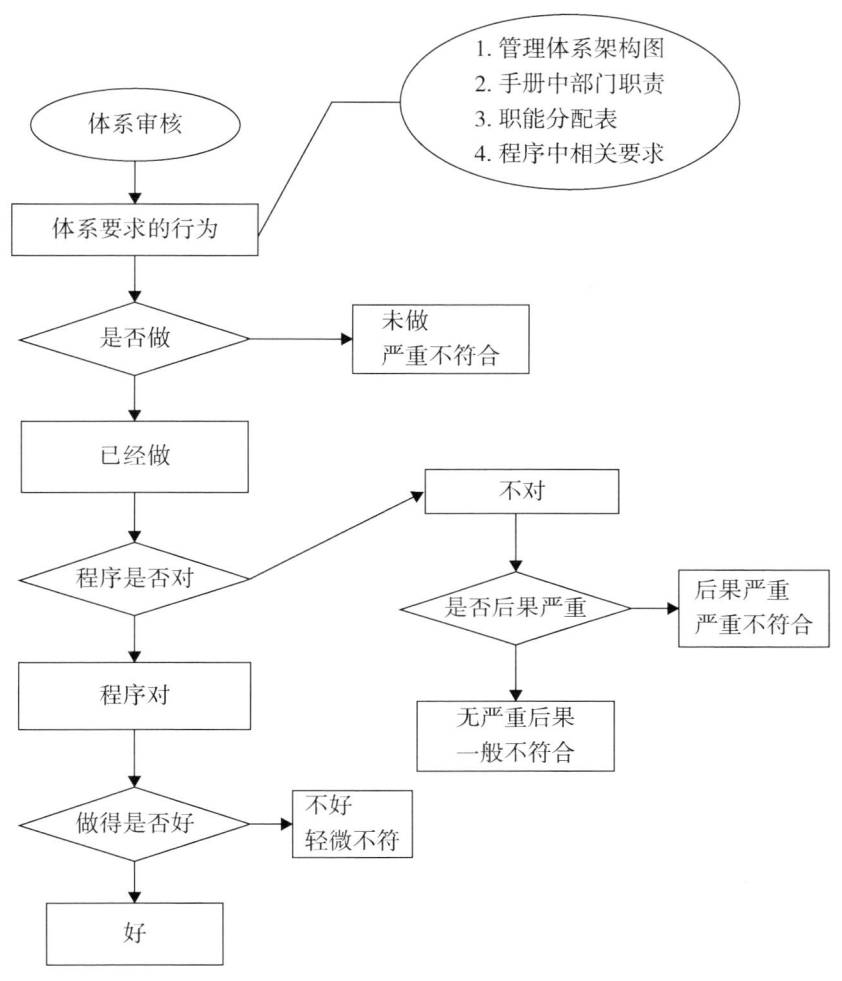

图 12-1　内部审核流程图

在判断内部审核中出现的问题是严重不符合、一般不符合或观察项的选择上，内部审核员可根据实际情况来决定，图示的判断也仅供参考。

一般企业内部审核中，作出严重不符合判断的原则是：

➢ 知识产权管理体系出现系统性的缺陷，即在知识产权的获取、维护、运用和保护层面上，不能有效形成 PDCA 循环。

➢ 存在重大隐患，可能引起企业知识产权工作的重大失误。

【审核要点】

内部审核过程及其问题改进。

【程序文件示例011】 知识产权内部审核控制程序

1　目的

验证知识产权管理体系是否符合知识产权策划活动的安排，是否符合企业知识产权管理规范标准和公司所确定的知识产权管理体系的要求，是否得到有效的实施、保持和改进。

2　范围

适用于公司知识产权管理体系所覆盖的所有区域和所有要求的内部审核。

3　职责

3.1　管理者代表

a）批准年度公司内部审核计划和审核实施计划；

b）批准公司内部知识产权管理体系审核报告，确定公司内部审核组长及审核员。

c）全面负责公司内部知识产权管理体系的体系审核工作。

3.2　内部审核组长

a）编制、实施本次内部审核计划；

b）编写内部审核报告。

4　程序

4.1　内部审核计划

4.1.1　知识产权管理机构负责制订《年度内部审核计划》，报管理者代表批准。公司对各个部门所开展的知识产权活动每年至少进行一次内部审核，时间间隔不超过12个月，出现下述情况，必要时应进行计划外审核：

a）组织机构、管理体系发生重大变化；

b）出现重大知识产权事故，或出现知识产权侵权纠纷；

c）法律、法规及其他行业标准发生变化；

d）相关方的要求；

e）受审部门出现严重不合格。

4.1.2　涉及公司知识产权创造、维护、保护、应用各环节的知识产权记录，应当保存，并将其作为内部知识产权审核的信息输入。

4.1.3　根据需要，可审核知识产权管理体系覆盖的全部标准条款和部门，也可以专门对某几项过程和某个部门进行重点审核，但全年的内部审核必须覆盖知识产权管理体系全部标准条款。

4.1.4　内部知识产权管理体系审核计划的内容包括：

a）审核目的、范围、依据和方法；

b）受审核部门及审核时间；

c）审核组成员构成。

4.2 审核准备

4.2.1 管理者代表任命内部审核组组长和内部审核员，内部审核员应与受审部门无直接关系。

4.2.2 内部审核组组长根据拟审核的过程和区域状况、重要性，以及以往审核的结果，策划审核方案，并编制本次《内部审核实施计划》，交管理者代表审核，公司总经理批准，审核实施计划的编制要具有严肃性和灵活性，其内容主要包括：

a）审核目的、准则、范围和方法；

b）内部审核的工作活动安排；

c）审核组成员；

d）具体审核的时间地点。

4.3 内部审核的实施

4.3.1 首次会议。

4.3.2 现场审核。

4.3.3 末次会议。

4.3.4 审核报告。

现场审核一周后，审核组长完成《内部审核报告》交管理者代表批准。

5 记录

5.1 《年度内部审核计划》

5.2 《内部审核实施计划》

5.3 《内部审核检查表》

5.4 《首末次会议签到表》

5.5 《内部审核不符合项报告》

5.6 《内部审核报告》

第三节 分析与改进

【条款原文】

GB/T 29490－2013 第 9 条第 9.3 款规定：

根据知识产权方针、目标以及检查、分析的结果，制订和落实改进措施。

【条款精读】

根据知识产权方针、目标以及检查、分析的结果，制订和落实改进措施：

此处"检查和分析的结果"既包括外部、内部审核的结果，也包括管理评审的结果，改进的关键在于能否准确制订和充分落实纠正和预防措施。

> 企业的方针确定了企业某一阶段的知识产权发展方向，企业的目标是为了满足企业发展而具体要做的事情。这是企业检查、分析的基础。

> 依据方针和目标，对企业日常管理工作过程暴露出的问题，或对参加外审、内部审核、管理评审的结果进行检查与分析，制订新的解决方案或管理制度，并落实执行。

【操作指南】

本条款对企业知识产权管理体系的改进工作提出了具体要求。改进工作的依据是检查结论和分析结论，改进工作针对的是企业知识产权管理体系本身或者知识产权管理体系在运行、实施过程中的问题与不足，企业应当制订改进计划来明确改进措施和指明如何落实改进措施，达到改进计划的预期效果。

企业知识产权管理体系的改进是一项持续性工作，持续改进本身不是目的，通过持续改进使得企业知识产权管理体系的有效性得到维护和提高才是目的。企业知识产权管理体系改进过程中得到的成功经验和有效措施并不是一次性的，而是至少在下一次改进工作启动之前可能会被反复应用在知识产权管理体系的实施工作中。企业应当将改进的成果纳入知识产权工作的日常控制与管理中，形成企业的各种规范性文件，例如制度、流程、规范、方法等，使其发挥对本企业知识产权工作的正向促进作用，从而促进企业将知识产权作为企业发展的持续竞争力。

（1）企业针对自身知识产权管理体系的制订及实施情况进行的改进，应当具有针对性。

（2）企业知识产权管理体系在改进环节的主管部门应当会同其他相关的内外部专业机构，对发现的问题，进行分析讨论，提出、制订改进措施及计划，并将改进措施提交企业决策层或者有决策权的管理者。

（3）企业决策层或者有决策权的管理者在审阅改进措施及改进计划后，应当尽快根据企业生产经营的整体情况作出相应的决策，确定改进措施和计划，指定改进措施和计划的落实单位，并敦促其实施改进。

【审核要点】

在标准实施运行过程中所遇到问题的改进及措施。

第四篇

知识产权管理体系内部审核与管理评审

第十三章　知识产权管理体系内部审核

内部审核有时也称第一方审核、内审，由企业自己或以企业的名义进行，内部审核的对象是企业自身的管理体系，目的是验证企业的管理体系是否持续地满足规定的要求并且正在运行。它为有效地管理评审和纠正、预防措施提供信息，其目的是证实企业的管理体系运行是否有效，可作为企业自我合格声明的基础。在许多情况下，尤其在小型企业内，内部审核可以由与受审核活动无责任关系的人员进行，以证实其独立性。

第一节　审核概论

一、审核基本术语

1. 审　核

审核是为获得审核证据并对其进行客观的评价，以确定满足审核准则的程序所进行的系统的、独立的并形成文件的过程。

审核的系统性体现在审核是一种正式和有序的活动。"正式"主要指外部审核是按合同进行的，内部审核是由最高管理者授权的。"有序"则是指有组织、有计划并按规定的程序和规则进行，包括审核前应准备好审核文件，审核后应提出审核报告，并进行纠正措施的跟踪。

所谓"独立"是指应保持审核的独立性和公正性，包括审核应由与受审核方无直接经济利害关系或行政隶属关系的审核员独立地进行，审核员在审核中应尊重客观事实，在第三方审核的情况下不得对受审核方既提供咨询又进行审核等。

2. 审核证据

与审核准则有关的、并且能够证实的记录、事实陈述或其他信息（证据可以是定性或定量的）可以作为审核证据。

3. 审核发现

审核发现是将收集到的审核证据对照审核准则进行评价的结果。审核发现能说明审核证据是否符合审核准则，也能指出问题和不足，明确改进方向。

4. 审核员

审核员指有能力实施审核的人员。

5. 审核组

实施审核的一名或多名审核员，需要时，由技术专家提供支持。需要特别说明的是：①指定审核组中的一名审核员为审核组长。②审核组可包括实习审核员。

二、审核目的

管理体系审核按审核方与受审核方的关系，可分为内部审核和外部审核两种类型。按实施审核的审核人员来分，可分为第一方审核、第二方审核和第三方审核。

1. 第一方审核（内部审核）

第一方审核是由组织的成员或其他人员以组织名义进行的审核。这种审核是组织建立的一种自我检查、自我完善的持续改进活动，可为有效的管理评审和纠正、预防或持续改进措施提供信息。

内部审核的目的是：按标准评价组织自身的知识产权管理体系；为第二方和第三方审核做准备；自我发现问题、自我改进、自我完善的运行机制；当发生重大知识产权事件时可查找管理体系存在的问题。

2. 第二方审核

第二方审核是在某种合同要求的情况下，由与组织有某种利益关系的相关方或由其他人员以相关方的名义实施的审核。例如，某组织的客户或组织的总部亲自或委托第三方认证机构以其名义对该组织管理体系进行的审核。

第二方审核的目的是：可在合同签订前对供方或合作伙伴进行审核；合同签订后验证供方知识产权管理体系；可作为编制和调整合格供方名单的依据；供需或合作双方在知识产权要求、知识产权管理体系运行、采取的纠正和预防措施等方面达成共识后，与关键合格供方共享技术和资源。

3. 第三方审核

第三方审核是由独立于受审核方且不受其经济利益制约或不存在行政隶属关系的第三方机构依据特定的审核准则，按规定的程序和方法对受审核方进行的审核。

在第三方审核中，由国家认可的认证机构依据认证制度的要求，实施的以认证为目的的审核，又称认证审核，有时简称为认证。

第三方审核的目的是：确定受审核方的知识产权管理体系能否被认证或注册（初评/认证审核）；验证获证方知识产权管理体系的持续有效性（监督审核）；验证获证方知识产权管理体系整体的持续有效性（复评/换证审核）；为受审核方提供改善知识产权管理体系的机会；减少第二方重复检查审核；满足相关方的要求。

三、内部审核与外部审核的区别

1. 内部审核的主要动力来自管理者

企业开展内部审核活动大都是为了在外部审核前纠正自身不足。内部审核需要管理者的支持，这一点十分重要。没有管理者的支持，内部审核很难开展，也不会取得应有的效果。内部审核应是一种自觉的、持续的内部管理行为，而不是一项被动的、应付性的活动。外部审核，对第三方来说，主要是由组织申请而进行的认证注册活动；对第二方来说，主要是为了选择、控制供方而进行的活动。

2. 内部审核的重点是推动内部改进

每次内部审核应致力于发现问题和推动改进，这是衡量内部审核有效性的标志之一；而外部审核的重点是进行评价，并据此作为认证注册或选择、控制供方的依据。

3. 内部审核的人员来自于组织内部

内部审核是以组织自身名义由内部审核员进行的，第三方审核或第二方审核是以审核机构或客户名义进行的。第三方审核人员必须是国家认可的具有相应资质的人员，第二方审核通常是客户内部人员。

4. 内部审核程序通常比第三方审核简单

由于内部审核员都比较熟悉自己组织的情况，与第三方审核相比，在审核时可简化某些程序，如文件审查、首次会议等；在某些方面又可细化或深化，如纠正措施、跟踪审核等。

5. 内部审核的规范要求比第三方审核低

内部审核也是一项规范化活动，如要求有计划，审核员应具备资格，审核结果应形成报告等。但其规范化程度与第三方审核相比则要低些。内部审核常常出于效率考虑，而对原有的规范化的做法和要求进行纠正，灵活性较高。

6. 内部审核对纠正措施的跟踪控制比较及时、有效

对纠正措施的实施过程及结果的跟踪控制，内部审核不但能做到及时，而且能将有效部分纳入文件，因而也较有效；外部审核的跟踪控制只能定期进行，且只对纠正结果进行评价。

7. 内部审核可提高运行效果

内部审核的对象除了知识产权管理体系，还可涉及组织内其他系统的改进；而外部审核关心的主要是知识产权管理体系的符合性。内部审核在时间上比外部审核更充裕，在内容上比外部审核更广泛。内部审核员可与被审核方共同研究制订纠正措施。

8. 内部审核是重要的管理工具

内部审核可作为管理者介入知识产权管理的一项重要工具来使用，其目的是保持知识产权管理体系正常、有效地运行；外部审核则是第三方或第二方对组织知识产权管理体系进行评价的工具。

四、管理体系审核的基本原则

1. 与审核员有关的原则
（1）道德行为——职业的基础。
（2）公正表达——真实、准确地报告的义务。
（3）职业素养——在审核中勤奋并具有判断力。

2. 与审核有关的原则
（1）独立性——指审核应由与被审核对象无直接责任关系的人员进行，它是审核的公正性和审核结论客观性的基础。
（2）基于证据的方法——在一个系统的审核过程中，得出可信的和可重现的审核结论的合理方法。

五、管理体系内部审核的一般顺序

1. 审核方案的策划（审核计划）

每年最后一次管理评审后，组织要对第二年的内部审核方案进行策划，策划时要考虑拟审核的活动和区域的状况、重要性，以及以往审核的结果。

2. 审核准备

包括成立审核组，编制审核计划，审核员各自编制检查表。

3. 实施审核

包括首次会议、现场审核和末次会议等内容。

4. 编写审核报告

审核组组长应按规定格式根据审核结果编写审核报告。此报告经管理者代表审定后下达给受审核部门。

5. 纠正措施的跟踪验证

审核组对纠正措施的实施进行跟踪验证。

六、内部审核需要注意的几个问题

1. 审核是正规的活动

受审核方应有完整、正规、文件化的管理体系、文件受控、体系正常运作、可追溯（证据），具有实施纠正措施的能力。

2. 审核是抽样调查客观证据的活动（客观性）

通过谈、查、看等措施，查验某要求、部门、过程、活动与审核依据的符合和有效程度。

3. 审核是有一定局限和风险的活动

由于时间和工作量限制，内部审核通常采取随机抽取样本形式。因而，具有一定的局限性和风险性。这对审核员的技巧、经验、专业与管理水平提出了高要求；局限性主要在于审核工作受时间和人员影响，不可能将全部管理活动都审核到；风险性在于抽样风险（可能没有抽到好的只抽到坏的，或只抽到好的没有抽到坏的）。

4. 审核是形成文件的过程，最终要形成审核报告

审核活动结束后，最终对审核的整体活动要形成书面报告。对审核活动及被审核方的体系运行活动进行客观评价。

第二节　内部审核的策划

一、内部审核策划简介

按照 PDCA 原则，企业管理体系内部审核之前要进行内部审核的策划，

策划时要考虑拟审核的活动和区域的状况、重要性，以及以往审核的结果。

内部审核的工作量分配比例是内部审核策划必须考虑的重要因素，一般企业管理体系内部审核的工作分配比例如表 13-1 所示：

表 13-1　一般企业管理体系内部审核工作分配比例

序号	工作程序	工作量比例
1	审核准备	20%
2	审核实施	45%
3	跟踪改进	25%
4	有效措施形成文件	10%

通过内部审核策划，应做到：

（1）计划落实。包括审核计划得到批准，审核计划为审核组和受审核部门充分了解。

（2）责任落实。包括建立审核组并明确分工，各受审核部门负责人届时在场并已有所准备。

（3）工作文件落实。包括各类工作文件齐备，所有文件、记录都清晰易懂并能得到有效实施。

企业一般一年进行一次管理体系内部审核的策划，其输出为内部审核计划。

二、内部审核计划

审核计划包括年度审核计划和审核实施计划。年度审核计划是审核策划的总纲，审核实施计划则是按照年度审核计划安排具体实施。

1. 年度审核计划的内容

年度审核计划的内容包括审核目的、审核范围、审核依据、审核频次和大概时间安排等。

（1）审核目的。

①评价企业知识产权管理体系的符合性、适宜性和有效性。

②通过内部审核纠正预防措施促进知识产权管理体系持续改进。

（2）审核范围。

审核范围包括：管理体系所覆盖的过程、活动、产品、部门及场所。在一年的审核中，应确保所有的部门、所有的过程至少被审核一次。

（3）审核依据。

①知识产权相关法律、法规和政策。

②GB/T 29490－2013《企业知识产权管理规范》。

③企业编制的知识产权管理体系文件。

（4）审核频次。

管理体系审核分为例行的常规审核和特殊情况下的追加审核。

例行的常规审核按预先编制的年度审核方案进行。管理体系建立之初，频次可以多一些。至于各部门、各过程的审核频次，可以根据审核中发现问题的大小、多少以及该部门的重要程度来决定。

在下列特殊情况下，应追加进行管理体系审核。

①法律、法规及其他外部要求发生变化。

②相关方的要求或投诉。

③发生重大事故。

④管理体系大幅度变更。

2. 审核实施计划

审核实施计划除了简要介绍年度审核计划的内容外，应重点介绍审核组成员及分工，主要审核活动的时间安排，首末次会议时间等具体安排。具体包括：

（1）审核目的、审核范围和审核依据的文件。

（2）审核原则和方法：公正性、抽样检查、部分或过程等。

（3）审核组成员名单及分工情况，审核日期和地点，受审核部门，首次会议、末次会议的安排，审核报告日期等。

3. 年度审核计划和审核实施计划的区别

年度审核计划和审核实施计划的区别见表13-2。

表13-2　年度审核计划和审核实施计划的区别

项目	年度审核计划	审核实施计划
定义	针对特定时间段（一年）所策划，并具有特定目的的一组（一次或多次）审核的描述	对一次审核活动和安排的描述
审核目标	一个年度审核计划涉及多次审核活动的目标，不同的审核活动也会有不同目标	一次审核活动的具体目标，是审核方案目标的一部分

续表

项目	年度审核计划	审核实施计划
范围	一个年度审核计划涉及全部体系、所有产品、所有过程	一个审核实施计划可以涉及全部体系、所有产品、所有过程，也可涉及部分体系、产品和过程
内容	对一年的审核进行规定，确定审核的方式、频次以及所需资源等方面的文件	确定一次审核活动的计划文件
执行人员	管理者代表	审核组长或其指定人员
关系	年度审核计划包括对审核实施计划的要求	审核实施计划应符合年度审核方案的规定要求

4. 编制审核计划注意事项

（1）审核计划可按部门或过程编写，不以条款顺序来编写，一般更侧重于按部门审核。审核计划一般应写明拟审核的职能部门、场所，最好注明应审核哪些相应的活动或过程。为此，审核组长应事先熟悉被审核方的知识产权管理体系文件及部门在相应过程或活动中的职责。

（2）审核计划的具体内容应与受审核方的规模和复杂程度相适应。在制订审核计划时应考虑在对知识产权有较大影响的过程或活动以及承担较重要职能的部门安排较多的时间，应确保在有效的时间内完成有效的审核。

（3）在编制年度内部审核计划时，若采用滚动式审核，则相应要素应改为相应的过程或活动，应在一个审核周期内确保对产品实现过程和支持过程的全面覆盖。对于主要的过程和活动，如管理职责、资源管理、基础管理等，每次审核时均应考虑到，对于其子过程则可以考虑抽样审核。

（4）审核组分工时应注意把具备专业能力的审核员安排在知识产权获取、运用等专业过程的审核上，以确保审核有效进行。

（5）审核计划中应强调安排对领导层的审核。

GB/T 29490－2013 对最高管理者的承诺和职责进一步予以了重视，这些承诺和职责通常反映在组织的知识产权方针、知识产权手册、知识产权管理体系文件中，并在相关过程和活动中体现。因此对最高管理者的承诺，自身的质量意识和对知识产权管理体系及职责的理解，审核时应予充分了解，对最高管理者的审核或座谈应在审核计划中予以明确并给予足够的时间。

第三节 内部审核的准备

一、内部审核准备工作的内容

年度审核计划确定之后,在审核实施之前,内部审核还有一系列准备要做,具体如表13-3所示。

表13-3 内部审核准备工作

序号	工作内容	执行人/部门
1	指定审核组长,组成审核组	管代或内部审核管理部门
2	收集、准备有关文件和资料	审核组长
3	编制审核实施计划,召集审核组会议	审核组长
4	编制检查表	审核员
5	通知受审部门	审核组长/内部审核管理部门

二、组成审核组

在进行内部审核前,管理者代表任命审核组长和审核员组成审核组。

1. 审核组的基本要求

审核组通常由审核组长及审核员组成,审核组的组建应保持其具备实施审核的全面经验与技术,组建审核组应考虑以下几点要求:

(1) 审核目的、范围、准则及审核时间。
(2) 审核组所需的整体能力。
(3) 法律法规、合同及认证认可要求。
(4) 确保审核组的独立性和公正性。
(5) 审核组成员之间及与受审核方之间的协调工作。

2. 审核员的主要职责

(1) 编制分工范围的检查表。
(2) 独立完成审核任务。
(3) 收集证据,开具不符合报告。

（4）内部交流，并报告审核结果。
（5）跟踪验证纠正措施。
（6）配合、支持审核组长工作。

3. 审核组长的主要职责

（1）对审核进行策划并在审核中有效地利用资源。
（2）组织和指导审核组成员，为实习审核员提供指导和指南。
（3）主持首、末次会议。
（4）控制和协调审核活动。
（5）组织审核组内部沟通，代表审核组与受审核方和认证机构进行沟通。
（6）组织编制和完成审核报告。
（7）履行和完成审核员承担的任务和职责，主持首、末次会议。

三、编制内部审核检查表

1. 内部审核检查表的作用

（1）明确审核的具体内容和目标及审核的方法和样本要求。
（2）保持审核目标的清晰和明确。
（3）保持审核内容的周密和完整。
（4）保持审核路线的清晰和逻辑性。
（5）保持审核时间和节奏的合理性。
（6）保证审核方法的合理性，减少审核员的偏见和随意性。
（7）作为审核实施的记录。

2. 编制审核表的方法和技能

（1）依据审核准则和审核计划的安排编制检查表。
（2）检查表应按第一阶段审核与第二阶段审核分别编制，且各阶段侧重点不同。
（3）按部门、场所编制检查表要列出主要过程和要素，按过程、要素编制检查表要列出主要部门、场所，并应考虑接口关系，突出主要职能或过程的主要特点。
（4）注意逻辑顺序，反映过程、方法，体现清晰的审核思路和 PDCA 循环。
（5）检查表中列出的审核对象和方法应明确查什么、到哪查、怎么查，运用合理的审核方法。
（6）抽样计划应具有代表性并抽取足够数量的样本。
（7）内容的繁简应根据审核员的经验决定。

3. 内部审核检查表的使用

有了检查表,虽然可使审核工作有序、按计划进行,并提高效率,但也容易陷入机械、呆板的泥潭。所以,有经验的审核员在按照检查表检查的同时,也十分注意灵活把握检查表的内容以达到审核的目的。

灵活、有效地使用检查表是一个经验积累和逐步熟练的过程。刚开始从事审核工作的审核员可着重注意以下方面:

(1) 尽可能不采用 YES 或 NO 问答的模式。

(2) 审核员进入一个部门或区域时,可请有关人员介绍体系是如何运作的。

(3) 了解相关文件规定或记录。

(4) 观察执行人员按照有关程序工作的情况。

(5) 验证必要的记录或文件。

(6) 按手册程序或标准评价上述了解到的情况,看是否符合要求。

(7) 最后利用检查表确保所有要求都已查到。

四、通知受审核部门

内部审核应按计划和程序规定进行,一般不搞突然袭击。提前通知受审核部门,目的是使他们做好充分准备,在审核前对标准自查整改。这样做有利于推动内部改进,有利于审核双方的协调配合。

第四节 内部审核的实施

一、首次会议

1. 首次会议的目的

审核开始前,审核组长主持召开首次会议。首次会议的目的是:

(1) 审核组成员与受审核方的有关人员见面。

(2) 确认审核的范围和目的。

(3) 简要介绍审核的方法和程序。

(4) 建立审核组与受审核方的联系渠道。

(5) 落实审核组需要的资源和设施。

(6) 确认审核组和受审核方领导之间需要沟通的日期和时间。

（7）澄清审核实施计划中不明确的内容（如限制的区域和人员、保密申明等）。

（8）帮助审核组了解现场安全与应急程序。

2. 首次会议的要求

（1）首次会议应准时、简短、明了。

（2）首次会议的时间以不超过半小时为宜。

（3）获得受审核部门的理解与支持。

（4）与会人员都要签到。

3. 参加会议的人员

（1）审核组全体成员。

（2）高层管理者。

（3）管理者代表。

（4）受审核部门领导及主要工作人员。

（5）陪同人员。

（6）来自其他部门的观察员（应征得受审核方同意）。

4. 首次会议内容

（1）与会者签到。

（2）人员介绍（必要时）。

（3）确认审核目的、范围和准则。

（4）确认审核计划日程安排及其他相关安排。

（5）介绍审核方法及程序。

（6）确认审核组和受审核方的正式沟通渠道及终止审核的条件。

（7）确认向导的安排及作用职责，落实审核所需的资源和设施。

（8）确认审核活动的限制条件。

（9）确认审核所使用的语言和有关保密事宜。

（10）介绍审核结论及报告的方式以及申诉系统的信息。

（11）澄清疑问。

二、现场审核

1. 信息收集与验证，获得和记录审核证据

对收集的信息进行验证，获得审核证据。验证信息的方法通常包括：①对照文件、结合现场观察以证实文件的适宜性。②对照文件、核查相应记录以证实记录的符合性。③通过对活动和过程的观察，证实面谈和查阅记录所

获信息的准确性和真实性。④通过实际测量证实活动和过程的符合性、有效性和真实性。

2. 现场审核的方法

（1）面谈。

（2）观察现场的活动。

（3）查阅文件和记录。

3. 审核证据的收集

（1）审核证据。

与审核准则有关的、并且能够证实的记录、事实陈述或其他信息。

（2）审核准则。

用作依据的一组方针、程序或要求。

4. 审核活动的控制

（1）审核实施计划的控制。

①按照计划和检查表进行审核。

②如确因某些原因需要修改计划，需与受审核方商量。

③可能出现严重不符合情形时，经审核组长同意，可超出审核范围审查。

（2）审核进度的控制。

①按照规定的时间完成。

②如果出现不能按预定时间完成的情况，审核组长应及时作出调整。

（3）审核客观性的控制。

①审核组长每天对审核组成员发现的审核证据进行审查。

②凡是不确定或不够明确的证据，不应作为审核证据予以记录。

③审核组长经常或定期与受审核方代表交换意见，以取得对方对审核证据的确认。

④对受审核方不能确认的证据，应再审查核对。

（4）审核范围的控制。

①内部审核时，常会出现扩大审核范围的情况。

②改变审核范围时，应征得审核组长同意，并与受审核方沟通。

（5）审核纪律的控制。

①审核组长关注审核员的工作。

②及时纠正违反审核纪律的现象。

③对不利于审核正常进行的言行及时纠正。

（6）审核结论的控制。

①作出审核结论以前，审核组长应组织全组讨论。

②结论必须公正、客观和适宜。
③避免错误或不恰当的结论。
④审核目标无法实现时，审核组长应向委托方和受审核方报告原因，并采取适当措施，终止审核和变更审核目标。

5. 审核中的注意事项

（1）相信样本。样本选定后，按样本去寻找客观证据。如果找到的是合格的客观证据，就应相信结果是合格的；如果找到的是不合格的客观证据，可以认为结果不合格。

（2）随机抽样时样本的选择要有代表性，具体数量视样本大小决定。

（3）要依靠检查表，不要有遗漏。

（4）要把重点放在关键过程、关键岗位及其所在的现场；要注意关键岗位和体系运行的主要问题。

（5）要注意收集知识产权管理体系运行有效性的证据。知识产权管理体系的审核不仅应关注体系的符合性，还应关注体系的有效性，以便持续改进，不断地提高知识产权绩效。

（6）从问题的表现形式去寻找问题。

（7）对发现的不符合项，要有充分的证据。

（8）与被审核方负责人共同确认不符合的事实。

（9）有效控制审核时间。

（10）始终保持客观、公正和有礼貌。

6. 审核发现

（1）定义。

审核发现是指将收集到的审核证据对照审核准则进行评价的结果。

（2）审核发现的提出。

①以审核员或审核小组的名义提出。

②根据审核准则，对所收集的审核证据进行评价，以形成审核发现。

（3）审核发现的评审。

①在审核的适当阶段或现场审核结束时进行。

②由审核组对审核发现进行评审，审核组长在听取审核组意见，仔细核对审核证据的基础上，确定哪些项目作为不符合项。

③不符合项应得到受审核方领导的认可。

（4）审核发现的内容。

①符合项。

②不符合项。

7. 现场审核记录

审核员在审核过程中，应认真记录审核的进行情况。

(1) 审核记录的作用。

①便于以后查阅。

②便于核实审核证据时查阅。

③便于同事进行调查时参阅。

④便于有连续性线索的继续审核。

(2) 对审核记录的要求。

①记录应清楚、全面、易懂、便于查阅。

②记录应准确，如文件性质、陈述人职位和工作岗位等。

③记录的格式由审核员自定。

三、不符合项的确定与不符合报告

1. 确定不符合项的原则

(1) 不符合项的确定，应严格遵守依据审核证据的原则。

(2) 凡证据不足的，不能判为不符合项。

(3) 有意见分歧的不符合项，可通过协商和重新审核来决定。

2. 不符合项的程度（按严重程度分）

(1) 严重不符合项。

出现下列情况之一，原则上可构成严重不符合项。

①体系出现系统性失效。如某个要素或某个关键过程在多个部门重复出现失效现象。例如，在多个部门或多个活动现场均发现不同版本的文件在同时使用，这说明整个系统文件管理失控。

②体系运行区域性失效。如某一部门或场所的全面失效现象。例如某成品仓库出现了账卡物不符、标识不清、状态不明、库房漏雨、出库交付手续混乱等全面失效现象。

③可能产生严重的后果。

④组织违反法律法规或其他要求的行为较严重。

⑤一般不符合项没有按期纠正。

(2) 一般不符合。

出现下列情况之一，原则上可构成一般不符合项。

①对满足知识产权管理体系过程或文件而言，是个别的、偶然的、孤立的、性质轻微的不符合。

② 对所审核范围的体系而言，是次要的问题。

（3）观察项。

观察项即潜在的不符合项，不属于严重不符合项或者一般不符合项，证据不足以确定为不符合项又不完全符合标准要求时，可以作为观察项。

3. 不符合项报告的内容

（1）受审核方名称、受审核方的部门或人员。

（2）审核员、陪同人员。

（3）日期。

（4）不符合项事实描述。

（5）不符合项结论。

（6）不符合项类型。

（7）由审核员签字、组长认可签字、受审核部门代表确认签字。

（8）不符合项原因分析。

（9）拟采取的纠正措施及完成的日期。

（10）纠正措施完成情况及验证。

四、审核组内部会议

审核组内部随时可以沟通，及时讨论审核过程中的问题。审核组内部会议上讨论的问题主要包括：介绍审核进展和审核发现；交流有关的审核信息；讨论审核发现，确定不符合项及程度；汇报审核中的疑点或线索，提出相应意见；适当调整审核计划；必要时，将内部会议结果通报给受审核方；征求对方对审核的意见。

五、末次会议

1. 末次会议的目的

（1）向被审核方领导介绍审核方发现的情况，以使他们能够清楚地理解审核结论。

（2）宣布审核结论。

（3）提出后续工作要求（纠正措施的跟踪、监督）。

（4）宣布结束现场审核。

2. 末次会议要求

（1）末次会议由审核组长主持，时间不超过 1 小时。

（2）参加人员包括：受审核方领导、受审核方部门负责人、代表、陪同人员、管理者代表、最高管理者（必要时）、审核组全体人员等。

（3）末次会议应做好记录并保存，记录包括与会人员签到表。

（4）使受审核方了解审核结论。

3. 末次会议内容

（1）会议开始：与会者签到，审核组长致谢受审核部门在审核期间的配合。

（2）强调审核的局限性：审核时抽样进行的，存在一定风险。

（3）宣读不合格报告：说明不合格报告的数量、分类，并按重要程度依次宣读不合格报告。

（4）宣布审核结论：就受审核部门在确保整个组织的知识产权管理体系的有效运行，实现总的体系方面提出审核结论。结论应全面总结知识产权工作的优缺点。

（5）提出纠正措施要求：提出采取纠正措施的要求，提出受审核部门纠正措施计划的答复时间，完成纠正措施的时限，验证纠正措施的方法。

（6）会议结束：向受审核部门表示感谢，受审核部门主管对改进的承诺，必要时邀请最高管理者或管理者代表讲话。

六、审核报告

1. 审核报告的内容

（1）审核目的和范围。

（2）审核部门及负责人。

（3）审核日期、审核组成员。

（4）审核准则。

（5）受审核部门的主要参与者。

（6）首末次会议记录（作为报告附件）。

（7）不符合项报告及不符合项分布表。

（8）审核综述及审核结论。

（9）对纠正措施完成的时限要求。

（10）审核报告发放范围。一般为受审核相关部门、最高管理者、管理者代表。

（11）审核组长签字批准。

2. 审核报告编写时的注意事项

审核报告中应避免出现下列事项：

（1）面谈中言及的机密。
（2）末次会议未谈及的事情。
（3）主观意见。
（4）模糊不清的论述。
（5）引发争议的语句、词语。

3. 审核报告的发放和存档

审核报告发放时应要求接收人在分发单上签字。审核报告应交由规定的保管负责人存档。应注意后续纠正措施验收等工作产生的相关文件的存档。

第五节 内部审核中的纠正措施

一、纠正措施的重要性

在内部体系审核中，纠正措施具有特别重要的意义，这是内部体系审核的目的决定的。内部审核重点在于发现体系的问题，查出原因，采取纠正措施，使体系不断改进。

纠正措施跟踪的意义：

（1）促使责任部门对已发现的不合格项及时采取措施，防止其蔓延或进一步扩大。

（2）促使责任部门对已发现的不合格项进行清理和总结，彻底解决过去出现的问题，以免客户和内部体系运行受到其后遗影响。

（3）督促责任部门持续改进管理体系的有效性。

二、纠正措施要求的提出

（1）审核组在现场审核中发现不合格项时，除要求受审核部门主管确认不合格事实外，还要求他们调查分析造成不合格的原因，有的放矢地提出纠正措施计划，其中包括完成纠正措施的期限。

（2）如果受审核方坚持不同意对不合格的判定，也不肯提出纠正措施，则争执应提交管理者代表仲裁。

（3）内部审核员可以提出纠正措施的方向，但不能代替责任部门制订纠正措施。

（4）责任部门提出的纠正措施计划应得到审核员的认可，必要时还要经过管理者代表的批准。

三、纠正措施的认可与批准

（1）纠正措施建议应经审核组认可，确保其可行性及不产生新的风险。
（2）纠正措施建议应经管理者代表批准。

四、纠正措施的实施

（1）责任单位按纠正措施计划实施纠正措施。
（2）纠正措施实施过程中如发生问题不能按期完成时，责任部门向管理代表说明原因，申请延长期限。管理代表批准后应通知主管部门修改纠正措施计划。
（3）如在实施过程中涉及几个部门，发生争议并难以解决时，应提请管理代表协调仲裁。
（4）纠正措施实施情况应保存有关记录。

五、纠正措施的跟踪和验证

1. 纠正措施实施状况跟踪

（1）含义：是审核的继续，对受审核方的纠正和预防措施进行评审，验证并判断效果，对验证情况进行记录。
（2）目的：促使受审核方采取有效的纠正和预防措施；验证纠正和预防措施的有效性；向最高管理层报告。
（3）作用：促进改进；向管理层报告；证实纠正预防措施的适宜性和有效性。
（4）跟踪程序：审核组识别实际或潜在的不合格；审核组向受审核方提出采取纠正和预防措施的建议；受审核方提交纠正和预防措施计划；对受审核方拟采取的纠正和预防措施的可行性予以评审；受审核方实施并完成纠正和预防措施；审核组对纠正和预防措施完成情况进行验证；审核人员对验证情况不满意时，可要求受审核部门采取进一步的行动。

2. 验　证

纠正措施完成后，审核员应进行验证并报告验证结果，验证内容包括：
（1）计划是否按规定的日期完成；
（2）计划中的各项措施是否都已完成；

（3）完成后的效果如何？是否还有类似不合格项发生？

（4）实施情况是否有记录可查，记录是否按规定编号并妥为保存。

（5）如引起文件修改，是否通知了文件控制部门，是否按规定办理了修改批准和发放手续并加以记录？该文件是否已坚持执行？

（6）如果某些效果要更长时间才能体现，可待下一次审核时再查。

（7）审核员验证并认为措施计划已完成后，在不合格报告一栏中签字。这项不合格项宣布结案。

第十四章 管理评审

第一节 管理评审概论

管理评审是知识产权管理体系自我完善的一个重要措施,通过管理评审可以促使知识产权管理各项程序、制度更加规范、完善,更加贴近实际工作情况。

一、管理评审的概念

管理评审是企业对自身知识产权管理体系的适宜性、充分性和有效性的评价活动,是企业对知识产权管理体系寻求改进机会的重要环节,是实验室自我监督、自我完善管理体系的重要组成部分。

二、管理评审与内部审核的区别

管理评审和内部审核是两个不同的概念,在目的、类型、依据、结果和执行者方面都存在较大差异,具体如表14-1所示。

表14-1 管理评审与内部审核的区别

	知识产权管理体系内部审核	知识产权管理评审
目的	确保知识产权管理体系运行的符合性、有效性	确保知识产权管理体系持续的适宜性、充分性和有效性
类型	第一方、第二方	第一方
依据	GB/T 29490-2013、体系文件、法律法规	法律法规、相关方的期望、知识产权管理体系审核的结论

续表

	知识产权管理体系内部审核	知识产权管理评审
结果	第一方：提出纠正措施，并跟踪实现； 第二方：选择合格的合作伙伴（供应商）	改进知识产权管理体系，提高知识产权管理水平
执行者	与被审核领域无直接关系的审核员	管理层

管理评审和体系内部审核相比，还存在以下区别：

（1）知识产权管理体系内部审核是确定管理体系是否符合该体系建立所依据的国家标准，而管理评审是确定体系是否达到策划的目标。

（2）内部审核是针对企业整个知识产权管理体系而言，而管理评审是针对企业知识产权管理体系和企业的全部管理工作而言，内部审核的结果是管理评审的内容之一。

（3）内部审核的负责人大多是负责知识产权管理体系的主管，而管理评审的负责人是企业最高管理者或其代表。

第二节 管理评审策划

管理评审是 GB/T 29490—2013 对企业最高管理者提出的重要活动之一。是最高管理者为了解、促进、改进本企业知识产权管理体系运行的主动行为，是实施知识产权管理的重要手段，是对知识产权管理体系运行的整体效果以及现状的适宜性进行综合评价的方法之一，是发现管理体系存在问题并进行改进的主要依据。最高管理者可以通过管理评审全面检查和评价组织的知识产权方针、目标及管理体系的适宜性、有效性和充分性，找出知识产权管理体系运行中需要提高和改进的方面和环节，制订切实可行的纠正措施，不断提高组织在市场上的竞争能力。

最高管理者的重视是做好管理评审的关键，管理评审的重点是评审输入文件，如果出现管理评审输入文件内容单一，管理评审信息输入不高（如避重就轻，没有关键问题和环节）等情况，管理评审的效果往往不理想，评审只能是流于形式。

一、管理评审的目的

GB/T 29490—2013 中第 5 条第 5.5 款第 5.5.1 项明确规定："最高管理者

应定期评审知识产权管理体系的适宜性和有效性"。可以看出管理评审的目的是通过评审，确保企业的知识产权管理体系的持续适宜性和有效性，从而提高企业在知识产权方面的竞争能力等。

企业的最高管理者应明确管理评审的上述目的。切忌让评审仅仅停留在汇报、分析标准条款和程序文件的执行上，从而无法对组织的知识产权方针、目标和管理体系是否持续适宜和有效作出结论，也很难针对评审的目的提出需要改进的问题，更谈不上达到管理评审的目的。所以，最高管理者和参加管理评审的所有人员，都必须明确管理评审的目的，围绕目的进行评审。

二、管理评审的内容

企业所处的客观环境（内部的、外部的）不断地变化，如新的法律、法规颁布，新的市场要求，组织的人事变动、产品变换以及工艺路线调整、设备更新等，都可能影响知识产权管理体系。因此，要针对内、外部环境变化及时评价知识产权方针、目标及管理体系的持续适宜性。

企业应通过知识产权管理体系建立后的企业知识产权状况、达到相关方满意的程度，分析管理体系是否已得到有效运行，内部审核、纠正和预防措施是否都正常实施，来及时评价知识产权方针、目标及知识产权管理体系的有效性。

管理评审是一个过程的实施，包括编制管理评审计划，管理评审输入，管理评审实施，管理评审输出和管理评审实施验证五个环节。

三、管理评审计划

为使管理评审有计划、有步骤地进行并达到预期的效果和目的，职能部门一般应在年初制订评审计划，列出本年度管理评审的大概时间、评审内容、参加人员、评审方式等，经最高管理者批准后印发。

第三节　管理评审输入

一、管理评审输入的要求

提供充分和准确的信息，是有效实施管理评审的前提条件。GB/T

29490－2013 要求管理评审应输入五个方面的信息：
（1）知识产权方针、目标。
（2）企业经营目标、策略及新产品、新服务规划。
（3）企业知识产权基本情况及风险评估信息。
（4）技术、标准发展趋势。
（5）前期审核结果。
管理评审输入还包括相关方的需求、上次管理评审的实施验证情况回顾以及各部门的改进建议。

二、管理评审输入的形式

做好评审前的信息输入是做好管理评审的关键，应由各职能管理部门完成各自管理评审输入资料的准备工作。知识产权管理部门一般在评审前二至三周将评审需要的各种资料通知相关部门准备，并提出资料的内容和完成时间要求。输入资料根据每年的评审重点确定，评审输入资料可包括以下形式。

1. 全年的知识产权管理工作报告

内容可包括：
（1）企业知识产权基本情况。
（2）企业知识产权发展规划、计划及分析；人才培养计划；用于知识产权经费开支的投入和使用情况的说明。
（3）企业自主研发和产学研合作的情况；企业知识产权转让、许可情况。
（4）拥有核心技术在其主导产品中的知识产权；企业知识产权在对外出口产品上的应用情况。
（5）知识产权风险管控机制和处置方面情况的说明；信息利用和检索能力。

2. 内部审核的不符合项问题

由于内部审核体现了一定时期内整个知识产权管理体系的符合性和有效性，特别是内部审核中发现的一些影响体系运行的问题，应明确提出管理评审研究和解决的问题及建议。

3. 知识产权方针和目标情况报告

内容主要是知识产权目标中规定的目标参数值的分析，包括：目标的完成情况及分析资料，未完成项目的原因、对策和建议，同期、同行业知识产权目标的水平，知识产权目标对内外部市场的适应性，知识产权目标修订的建议及依据。

4. 年度人力资源报告

年度人力资源报告包括人员结构、总体评价、存在不足及对策建议、人员培训工作报告，以及本年度中心内部人员培训学习情况、年度计划执行情况、培训活动的有效性评价等。

5. 其他需提交管理评审讨论和解决的问题

其他需要提交管理评审讨论和解决的问题包括：企业经营目标、策略及新产品、新服务规划；技术、标准发展趋势等。相关意见和建议等资料，最好能装订成册，发给每一位参会人员。

第四节 管理评审实施

一、管理评审会议

管理评审会议是管理评审实施的主要形式，知识产权管理部门提前一周将管理评审会议通知发到各部门，会议通知包括会议议程、参会人员、时间、地点等。管理评审会应由企业最高管理者主持，体系涉及的所有部门负责人均应参加。

二、管理评审实施要点

（1）管理评审是管理体系运行中的重要活动，开展该项活动之前，公司将标准规定的输入要求书面化是十分重要的。

（2）管理评审必须有公司最高领导者的积极参与。

（3）管理评审活动应允许参与者充分发言。

（4）管理评审会议中各项改进措施应切实进行跟踪验证，确保其被实施。

第五节 管理评审输出

一、管理评审输出的理解

GB/T 29490－2013 中第 5 条第 5.5 款第 5.5.3 项要求："管理评审输出应

包括：a）知识产权方针、目标改进建议；b）知识产权管理程序改进建议；c）资源需求。"由此可知知识产权方针、目标、管理体系文件的改进以及资源的调整是管理评审输出的核心。

二、管理评审报告

管理评审输出的主要形式和载体是管理评审报告，其内容应包括：

（1）对企业知识产权管理体系的适宜性和有效性的总体评价结论。

具体包括知识产权方针、目标的达成情况，知识产权管理体系的变更需要改进的机会，知识产权方针和目标改进的需求等。

（2）知识产权管理体系及其过程有效性改进方面的决定和措施。

公司的管理层人员结合管理评审输入中其他几个方面的信息，通过开展评审活动，评价管理体系的适宜性和有效性，其输出将导致对组织现有的知识产权管理体系及过程的有效性提出改进的要求。如，某业务部门提出合同评审流程太繁琐，不便操作，需要改进等。

（3）与相关方要求有关的知识产权管理改进决定和措施。

相关方的需求来自顾客、股东、员工、主管部门以及周边民众等。

（4）有关资源需求的决定和措施。

公司应针对内、外部环境的变化或潜在的变化考虑当前或未来的资源需求（包括人员、设施、资金、信息等），为知识产权管理体系的持续适宜性和有效性提供基本保证。

第六节 管理评审输出的跟踪验证

一、管理评审跟踪验证的过程

1. 通　知

管理评审会议之后，知识产权管理部门应将管理评审报告中的决议，也就是管理评审输出及时通知到各相关部门。

2. 整　改

各有关部门应严格按照管理评审的输出要求制订相应的整改措施并具体实施，及时将实施结果反馈给知识产权管理部门。

3. 跟踪和验证

管理者代表应组织知识产权管理部门检查整改措施实施情况，验证实施效果，并收集相应的证据予以保存。

二、整改措施制订时应注意的问题

1. 整改措施制订应具备可操作性

针对管理评审输入文件的信息及对各种信息的分析，找出问题制订整改措施，管理评审中提出的整改措施应切合实际，具有可操作性。

2. 整改不能急于求成

应确保整改措施得到有效的实施，对那些长期存在的问题或系统性问题，不能急于求成，应分期采取整改措施。对整改措施的效果也应分期验证，以便及时发现问题，及时调整。

3. 管理评审整改应保持持续改进

管理评审提出的纠正措施实施后应予以验证，并报下次管理评审。使最高管理者及时掌握纠正措施实施效果的信息，只有解决了体系中存在的系统问题和长期存在的问题，组织的体系运行才能得以完善和提高，才能更好地反映出企业知识产权管理体系的自我完善和自我提高的能力，才能反映最高管理者知识产权管理和提高的决心。

第五篇

知识产权管理体系认证与审核

第十五章 知识产权管理体系的初次认证审核

第一节 知识产权管理体系认证简介

一、认证概述

1. 认证的相关概念

认证是属于合格评定活动的范畴。合格评定（Comformity Assessment）是指与直接或间接确定相关要求被满足的任何有关的活动。合格评定还包括认可。

（1）认证。是指由认证机构证明产品、服务、管理体系符合相关技术规范的强制性要求或者标准的合格评定活动。按照 ISO/IEC 国际标准的定义，认证是指由第三方组织出具书面保证，表明产品、过程或服务满足特定要求的程序。按照《认证认可条例》的规定，认证是指由认证机构证明产品、服务、管理体系符合相关技术规范、相关技术规范的强制性要求或者标准的合格评定活动。

（2）认可。根据 ISO/IEC 国际标准的定义，认可是指一个被授权的机构，对某一个机构或个人实施特定任务的能力给予正式承认的过程。根据《认证认可条例》的规定，认可是指由认可机构对认证机构、检查机构、实验室以及从事评审、审核等认证活动人员的能力和执业资格，予以承认的合格评定活动。

2. 知识产权管理体系认证

知识产权管理体系认证是指认证机构以《企业知识产权管理规范》（GB/T 29490－2013）为依据，对组织的知识产权管理体系进行审核，并以颁发认证证书的形式，证明企业的知识产权管理体系符合相应标准要求，并予以注册的全部活动。

知识产权管理体系认证的审核依据《企业知识产权管理规范》（GB/T

29490—2013）是管理标准，不是产品技术标准。与其他管理体系认证相同，体系认证中并不对受审核组织的产品实物进行检测，颁发的证书也不证明产品实物符合某一特定产品标准，而仅是证明获证组织有能力按《企业知识产权管理规范》（GB/T 29490—2013）的要求管理其知识产权活动。

知识产权管理体系认证审核按审核活动过程可分为初次审核、监督审核、再认证和特殊审核。申请知识产权管理体系认证的组织经过审核，若符合认证要求的，则认证机构应向申请知识产权管理体系认证的组织出具认证证书。体系认证证书一般包括：证书编号，证书持有组织的名称和地址，认证覆盖范围（含管理方面，包括获取、维护、运用、保护、合同管理及保密；实施运行的产品或业务各环节工作，包括研发、采购、生产、销售及售后等信息），认证依据的标准，发证日期和有效期，发证机构的名称和地址，其他需要说明的内容。知识产权管理体系认证证书的有效期为 3 年。本节以下所称认证审核，如无特别提示，皆指知识产权管理体系的初次认证审核。

二、认证机构

1. 认证机构的设立

认证机构是指依法经国家认证认可监督管理委员会批准设立、取得法人资格，独立从事产品、服务和管理体系符合标准、相关技术规范要求的合格评定活动的证明机构。

中知（北京）认证有限公司（以下简称"中知公司"）成立于 2014 年 3 月，是国内首家由国家认证认可监督管理委员会批准、经国家登记主管机关依法登记注册、从事知识产权管理体系第三方认证的机构；根据国家知识产权局关于企业贯标工作的整体部署，由中国专利保护协会出资设立；2014 年 4 月 11 日获得国家认证认可监督管理委员会颁发的《认证机构批准书》并正式开展认证业务。目前公司拥有百余名兼具知识产权管理和认证审核经验的精英专职审核员及兼职审核员团队，同时拥有多位知识产权、认证行业的权威人士和资深专家组成的顾问团队，为开展知识产权管理体系认证工作提供了人才保障。

2. 认证工作开展情况

中知公司秉承"传递信任、服务创新"的理念，坚持"公正、客观、专业、服务"的企业文化，始终把为客户提供优质服务放在首位，为客户提供优质的服务。开展的主要业务包括：

（1）认证审核服务。

中知公司依据《企业知识产权管理规范》（GB/T 29490—2013），为贯标企事业单位提供第三方认证审核服务，包括初次认证审核、监督审核等。

（2）专业培训服务。

中知公司开发了知识产权管理体系系列培训课程，组织知识产权管理体系系列培训工作，与地方知识产权管理部门联合举办培训，致力于为企事业单位提供优质的培训信息和丰富的贯标知识。培训种类包括：知识产权管理体系认证审核员培训、认证审核员高级实务培训、知识产权管理体系内审员培训、企事业单位知识产权管理体系实战培训、咨询服务机构贯标培训、获证企业知识产权相关培训等。

（3）知识产权服务。

中知公司为企事业单位提供全方位的知识产权高端服务，包括专利信息分析、知识产权分析评议、专利导航、专利运营咨询等。

截至2015年12月底，中知公司累计颁发《知识产权管理体系认证证书》近千张。获证企业分布在北京、上海、山东、浙江、广东、天津、江苏、四川、陕西等20余个省（直辖市），涉及电子通讯、医药化工、机械制造加工、软件和信息服务、建筑和工程设计等数十种行业，涵盖创新型企业、高新技术企业、知识产权示范企业、知识产权优势企业等。

三、认证流程

知识产权管理体系认证流程主要分为以下五个阶段。

1. 认证申请、受理

申请认证的条件包括：已按GB/T 29490－2013要求建立文件化的知识产权管理体系，并实施运行3个月以上；至少完成一次内部审核，并进行了管理评审；知识产权管理体系运行期间及建立体系前的一年内未受到主管部门行政处罚。

符合申请条件的组织，可向认证机构提出认证申请，提交《认证申请书》及《认证申请书》要求的文件。其中《认证申请书》可在认证机构网站"公开文件"栏中下载。《认证申请书》要求的文件包括：

（1）企业或组织法律证明文件，如营业执照及年检证明复印件。

（2）组织机构代码证书复印件。

（3）覆盖的活动涉及法律、法规规定的行政许可的，提交相应的行政许可证件、资质证书、强制性认证证书的复印件。

（4）承诺遵守法律法规、认证机构的要求及提供材料真实性的自我声明。

（5）申请认证体系有效运行的证明文件。

（6）申请组织简介（1 000字左右）。

（7）申请组织的主要业务流程。

（8）组织机构图或职能表述文件。

（9）申请组织的体系文件，需包含但不限于（可以合并）：①知识产权方针和目标；②知识产权手册；③受控文件清单、记录文件清单；④程序文件；⑤记录文件；⑥适用性声明；⑦职能角色分配表；⑧知识产权管理体系覆盖的活动执行相关法律法规的清单。

（10）申请组织体系文件与 GB/T 29490－2013 要求的文件对照说明。

（11）申请组织内部审核和管理评审的证明资料。

（12）申请组织记录保密性或敏感性声明。

（13）认证机构要求申请组织提交的其他补充资料。

认证机构收到申请方的申请后，应对申请进行评审，以确保：a）关于申请组织及其管理体系的信息足以建立审核方案；b）解决了认证机构与申请组织之间任何已知的理解差异；c）认证机构有能力并能够实施认证活动；d）考虑了申请的认证范围、申请组织的运作场所、完成审核需要的时间和任何其他影响认证活动的因素（语言、安全条件、对公正性的威胁等）。

在申请评审后，认证机构应接受或拒绝认证申请。当认证机构基于申请评审的结果拒绝认证申请时，应记录拒绝申请的原因并使客户清楚拒绝的原因。

根据上述评审，认证机构应确定审核组及进行认证决定需要具备的能力。

认证机构接受认证申请的，应与申请组织签订认证服务合同。

2. 初次认证的策划、审核的实施

认证机构应对整个认证周期制订审核方案，以清晰地识别所需的审核活动，这些审核活动用以正式受审核方的知识产权管理体系符合认证所依据的标准或其他规范性文件的要求。认证周期的审核方案应覆盖全部的知识产权管理体系要求。

初次认证审核方案应包括两阶段初次审核、认证决定之后的第一年和第二年的监督审核和第三年在认证到期前进行的再认证审核。第一个三年的认证周期从初次认证决定算起。以后的认证周期从再认证决定算起。

认证机构对初次审核应进行策划，其中包括确定审核目的范围和准则，选择和指派审核组，编制审核计划。

认证机构对受审核方实施审核，其中包括一阶段审核和二阶段审核。认证机构应有实施现场审核的过程，该过程应包括审核开始时的首次会议和审核结束时的末次会议。

3. 认证决定

审核组完成审核后，至少应向认证机构提供以下信息以供其作出认证决定：

（1）审核报告。

（2）对不符合的意见，审核组应在该不符合意见中写明对客户采取的纠正和纠正措施的看法。

（3）对提供给认证机构用于申请评审的信息的确认。

（4）对是否达到审核目的的确认。

（5）对是否授予认证的推荐性意见及附带的任何条件或评论。

认证机构在作出授予或拒绝认证的决定前，应对以下方面进行有效的审查。

（6）审核组提供的信息足以确定认证要求的满足情况和认证范围。

（7）对于所有严重不符合，认证机构已审查、接受和验证了纠正和纠正措施。

（8）对于所有轻微不符合，认证机构已审核和接受了客户就纠正和纠正措施的计划。

认证机构对决定授予认证的组织，应向其提供认证文件。认证文件可以是认证证书的形式。

4．监督活动

获证组织为保持认证证书的有效性，应在认证周期内接受认证机构的监督。监督活动包括对获证组织知识产权管理体系满足认证标准规定要求情况的现场审核（主要为监督审核），还可以包括认证机构就认证的有关方面询问获证组织，审查获证组织对其运行的说明，要求获证组织提供文件化信息，其他监视获证组织绩效的方法。

认证机构应验证获证组织的知识产权管理体系是否持续满足审核准则的要求和有关的认证要求，并保持有效运行，以确定是否推荐保持认证注册。

监督审核应至少每个日历年（应进行再认证的年份除外）进行一次。初次认证后的第一次监督审核应在认证决定日期起12个月内进行。认证机构也可根据其他因素，调整监督审核的频次。

5．再认证

获证组织希望在认证证书有效期届满后继续保持其认证注册资格的，应在认证证书有效期届满前向认证机构提出再认证申请。

再认证审核的目的是确认知识产权管理体系作为一个整体的持续符合性与有效性，以及与认证范围的持续相关性和适宜性。认证机构应策划并实施再认证审核，以评价获证组织是否持续满足相关管理体系标准或其他规范性文件的所有要求。

再认证审核，应该在认证到期前完成。再认证审核，除非获证组织的管理体系、组织或管理体系的运作环境有重大变更，一般情况下，可以没有一阶段审核。

再认证符合相关要求的，认证机构应颁发新的认证证书。

第二节　业务受理及审核启动

一、认证范围的确定

申请认证的企业向认证机构提出申请后，应在合同中确定审核范围。审核范围是确定审核时实际位置、组织单元、活动和过程及所覆盖的时期等的基础。因此，我们需要很清楚地了解企业的类型及关联企业的相关情况。

中国的企业类型非常复杂，根据《全民所有制企业法》及2011年国家统计局和国家工商行政管理总局颁发的《关于划分企业登记注册类型的规定调整的通知》，中国的企业类型包括：（1）内资企业。具体分为国有企业、集体企业、股份合作企业、联营企业、有限责任公司、股份有限公司、私营企业、其他企业。（2）港、澳、台商投资企业。具体分为合资经营企业（港或澳、台资），合作经营企业（港或澳、台资），港、澳、台商独资经营企业，港、澳、台商投资股份有限企业，其他港、澳、台商投资企业。（3）外商投资企业。具体分为中外合资经营企业、中外合作经营企业、外资企业、外商投资股份有限企业、其他外商投资企业。以上各种类型的企业间又存在不同关联关系。有关联关系的企业一般是指企业在资本、经济技术和管理等方面的关联达到相当程度，以致法律规定对其关联性和交易加以控制的企业。根据中国相关法律法规和国外的一般规定，主要从两方面认定关联企业间是否存在控制关系：一是股权标准（客观标准），即一企业拥有另一企业的一定份额的资本或股权；二是实际标准（主观标准），即一企业对另一企业在经营、人事、购销、筹资、盈利分配等方面实际上拥有控制权。

二、确定审核目的、范围和准则

1. 确定审核目的

知识产权管理体系初次认证审核应依据明确的审核目的来实施，审核目的确定了每一次审核的任务。通常，知识产权管理体系初次认证审核目的可以包括：

（1）确定受审核方知识产权管理体系或其一部分与审核准则的符合程度。

（2）评价知识产权管理体系满足适用法律法规和合同要求的能力。

（3）评价知识产权管理体系实现规定目标指标的有效性。

（4）识别知识产权管理体系潜在的改进方面。

初次认证审核是对受审核方的知识产权管理体系进行的首次正式审核。知识产权管理体系初次认证审核通常分为第一阶段审核和第二阶段审核，两个阶段审核的审核目的是不同的。

第一阶段审核的目的是：（1）评价知识产权管理体系文件与审核准则的符合程度，初步评价受审核方的知识产权管理体系策划的充分性和适宜性，了解其实施运行的基础情况，为第二阶段审核做准备。因此，第一阶段审核也称为文件评审，一般通过寄送文件或发送电子版文件的方式进行，不进行现场审核。（2）通过第一阶段审核的文件评审，认证机构会评价受审核方的知识产权管理体系文件与知识产权管理体系标准和适用法律法规要求的符合程度，是否充分、适宜地描述了受审核方的知识产权管理体系，并初步了解受审核方知识产权管理体系。（3）通过第一阶段的现场审核，认证机构会收集并评审受审核方知识产权管理体系整体情况和实施运行的基本信息，以判断其总体策划是否充分、适宜并正在运行实施，为第二阶段审核做好准备。

第二阶段审核的目的是：（1）确认受审核方的知识产权管理体系与审核准则的符合程度，验证其是否有效实施运行，以决定是否推荐认证注册。（2）通过第二阶段审核，认证机构收集受审核方知识产权管理体系符合性和有效性的审核证据，并对照审核准则进行评价，以判断受审核方知识产权管理体系实施运行的符合性和有效性，确认其持续改进的能力，评价其实现知识产权管理方针和目标指标的能力，并作出是否能够推荐认证的审核结论。

2. 确定审核范围

在确定审核范围时，可以从组织的实际位置、组织单元、活动和过程、审核覆盖的时期等方面予以综合考虑。

（1）审核应覆盖受审核方知识产权管理体系与认证所有相关的信息源，以便为认证决定提供充分的信息。

（2）审核范围通常包括实际位置、组织单元、活动和过程及所覆盖的时期。

（3）组织的知识产权过程和活动、实际位置、组织单元等直接或间接地与组织提供的产品相关，所以在确定审核范围时要考虑受审核方提供的产品类别。只要是与所确定的产品相关的活动和过程、实际位置、组织单元，通常均应包括在审核范围之中。

3. 确定审核准则

知识产权管理体系初次认证审核的审核准则包括：
（1） GB/T 29490－2013。
（2） 受审核方的知识产权管理体系文件。
（3） 适用的法律法规和其他要求。
（4） 其他要求。

三、确定审核的可行性

确定审核的可行性是在正式组成审核组实施审核之前，为了确保审核能够得以实施，由审核委托方和受审核方之间进行的必要活动，以使审核具备实施的条件。

知识产权管理体系初次认证审核，通常是由认证机构负责管理审核方案的人员或指定的审核组长对从受审核方处获得的信息以及认证机构的资源等方面的情况进行评审，以确定审核是否可行。

在确定审核的可行性时，认证机构会考虑以下方面的因素：

1. 是否获取了策划审核所需的充分适宜的信息

对于知识产权管理体系初次认证审核，策划审核所需的信息通常可包括：
（1） 受审核方知识产权管理体系的运行时间。
（2） 在审核期间受审核方的生产、服务及其他管理活动是否能够正常开展。
（3） 受审核方是否提交了知识产权管理体系文件。
（4） 通常受审核方会在与认证机构签订的认证合同中写明申请认证范围。
（5） 受审核方的基本信息和简况，如组织的性质、名称、地址、法律地位和资质证明、规模与人数、产品、组织结构、主要场所和活动、知识产权管理要求等。
（6） 受审核方适用的标准、法律法规等。

2. 是否能得到受审核方的充分合作

受审核方应按要求提供文件评审所需的知识产权管理体系文件；审核组需要进入与审核有关的现场进行观察、查阅有关文件和记录、与有关人员进行面谈等；审核组所需的临时办公场所等。

3. 是否能提供充分的审核时间和资源

安排的审核时间是否能够为审核组的选择、文件评审、编制审核计划等审核准备工作提供足够的时间量，是否能够组成具备相应知识与技能（包括专业能力）的审核组，是否为实施现场审核提供了足够的时间等。

如果经确认，发现不具备审核的可行性，负责管理审核方案的人员或审核组长应与受审核方协商，并向认证机构提出建议，如推迟审核时间、变更审核目的或审核范围等。

四、审核组长和审核组

1. 指定审核组长

认证机构中负责管理审核方案的人员应为每一次审核活动指定审核组长，审核组长对此次审核所有阶段的活动负责。

审核组长应具备一定的资质，通常应是国家注册知识产权管理体系高级审核员或审核员。审核组长应具备领导和管理审核活动的知识与技能，有权对审核活动的开展和审核结论作最后决定。

审核组长的任务和职责包括：

（1）对审核进行策划并在审核中有效地利用资源，包括编制审核计划、分配审核工作等。

（2）组织和指导审核组成员，为实习审核员提供指导和指南。

（3）主持首次会议、末次会议。

（4）控制和协调审核活动，包括防止和解决审核过程中发生问题的冲突。

（5）组织审核组内部沟通，代表审核组与受审核方和认证机构进行沟通。

（6）组织审核组成员评审审核发现并作出审核结论。

（7）组织编写审核报告。

（8）履行和完成审核员承担的任务和职责。

2. 组成审核组

（1）审核组的组成。

①审核组。审核组可以由一名或多名审核员组成，其中一名审核员应被指定为审核组长，当由一个审核员组成审核组时，该审核员也是审核组长。审核组可以包括实习审核员，需要时还可以配备技术专家为审核组提供特定知识或技术支持。

②审核员。审核员应是有能力独立实施审核任务的人员，通常应具备国家注册知识产权管理体系审核员或高级审核员的资格。实习审核员是审核组的成员，但不能独立承担审核任务。

通常，审核员的任务和职责可包括：有效地策划所承担的审核活动，如编制检查表等；参与审核过程中的沟通及首、末次会议；有效地完成所承担的审核任务，包括收集审核证据、报告审核发现等；参与审核发现的评审和审核结论的准备；配合并支持审核组长和其他审核员的工作；当审核委托方要求时，实施审核后续活动。

③技术专家。技术专家的主要作用是为审核组提供与受审核方的组织、产品、过程、活动、语言或文化等方面有关的知识或技术支持。技术专家是审核组的成员，但不是具备独立承担审核任务的审核员。

（2）组成审核组需考虑的因素。

①审核的目的、范围、准则和预计的审核时间（审核人日）。

②为达到审核目的所需的审核组的整体能力。

③适用时，认证认可的要求。

④审核组成员应独立于受审核活动并避免利益冲突。

⑤审核组成员与受审核方之间的有效协作能力以及审核组成员之间的共同工作能力。

⑥审核所使用的语言及受审核方所处的社会习俗和文化风俗特点。

⑦审核组成员需得到受审核方确认。

五、审核组与受审核方建立初步联系

1. 建立初步联系的方式

初次认证审核启动后，认证机构的审核方案管理人员或审核组长应就审核有关的事宜与受审核方建立初步联系。建立初步联系的方式可以是正式的，如采用书面文件说明有关信息；也可以是非正式的，如电话口头沟通。

2. 与受审核方的联系

与受审核方的联系应达到以下目的：

（1）与受审核方的代表建立沟通渠道，包括确定受审核方的联系人、通讯地址、电话、传真等能够进行有效沟通的方式。

（2）确认实施审核的权限，包括在审核过程中审核组收集审核证据时需要查阅的文件、记录，进入和观察的现场、活动和过程，以及与有关人员的面谈沟通等。

（3）向受审核方提供建议的审核时间安排，包括审核日期、期限、审核组成员到达和离开的时间等，以及审核组成员的信息，征求受审核方的意见和建议，以便确定审核的安排。

（4）沟通在审核中需遵循的现场安全规则等事宜。

（5）如果有观察员随同审核组，应与受审核方就观察员的活动达成一致意见。

（6）向受审核方说明审核组对向导的需要，并明确向导的作用。

3. 确定向导的作用

GB/T 19011—2013 对向导的定义是：由受审核方指定的协助审核组的人员。

因此，向导的作用和管理应包括：

（1）引导并安排审核组成员到达需要审核的现场或场所。

（2）向审核组成员说明有关场所的安全规则和程序以及其他注意事项，并确保审核组遵守这些要求。

（3）代表受审核方见证审核组的审核实施过程。

（4）在审核组收集信息和证据的过程中，需要时作出澄清或提供帮助。

（5）与受审核方就与审核有关的其他事宜进行沟通并达成一致。

第三节 文件评审

一、概 述

广义的文件评审是初次认证审核中的重要活动，并贯穿整个审核活动中，分为现场审核准备阶段的文件评审和现场审核中的文件评审。狭义的文件评审是现场审核之前，对受审核方的知识产权管理体系文件进行的评审。文件评审应当考虑组织的规模、组织的性质和复杂程度以及审核的目的、范围。

二、文件评审的时机

在审核准备阶段，通常在现场审核前，对受审核方的知识产权管理体系文件进行评审。在有些情况下，如果不影响审核实施的有效性，文件评审也可以推迟到现场审核活动开始。

三、文件评审的目的

1. 确定知识产权管理体系文件的符合程度

受审核方的知识产权管理体系文件描述了该组织的知识产权管理方针、目标指标、知识产权管理体系的范围和主要要素及其相互作用，提供了策划、运行和控制涉及重要知识产权管理要求的过程的具体要求和实施方法。通过对文件中所描述的内容的评审，可以判断这些文件与审核准则（GB/T

29490－2013及适用的法律法规和其他要求）的符合程度。

2. 了解受审核方的基本情况

通过对受审核方知识产权管理体系文件的评阅，了解受审核方知识产权管理体系涉及的知识产权管理要求以及产品、服务、过程、活动、职责、资源等方面的信息，为有效地策划和准备现场审核（包括编制合理可行的审核计划）提供依据。

四、文件评审人

文件评审通常由审核组长主导。

五、文件评审的依据

（1）《企业知识产权管理规范》（GB/T 29490－2013）。
（2）适用的法律法规和其他要求。
（3）受审核方的特殊要求。

六、文件评审的基本方法和步骤

1. 实施文件评审时审核员应考虑的因素

实施文件评审时审核员应考虑的因素包括：
（1）完整。文件包含所有期望的内容。
（2）正确。内容符合标准和法规等可靠的来源。
（3）一致。文件本身以及与相关文件都是一致的。
（4）现行有效。内容是最新的。
（5）所评审的文件是否覆盖审核的范围并提供足够的信息来支持审核目标。
（6）依据审核方法确定的对信息和通信技术的利用，是否有助于审核的高效实施。应依据适用的数据保护法规对受审核方信息安全予以特别关注，特别是包含在文件中但在审核范围之外的信息。

2. 审核准备期间进行的文件审核

在审核准备期间，应评审受审核方的相关管理体系文件，如：（1）收集信息，例如，过程、职能方面的信息，以准备审核活动和适用的工作文件。（2）了解体系文件范围和程度的概况以发现可能存在的差距。适用时，文件可包括管理体系文件和记录以及之前的审核报告。文件评审应考虑受审核方管理体系、组织的规模、性质和复杂程度以及审核目标、范围。

需要特别说明的是，文件评审可以表明受审核方管理体系文件控制的有效性。

七、知识产权管理体系文件评审

文件评审的基本方法和步骤包括：（1）了解受审核方的知识产权管理体系文件的架构。（2）核实受审核方提交的知识产权管理体系文件是否为有效版本。（3）依据 GB/T 29490-2013、适用的法律法规和其他要求，对描述受审核方知识产权管理方针、目标、知识产权管理体系范围和主要要素及其相互作用的文件进行审查，评价其内容与标准、法律法规以及其他要求的符合程度。（4）如果经评审认为上述知识产权管理体系文件提供的信息不充分，可请受审核方提供其他文件，如程序文件、知识产权管理要求清单、法律法规和其他要求清单等，进行评审。（5）提出文件评审的意见和结论。

1. 文件评审的对象

文件评审主要是对以下文件和资料进行评审。

（1）知识产权管理方针、目标和特定的管理方案（或计划措施）、知识产权管理要求及重要知识产权法律法规和其他要求清单。

（2）描述知识产权管理体系范围和主要要素及其相互作用的文件（如知识产权管理手册）、程序文件（至少包括 GB/T 29490-2013 要求形成的程序文件化）、作业文件。

（3）审核组还可视情况收集以下资料：专利申请审批记录，商标注册记录，专利权、商标权转让、许可、投资、质押记录，知识产权奖惩记录等。

GB/T 29490-2013 中有 10 处对知识产权管理程序文件化提出了要求，在对知识产权管理体系文件进行评审时，应将知识产权管理体系文件作为一个整体，依据受审核方知识产权管理体系文件的层次进行逐级审阅，评审各级文件中描述的内容与知识产权管理体系标准、适用法律法规和其他要求的符合程度及文件之间的关联性。

对知识产权管理体系每一层次的文件进行审阅时，都应从文件内容的符合性、系统性和协调性等方面进行评审。

需要注意的是，知识产权管理体系文件的编制格式和形式没有统一的要求，文件评审时不应在格式和形式上做主观的评判。但同一组织机构的各层次和类别的文件格式应保持一致，以便管理。

不同层次或同一层次文件之间的检索与引用途径应明确。应关注受审核方知识产权管理体系文件的控制要求以及实施情况的符合性与效果。

2. 文件评审的内容

（1）对知识产权方针、目标的评审。

对知识产权方针、目标的评审包括：①知识产权方针是否与企业的经营发展相适应。②知识产权方针是否符合相关法律和政策的要求。③目标是否与知识产权方针一致；是否能够成为全体员工知识产权管理的统一方向。④目标是否包括对持续改进和遵守适用法律法规和其他要求的承诺。

（2）对描述知识产权管理体系范围和主要要素及其相互作用的文件（如知识产权手册）的评审。

①是否清楚地阐明了知识产权管理体系覆盖的范围。②对知识产权管理体系的主要过程的描述是否覆盖并符合 GB/T 29490－2013 的要求，其内容是否符合适用的法律法规和其他要求，是否体现了要素之间的相互关系。③是否清楚地描述了知识产权管理方针、目标、知识产权基础管理（获取、维护、运用、保护、合同、保密）、运行控制（立项、研发、采购、生产、销售和服务）、审核和改进等有逻辑关系的要素之间的接口关系。④是否阐明了知识产权管理体系各个职能和层次的组织机构和职责。⑤是否清楚地体现了知识产权管理体系文件层次、结构、相互关系及相关文件查询途径。

（3）对程序文件的评审。

①程序文件是否体现了 GB/T 29490－2013 的相关要求。②每一个程序文件是否清楚地阐明了该程序的目的、适用范围、职责、要求和实施方法等内容，其内容是否覆盖其适用范围，是否具有可操作性和适宜性。③在运行控制程序中是否明确地规定了运行准则和途径、职责。④有相关联系的程序文件之间，其内容和接口是否清楚并协调一致。⑤程序文件与其他相关文件（如作业文件、表格等）是否协调一致。

八、文件评审的意见和结论

在实际审核中，文件评审的评审意见和结果通常需要形成书面文件，如文件评审报告，写明在评审时发现的受审核方知识产权管理体系文件中存在的问题，以便受审核方对文件进行适当修改。

知识产权管理体系认证审核中，文件评审的结论通常分为"符合""局部不符合"和"不符合"三种。

如果文件评审的结论为"符合"，则可以进行下一步的审核工作。

如果文件评审的结论为"局部不符合"，通常要求受审核方根据文件评审报告中提出的问题在规定期限内对文件进行修改，修改的内容可以在第一阶段现场审核前或现场审核中进行验证。

如果文件评审的结论为"不符合",可停止下一步的审核工作,待问题解决后再重新安排审核工作。

第四节　现场审核的准备

知识产权管理体系初次认证审核分为第一阶段审核和第二阶段审核,两个阶段现场审核前均应进行现场审核前的准备。

认证机构在现场审核活动准备阶段的主要工作包括:编制审核计划,现场审核前审核组内部沟通和工作分配、准备工作文件。

一、编制审核计划

审核计划是对一次具体审核的审核活动和安排的描述。对审核组而言,审核计划明确了审核的要求和具体内容,为审核的实施提供了预先的安排和参照。对受审核方而言,审核计划使其了解审核活动的内容和安排,以便提前做好接受审核的准备。

审核计划中确定了现场审核的人员、审核活动、审核时间安排和审核路线。

审核计划由审核组长负责编制。在现场审核前,审核计划应得到认证机构授权人员的批准,并提交给受审核方确认,如果受审核方提出异议,审核组长应给予澄清说明,需要时可以对审核计划进行适当调整和修改。

审核计划的详细程度应反映审核的范围和复杂程度,以及实现审核目标的不确定因素。在编制审核计划时,审核组长应考虑以下方面:

(1) 适当的抽样技术。
(2) 审核组的组成及其整体能力。
(3) 审核对组织形成的风险。

二、确定审核时间

审核时间通常用审核人日来计算(1个审核人日是指1名审核员1天工作8小时)。在确定审核时间时,应考虑以下几个方面的因素:(1) 受审核方的规模。(2) 受审核方的经营方式和复杂程度。(3) 技术和法规知识产权管理。(4) 管理体系范围内活动的分包情况。(5) 以前审核的结果。(6) 需审核的场所/现场的数量和布局情况。（7）审核时所用的语言等其他因素。

三、确定审核路线

审核路线是指总体上如何进行审核的方式。

1. 按部门审核

这种方式是以部门为中心进行的审核。

2. 按要素审核

这种方式是以知识产权标准要素为中心进行的审核。

在几种不同的审核方式中，最常用的是按部门审核，但由于一个部门具有多项职能，涉及多个要素，因此审核员必须事先进行策划，准备检查表，避免忽略或遗漏部门所涉及的任何知识产权管理体系活动，并注意从多方面收集信息和审核证据，做好记录。

四、审核计划的内容

通常情况下，审核计划具体的内容包括以下内容。

1. 受审核方的基本情况

受审核方的基本情况包括受审核方的名称、地址、联系电话、联系人等信息。

2. 审核类型

审核类型主要包括初次认证一阶段、初次认证二阶段、监督审核、再认证和其他类型。

3. 审核目的

审核目的由认证机构确定。审核目的应说明审核要完成什么，并应包括下列内容：（1）确定客户知识产权管理体系或其部分与审核准则的符合性。（2）评价知识产权管理体系确保客户组织满足适用的法律、法规及合同要求的能力。（3）评价知识产权管理体系确保客户组织持续实现其规定目标的有效性。（4）适用时，识别知识产权管理体系的潜在改进区域。

4. 审核准则和引用文件

审核准则应被用作确定符合性的依据，并应包括：《企业知识产权管理规范》（GB/T 29490－2013），受审核方的知识产权管理体系文件，适用的法律法规和其他要求以及有关的认证程序或规则。

5. 审核范围

审核范围应说明审核的内容和界限，通常可包括知识产权管理体系所覆盖的实际位置、组织单元、涉及的产品、过程和活动以及审核所覆盖的时期等。

6. 现场审核活动的日期和地点

指现场审核活动的起止日期和受审核方的地址，如果存在多现场，应明确每个现场的地址和审核起止日期。

7. 为审核的关键区域配置适当的资源

审核的关键区域通常是指与受审核方控制知识产权管理要求和知识产权管理影响以及实现其规定的知识产权管理目标有重大影响的区域。配置适当的资源包括：有特定知识和技能的审核员或技术专家，为实施监视和测量而配备的设备，审核时间等。在编制审核计划时，应充分考虑并适当配备对关键区域审核时所需的资源。

五、多场所的抽样

当客户管理体系包含在多个地点进行的相同活动时，如果认证机构在审核中使用多场所抽样，则应制订抽样方案以确保对该管理体系的正确审核。认证机构应针对每一个客户将抽样计划形成合理性的文件。

六、选择和指派审核组

决定审核组的规模和组成时，应考虑下列因素：
（1）审核目的、范围、准则和预计的审核时间。
（2）是否是结合审核、联合审核或其他方式审核。
（3）实现审核目的所需的审核组整体能力。
（4）认证要求，包括任何适用的法律、法规或合同要求。
（5）语言和文化。
（6）审核组成员以前是否审核过该客户的管理体系。

第五节　现场审核活动的实施

一、首次会议

1. 概　述

首次会议是现场审核活动的序幕，是审核组与受审核方高层管理人员见面和介绍现场审核活动的第一次会议，标志着现场审核活动的正式开始。审核组成员应以恰当的言谈举止开始审核活动。

首次会议通常在正式实施现场审核前召开。审核组成员和受审核方管理层人员参加首次会议。需要时，受审核的职能部门或区域的负责人也可以参加首次会议。

首次会议由审核组长主持，会议应按审核计划中约定的时间按时召开。首次会议应简短、明了，一般30分钟左右，与会人员应签到，审核组应保留签到记录。首次会议的气氛应融洽、坦率、透明和正规。

2. 首次会议的目的

首次会议的目的包括：(1) 确认审核计划。(2) 简要介绍实施审核活动的方法和程序。(3) 确认审核中的沟通渠道。(4) 向受审核方提供询问的机会等。

3. 首次会议的内容和程序

(1) 人员介绍。审核组长介绍审核组成员并说明他们在审核中各自承担的主要职责；受审核方代表介绍与会的管理层成员及其职务。(2) 确认审核目的、范围和准则。审核组长应说明审核所依据的审核准则，并确认受审核方提供的知识产权管理体系文件是否为现行有效版本。审核的目的、范围和准则应再次得到受审核方的确认。如受审核方对有关内容不理解，审核组长应予以澄清和说明；如受审核方对有关内容提出变更的要求，审核组长应在与受审核方充分沟通的前提下，将有关变更的要求及时告知认证机构，要经过认证机构评审和批准后，可进行适当变更和调整。(3) 与受审核方确认审核日程及其他相关安排。审核组长应简要说明审核的日程安排及其他相关的安排，请受审核方确认这些安排的可行性。如果因特殊情况需要对这些安排进行变更时，审核组长可以对审核计划中的这些安排进行适当调整。(4) 介绍审核的方法和程序。审核组长应简要介绍审核组实施审核的方法和程序。审核组长应说明审核的基本方法是抽样，审核组成员会通过面谈、查阅有关文件和记录、现场观察、需要时实际测量等方式收集与审核准则有关的审核证据。这些审核证据是建立在可获得的信息样本的基础上的，因此，审核中可能存在不确定因素，有一定的局限性。审核组长还应介绍审核的程序，说明不符合项的记录、报告和确认方法，以及审核结论的种类。审核组长应强调审核的公正性和客观性，说明审核组将尊重客观事实，在审核中不提供咨询，并请受审核方予以配合和支持。(5) 说明审核中与受审核方的沟通和可能终止审核的有关条件的信息。(6) 确认向导及其作用和职责，落实审核所需的资源和设施。(7) 确认对审核活动的限制条件和相关要求。(8) 确认有关保密事宜。(9) 说明对审核的实施和结果的申诉渠道。(10) 需要时，请受审核方高层管理者代表简单致辞。(11) 确认其他有关问题，并澄清疑问。(12) 结束会议。

二、现场审核

现场审核是使用抽样检查的方法，收集并验证与审核目的、范围和准则有关的信息，从而获得审核证据的过程。现场审核在整个审核工作中占有非常重要的地位，审核发现以及最终的审核结论都是依据现场审核的结果得出的。因此，在现场审核过程中运用适宜的审核方法收集并验证信息，获得能够证实的审核证据是成功审核的关键。在这个过程中，审核员的个人素质和审核技能可以得到充分发挥，并对审核结果将起到重要作用。

1. 信息的收集和验证，获得审核证据

（1）信息源的选择。

审核员应根据所承担的审核任务的范围和复杂程度确定充分适宜的信息源，所选择的信息源可以根据不同的审核范围和复杂程度而不同。信息源可以包括：①与受审核方员工的面谈。②对活动、知识产权管理和条件的观察。③文件，如知识产权管理方针、目标、知识产权控制措施、计划、程序、标准、作业指导书以及合同等。④记录，如知识产权管理要求的识别及其评价记录、法律法规和其他要求识别和登记记录、目标与控制措施实施与完成记录等。⑤数据、信息的汇总、分析和绩效指标。⑥相关方的报告，如顾客的反馈等。⑦其他方面的信息源，如计算机数据库和网站等。

（2）受审核方现场访问收集信息的方法和技巧。

①面谈。这是一种重要的收集信息的方法，并且应以适于当时情境和受访人员的方式进行，面谈可以是面对面进行，也可以通过其他方式沟通。②现场观察。这也是获取信息的重要渠道，有些信息也只有通过现场观察才易于获取。③查阅文件和记录。审核过程中，查阅文件和记录是获取信息常用的方法。

（3）验证信息，获得其他信息。

2. 现场审核活动中的注意事项

现场审核活动中应注意以下事项：（1）对审核计划的实施进行控制。（2）明确总体、合理抽样。（3）注重关键岗位和体系运行的主要问题。（4）注重收集知识产权管理体系运行有效性的证据。（5）重视控制效果，避免主观武断、形式主义。（6）注意相关影响。（7）始终营造良好的审核气氛。（8）始终保持团结协作的工作作风和良好的个人能力和素质。

三、审核记录

1. 审核记录的内容

审核的目的、范围和审核准则决定了审核记录的内容。审核中，审核组需要基于不同的审核目的，在确定的审核范围内，依据审核准则的要求，选择并确定适当的信息源，在可获得信息样本的基础上，通过适当方式进行合理抽样，收集并验证受审核方管理体系运行中与审核目的、范围和准则有关的信息，包括与职能、活动和过程间接有关的信息。只有能够证实的信息方可作为审核证据，并予以记录。

2. 审核记录的形式

（1）审核记录可以有多种体现形式，包括书面记录、电子记录、电子数码图像、照片、复印件、标识图形或它们的组合。

（2）认证机构就获取有关信息的方式（如拍照、摄像、复印等）与受审核方进行沟通，在征得其同意的基础上可灵活地选择上述记录的方法，重要的是应确保审核记录清晰、可信和可证实。

（3）为保证受审核方信息的安全性，认证机构应按照合同或与受审核方协商一致的保密安排，对获取的任何关于受审核方的专有信息予以保密。

四、形成审核发现

1. 形成审核发现

审核发现是对照审核准则评价审核证据得到的结果，评价的结果可能是符合审核准则的，也可能是不符合审核准则的。因此，审核发现能表明符合或不符合审核准则，它既可以是正面的，也可以是负面的。

（1）评审和汇总审核发现。

在现场审核的适当阶段，审核组成员应共同参与评审审核发现，这也是审核组内部沟通的一项重要内容。

通常情况下，每天现场审核活动结束后，审核组成员会针对当天的审核情况进行内部沟通，评价当天审核中收集的审核证据；当全部现场审核活动完成后，审核组成员会对照审核准则对收集到的审核证据进行全面的、总结性的汇总、比较、分析和评价，以确定审核发现。

（2）符合审核准则的审核发现。

在评审审核发现的基础上，审核组应汇总分析所有符合审核准则的审核发现。这些审核发现体现了受审核方知识产权管理体系中符合的和有效的方面，为审核组对受审核方的知识产权管理体系进行总体评价提供了信息基础，也为审核组作出适宜的审核结论提供了依据。

（3）不符合审核准则的审核发现。

当确定的审核发现不符合审核准则时，审核组通常会将其确定为不符合项，审核组内部应讨论该不符合项相应的支持性审核证据以及对应的审核准则的条款和内容，并对不符合项的严重程度进行分级。

确定为不符合的审核发现，通常可以采用"不符合报告"的形式进行记录，记录中应包括该不符合项的支持性的审核证据。

2. 不符合项和不符合报告

（1）不符合项的形成。

以下任何一种情况都可以形成不符合项：①知识产权管理体系文件没有完全满足 GB/T 29490－2013 或适用的法律法规和其他要求，即文件的内容不符合标准或适用的法律法规和其他要求。②知识产权管理体系的实施现状不符合 GB/T 29490－2013 的一项或多项要求或适用的法律法规和其他要求，以及知识产权管理体系文件的规定，即实施运行不符合规定的要求。③知识产权管理体系的运行结果未达到预定的目标指标，即实施效果未达到目标指标。④知识产权管理体系运行的知识产权管理行为未达到适用的法律法规和其他要求的规定，即知识产权管理行为不符合要求。

（2）不符合项的严重程度的分级和判定。

按严重程度，不符合项分为严重不符和一般不符合。

①严重不符合。具体包括：a. 知识产权管理体系出现系统性失效，如知识产权管理体系某要素、某关键过程重复出现失效现象，又未能采取有效的纠正措施加以消除，形成系统性失效。b. 已造成严重的知识产权侵权危害，或可能会造成严重的知识产权侵权和不良管理后果。c. 违反知识产权法律法规和其他要求的行为较严重。d. 一般不符合项没有按期采取纠正措施而再次发生或造成了更大的不良影响。e. 目标指标未实现，但没有通过评审采取必要的改进措施。

②一般不符合。具体包括：a. 对满足知识产权管理体系要素或知识产权管理体系文件的要求而言，是个别的、偶然的、孤立的问题。b. 对整个知识产权管理体系的运行效果的影响轻微的问题。

（3）不符合报告的内容。

内容一般可包括：①受审核方名称。②受审核的部门或不符合发生的地点及其相应的负责人。③审核日期。④不符合事实的描述，即不符合项的支持性审核证据。⑤不符合的审核准则（如标准、文件等）的名称和条款。⑥不符合项的严重程度。⑦审核员签字、审核组长签字和受审核方确认签字。⑧适用时，不符合报告的内容还可包括：a. 不符合项的原因分析。b. 纠正措施计划及预计完成日期。c. 纠正措施实施情况的说明。d. 纠正措施的完成情况及验证记录。

（4）不符合项的确认。

审核员根据审核组共同确定的不符合审核准则的审核发现，将确定为不符合项的审核发现编写成不符合报告。不符合报告通常需要得到审核组长的签字认可。

在现场审核活动结束前，审核组通常会以不符合报告的形式将确定的所有不符合项提交给受审核方，请受审核方的代表确认不符合事实。

（5）编写不符合报告的要求。

编写不符合报告的要求包括：①不符合事实的描述应准确具体，不应遗漏任何有益信息，具有可重查性和可追溯性。②观点和结论从不符合事实的描述中自然流露，不要只写结论不写事实，不应带有评论性意见。③文字表述力求简明精练，尽可能使用行业或专业术语。④不符合项严重程度的判定应能客观地反映不符合项的实际影响或后果。

五、准备和形成审核结论

1. 准备审核结论

末次会议前，审核组长应组织审核组成员进行较长时间的内部沟通，结合审核目的对现场审核的所有审核发现及其他适当信息进行汇总、分析、评价和总结，在此基础上对受审核方的知识产权管理体系的符合性和有效性进行总体评价，最终确定审核结论。

审核结论一般有以下三种：

（1）推荐通过认证。

审核中没有发现不符合项，审核组即可作出现场审核"推荐通过认证"的审核结论。

（2）有条件推荐通过认证。

审核中有严重不符合项和/或一般不符合项，或个别过程或区域需要再次进行现场审核，且受审核方在现场审核期间没有采取纠正措施，或没有完成全部纠正措施，审核组可以作出现场审核"有条件推荐通过认证"的审核结论。受审核方在商定的时间内对所有不符合项采取有效的纠正措施，（需要时）审核组对个别过程或区域再次进行现场审核，并对受审核方采取的纠正措施进行验证。

（3）不推荐通过认证。

审核中发现存在多个造成系统失效的严重不符合，审核组可以作出"不推荐通过认证"的审核结论。受审核方可以对所有问题采取有效的纠正措施后重新向认证机构提出认证申请。

审核组作出的审核结论只是向认证机构提出的推荐性审核结论，受审核方是否能够通过认证最后由认证机构作出最终决定。

六、审核中的沟通

审核中的沟通包括：（1）审核组内部的沟通。（2）审核组与受审核方的沟通。（3）审核组与认证机构的沟通。

七、末次会议

末次会议是现场审核的最后一个议程，通常在审核组完成现场审核活动、获得审核发现并作出审核结论之后进行。

为确保末次会议顺利有效地召开，末次会议前的准备工作应充分。审核组内部应认真地进行汇总分析和评价，讨论并确定不符合项，全面、准确、公正、客观地作出知识产权管理体系符合性和有效性评价与审核结论，并达成共识，同时还需要与受审核方进行良好的沟通，澄清疑问并解决分歧。

末次会议由审核组长主持，参加会议的人员应包括审核组的全体成员和受审核方的最高管理层、有关部门的管理者，需要时还可包括认证机构和其他方面的代表。

末次会议通常在受审核方所在地召开，时间一般不超过30分钟。与会人员应签到，审核组应做好并保持会议记录（包括人员签到记录）。

末次会议是正式的会议，应保持正规、严谨、和谐和融洽的气氛。

末次会议的程序和内容主要有：（1）感谢受审核方的配合和支持。（2）重申审核目的、准则、范围以及审核方法。（3）肯定受审核方的优点和成绩。

（4）报告审核发现，宣读不符合项。（5）征求意见，评价体系和得出审核结论。（6）讨论纠正措施和预防措施的时间表。（7）适用时，讨论争议之处。（8）受审核方高层管理者代表讲话。

第六节 审核报告和审核完成

一、审核报告的形成

1. 审核报告的编制和内容

知识产权管理体系初次认证审核的第一阶段审核和第二阶段审核均需编制审核报告。

审核组长应确保审核报告的编制，并应对审核报告的内容负责。审核报告应提供对审核的准确、简明和清晰的记录，以便为认证决定提供充分的信息，并应包括或引用下列内容：（1）注明认证机构名称。（2）客户的名称和地址及其管理者代表。（3）审核的类型（例如初次、监督或再认证审核）。（4）审核准则。（5）审核目的。（6）审核范围，特别是标识出所审核的组织或职能单元或过程，以及审核时间。（7）注明审核组长、审核组成员及任何与审核组同行的人员。（8）（现场或非现场）审核活动的实施日期和地点。（9）与审核类型的要求一致的审核证据、审核发现和审核结论。（10）已识别出的任何未解决的问题。

审核报告的内容应当提供完整、准确、简明和清晰的审核记录，第二阶段审核报告的具体内容主要包括或引用审核目的、审核范围、审核准则、审核委托方和审核组成员、现场审核活动实施的日期和地点、审核发现、审核结论。适当时，还包括：（1）审核计划，如果审核计划发生过改变，则需要包括或引用改变后的审核计划。（2）受审核方代表的名单。（3）审核过程综述。

2. 审核报告的批准和分发

审核组长应按认证机构规定的时限提交审核报告。如果不能按时提交，应及时向认证机构说明延误的理由，并协商确定提交的时间。

认证机构应按有关的审核方案的规定对审核报告进行评审和批准，并注明评审和批准的日期。经批准的审核报告应按认证机构的规定分发给受审核方，必要时可分发或提交给其他相关方。

论证机构是审核报告的所有者，审核组成员和审核报告的所有持有者均应对报告的内容保守秘密。

二、审核完成

当第二阶段审核计划中的所有活动均已完成,并分发了经批准的审核报告时,审核即告结束。认证机构应按审核方案程序规定的要求和方法,保存或销毁与审核相关的文件,包括:(1)受审核方提交给认证机构的知识产权管理体系文件及有关证明材料等。(2)审核过程中形成的文件,如文件评审报告、审核计划、检查表和审核记录、不符合报告、审核报告、会议记录及签到记录等。(3)其他与审核项目有关的文件,如认证合同、认证证书的复印件等。

通常认证机构会将每个审核项目有关的文件制成审核档案,作为该审核项目符合有关认证规则和程序的证据予以保存。

三、审核后续活动的实施

1. 审核后续活动与审核的关系

审核后续活动通常不视为审核的一部分。在知识产权管理体系初次认证审核中,如果审核组在审核中发现了不符合项,向受审核方提出了采取纠正、预防或改进措施的要求后,还需要实施一些审核后续活动。审核后续活动通常可包括:(1)受审核方确定和实施纠正、预防或改进措施,并向认证机构报告实施纠正、预防或改进措施的状况。(2)认证机构委派的审核员对纠正措施的完成情况及其有效性进行验证。对纠正措施的验证可以是随后审核活动的一部分。例如:知识产权管理体系初次认证审核中提出的有些不符合项的纠正措施的有效性验证可以在随后的监督审核时进行。

2. 审核后续活动的目的

(1)促使受审核方针对已发现的不符合项进行清理和总结,认真分析原因,找出不符合的根源,并采取适宜的纠正措施防止类似不符合再次发生,从而进一步完善知识产权管理体系,改善和提高知识产权管理体系内部运行机制,创造良好的知识产权管理和条件。

(2)通过对纠正措施的实施及其有效性验证,监控受审核方对不符合项采取措施,防止问题的滋生和蔓延或进一步扩大造成更严重的后果,为审核组的审核结论提供依据。

3. 审核双方在审核后续活动中的作用和职责

(1)受审核方在审核后续活动中的作用和职责。

受审核方在审核后续活动中的作用和职责包括:①评审不符合项,分析并确定不符合的原因，制订切实可行的纠正措施。②实施纠正措施，并记录纠正措施的实施结果。③评审所采取的纠正措施的有效性。④向认证机构或其委派的审核组（员）报告纠正措施的实施状况，并提交纠正措施实施结果的证据。

（2）审核组在审核后续活动中的作用和职责。

审核组在审核后续活动中的作用和职责包括：①对纠正、纠正措施及其完成情况进行验证，并评价其有效性。②提交纠正、纠正措施验证报告，为认证机构最终作出认证决定提供依据。

4. 验证纠正措施的方式

验证纠正措施的方式包括：（1）在现场审核期间验证。（2）现场验证。（3）书面验证。（4）在随后的审核中验证。

5. 验证纠正措施实施情况及其有效性的内容

（1）不符合的原因分析。

对于审核中发现的不符合，应要求受审核方在规定期限内分析原因，并说明为消除不符合已采取或拟采取的具体纠正和纠正措施。受审核方针对不符合项进行的原因分析是否准确，是否确切地找到问题的根源，而非避重就轻或浮于表面。

（2）纠正、纠正措施。

应审查受审核方提交的纠正和纠正措施，以确定其是否可被接受。

针对不符合项的原因所确定的纠正措施计划是否具备可行性和有效性，包括：①制订的纠正措施是否与不符合的严重性及其影响程序相适应。②制订的纠正措施是否可以防患于未然，是否能举一反三，避免同类问题再次发生；。③是否明确了纠正措施的实施/完成时间。

（3）纠正措施的实施情况及其效果。

应验证所采取的任何纠正和纠正措施的有效性所取得的为不符合的解决提供支持的证据应予以记录，并经过认证机构或审核组评审。对不符合的解决进行审查和验证的证据应予以记录，应将审查和验证的结果告知受审核方。

可通过审查受审核方提供的纠正、纠正措施文件或在必要时实施现场验证来验证纠正和纠正措施的有效性。①各项纠正措施是否全部完成，实施情况是否有记录可查。②各项纠正措施是否按规定的日期完成。③纠正措施完成后的效果如何，是否有效地控制类似不符合的再次发生。

第十六章　知识产权管理体系的保持认证

认证机构应在证实获证客户持续满足管理体系标准要求后保持对其的认证。认证机构在满足下列前提条件时，可以根据审核组长的肯定性结论保持对客户的认证，无须再进行独立复核和决定：

（1）对于严重不符合或其他可能导致暂停或撤销认证的情况，认证机构要求审核组长向认证机构报告需由具备适宜能力且未实施过该审核的人员进行复核，以确定客户能否保持认证。

（2）对认证机构工作人员的认证活动进行监督，包括监督审核员的报告活动，以确认认证活动在有效运作。

第一节　监督活动

认证机构应对其监督活动进行设计，以便定期核验管理体系范围内有代表性的区域和职能，并应考虑获证客户及其管理体系的变更情况。

一、监督活动的种类

监督活动应包括：（1）对获证客户管理体系满足认证标准要求的现场审核。（2）认证机构就认证的有关方面询问获证客户。（3）审查获证客户对其运作的说明（如宣传材料、网页）。（4）要求获证客户提供文件化信息（纸质或电子介质）。（5）其他监视获证客户绩效的方法。

认证证书的有效期一般为3年，在证书有效期内，认证机构应对获证组织进行监督和管理，一般每年开展一次。企业在知识产权管理体系认证通过后，只有继续保持体系有效运行和持续改进，才能通过认证机构后续的监督审核、再认证审核以及特殊审核，以保持证书的持续有效。例如，企业通过知识产权管理体系认证以后，在认证证书3年有效期内每年都要通过认证机构的监督审核，如果逾期不进行，企业所获得的认证证书就不能正常使用。

该证书在国家认监委的网站上将处于暂停状态，企业对证书的使用也会受到影响。

二、监督审核

监督审核是监督活动的一部分。监督审核是现场审核，但不一定是对整个体系的审核，并应与其他监督活动一起策划，以使认证机构能对获证客户管理体系在认证周期内持续满足要求保持信任。

1. 监督审核的内容

相关管理体系标准的每次监督审核应包括对以下方面的审查：（1）内部审核和管理评审。（2）对上次审核中确定的不符合情况采取的措施。（3）投诉的处理。（4）管理体系在实现获证客户目标和各管理体系的预期结果方面的有效性。（5）为持续改进而策划的活动的进展。（6）持续的运作控制。（7）任何变更。（8）标志的使用和（或）任何其他对认证资格的引用。

监督审核是促使获证组织有效保持和持续改进知识产权管理体系的重要方法。监督审核应定期进行，监督审核的程序和初次认证审核的程序一致。

2. 监督审核的目的

监督审核的目的包括：

（1）验证获证组织的知识产权管理体系是否持续满足审核准则的要求和有关的认证要求，并保持有效运行，以确定是否推荐保持认证注册。

（2）如果获证组织的知识产权管理体系在运行过程中发生了变更，审核变更后的知识产权管理体系是否符合认证标准的要求，并实施有效。

（3）促使获证组织持续改进知识产权管理体系的有效性。

3. 监督审核的要求

（1）监督审核是现场审核，但不一定是对整个知识产权管理体系的审核，并应与其他监督活动一起策划，以使认证机构能对获证知识产权管理体系在认证周期内持续满足要求保持信任。

（2）监督审核通常在认证证书有效期内定期进行，应至少每年进行一次。初次认证后的第一次监督审核应在第二阶段审核最后一天起 12 个月内进行，如发生特殊情况，可以追加监督审核，追加监督审核范围通常只涉及与特殊情况有关的过程、产品和区域。

（3）每次监督审核应组成正式的审核组，审核组不能由实习审核员单独组成，且其中必须有熟悉受审核方专业的人员（如专业审核员或技术专家）。

（4）监督审核的程序和方法与初次审核一致。监督审核时，审核组仍应使用检查表，按审核计划进行，并做好审核记录，审核之后向认证机构提交监督审核报告，作为获证组织保持认证资格的依据。

（5）在认证基础（如审核准则和审核范围等）没有改变的情况下，审核时间（人日数）一般为初次认证现场审核的1/3，特殊专业可适当增加。

（6）每次监督审核的范围可以不覆盖获证组织认证范围内知识产权管理体系的全部活动、过程或部门/区域，但认证证书有效期内必须覆盖全部过程、产品和部门/区域。

（7）监督审核方案至少应包括对以下方面的审查：①内部审核和管理评审。②对上次审核中确定的不符合采取的措施。③投诉的处理。④知识产权管理体系在实现获证客户目标方面的有效性。⑤为持续改进而策划的活动进展。⑥持续的运作控制。⑦任何变更。⑧标志的使用和（或）任何其他对认证资格的引用。

第二节　再认证和特殊审核

获准认证的组织的认证证书有效期届满时，如果该组织还要继续保持其认证注册资格，可以向认证机构重新提出认证申请。认证机构受理后，应派出审核组对该组织的知识产权管理体系进行再认证审核。

一、再认证

1. 再认证的策划

认证机构在企业申请后，应策划和实施再认证审核，以评价获证客户是否持续满足知识产权管理体系标准或其他规范性文件的所有要求。再认证审核的目的是确认知识产权管理体系作为一个整体的持续符合性与有效性，以及与认证范围的持续相关性和适宜性。

再认证审核应考虑知识产权管理体系在认证周期内的绩效，包括调阅以前的监督审核报告。

当获证组织或获证组织的知识产权管理体系有重大变更时，再认证审核活动可能需要再次进行第一阶段审核。

对于多场所认证或依据多个管理体系标准进行的认证，再认证审核的策划应确保现场审核具有足够的覆盖范围，以确保对认证的信任。

在认证基础（如审核准则和审核范围等）没有改变的情况下，再认证时的抽样量可以比初次审核时略少，所需的审核时间（人日数）也可以比初次审核时略少，大致相当于初次审核中第二阶段审核的 2/3 左右。

2. 再认证审核

再认证审核应关注以下方面的现场审核：

（1）结合内部和外部变更来看整个知识产权管理体系的有效性，以及认证范围的持续相关性和适宜性。

（2）经证实的保持知识产权管理体系有效性并改进知识产权管理体系，以提高整体绩效的承诺。

（3）获证知识产权管理体系的运行是否促进了组织方针和目标的实现。

在再认证审核中发现不符合或缺少符合性的证据时，认证机构应规定在认证终止前实施纠正与纠正措施的时限。

认证机构根据再认证审核的结果，以及认证周期内的体系评价结果和认证使用方的投诉，作出是否更新认证的决定。

二、特殊审核

1. 扩大认证范围

对于已授予的认证，认证机构应对扩大认证范围的申请进行评审，并确定任何必要的审核活动，以作出是否可予扩大的决定，这类审核活动可以和监督审核同时进行。

2. 提前较短时间通知的审核

认证机构为调查投诉、对变更作出回应或对被暂停的受审核方进行追踪，可能需要在提前较短时间通知获证受审核方后对其进行审核。此时：

（1）认证机构应说明并使获证组织提前了解将在任何条件下进行此类审核。

（2）由于获证组织缺乏对审核组成员的任命表示反对的机会，认证机构应特别注意审核组的指派。

第三节 关于暂停、撤销或缩小认证范围

认证机构可以根据在监督等审核活动中发现的问题严重程度和影响，作出"认证暂停"或"缩小认证范围"的处置决定。

一、认证暂停

认证暂停的情况主要包括以下方面：
（1）客户的获证管理体系持续地或严重地不满足认证要求，包括对管理体系有效性的要求。
（2）获证客户不允许按要求的频次实施监督或再认证审核。
（3）获证客户主动请求暂停。

二、认证撤销或缩小认证范围

认证撤销或缩小认证范围主要包括以下情况：
（1）暂停知识产权管理体系认证资格的通知发出后，获证组织未能在认证机构规定的时限内解决造成暂停的问题，认证机构应撤销或缩小其认证范围。
（2）发现获证组织的知识产权管理体系存在严重不符合规定要求的情况。
（3）如果受审核方在认证范围的某些部分持续地或严重地不满足认证要求，认证机构应缩小其认证范围，以排除不满足要求的部分，认证范围的缩小应与认证标准的要求一致。

第六篇

企业知识产权管理诊断

第十七章　企业知识产权管理诊断

第一节　诊断的必要性

知识产权诊断是企业进行知识产权管理、知识产权保护、知识产权战略制定和开展其他知识产权活动的必要前提。企业的知识产权部或法律服务机构在开展企业贯标工作中，首要任务是对企业的知识产权进行全面诊断。否则，就无法对企业开展一对一的知识产权管理规范服务，也不了解企业的知识产权现状，更不了解企业知识产权未来的发展方向，而没有发展方向的企业可能就没有创新的动力和激情。

知识产权诊断可以从部门和整体两个方面相结合进行分析和确定。从整体上，可从企业知识产权战略方向以及企业知识产权管理体系上来进行诊断。从部门上，是指对企业负责知识产权管理的部门进行分析并作出评价，找出在企业知识产权管理活动中存在的问题，并对其知识产权运用能力进行评价。在此基础上提出改善方案并实际执行，以提高企业知识产权管理能力。

企业知识产权管理诊断包括：开展知识产权诊断的方法，诊断的内容，诊断结论的出具等。辅导机构在为企业提供知识产权管理规范辅导时，在编制文件前都应出具知识产权诊断方案，以有利于把握企业的知识产权脉络，有利于提供具有针对性的指导。

第二节　诊断团队

诊断团队是指企业的知识产权管理诊断由谁来做。很多企业认识到其内部有知识产权方面的问题，却不知问题出在哪里，更无法对症下药解决问题。尽管企业所拥有的知识产权为一种受法律保护的法定权利，但是在维权过程中，针对不同的权利，如专利权、商标权等，执法部门对维权过程的认定和对维权结果的处置却存在差异，往往没有统一的标准。这就需要有法律实践经验的专家等来共同协作完成诊断工作。所以，企业知识产权管理诊断团队的组建，既需要选择有实践经验的法律专家，又需要知识产权专家和企业管理体系专家参与进来共同协作。一般情况下，具体诊断工作可分为两个组来完成：一组是企业管理体系从业人员和知识产权工作人员的结合，针对的是知识产权管理方式、知识产权获取流程等方面的诊断；另一组则是专业的知识产权律师，对企业知识产权管理方式进行合法或合规诊断，指明由于管理方式的短板或流程的瑕疵而引发的知识产权潜在风险，并从法律角度对风险进行评价。两个组专业人员指出企业知识产权管理存在的问题后，由项目组组长研判，做事实陈述的最后确定。

实践中，一些企业在管理方式上有惰性，往往习惯于某种管理方式或流程而不愿意作出改变，除非有重大纰漏产生，或者意识到了有风险存在。但是，由专业的知识产权律师帮助企业指出风险的危害性，并给出相关的国内外行业案例及处理结果，对企业的管理者往往是有触动的。

第三节　诊断的目的和依据

给企业做诊断的目的不是给企业挑刺，而是在科学诊断的前提下，深思熟虑表达出企业可以或应该改善的知识产权管理问题。

一、诊断的目的

1. 了解到企业知识产权发展阶段和管理现状

诊断要结合企业所处的行业特点和企业的实际情况，其最终目的是了解企业知识产权发展的现状及管理层对知识产权的认识和理解。

一般来说，不同行业对知识产权种类的需求也不同，如食品行业更注重的是品牌的运营和发展，电子机械类企业注重的是专利的产出和保护，化工类企业注重的是技术秘密。竞争激烈的行业，知识产权纠纷案件较多，而小众产品或客户订单类产品，知识产权纠纷案件相对较少。此外，企业的发展阶段不同，知识产权管理的侧重点也有差别，处于发展阶段的企业比较注重知识产权的创造，处于成熟阶段的企业更愿意拿出精力来维护、保护自己的知识产权。

了解企业的管理者，特别是最高管理者对知识产权管理的态度，也是本标准的要求。实际上，最高管理者的态度决定了企业对知识产权的态度，其管理意识和思维直接决定了企业的知识产权发展方向。

2. 补充缺失项

由于知识产权国内外法律、法规的庞大性和复杂性，任何一家企业也无法做到知识产权管理的尽善尽美，对法律、法规或国家标准的认识不足也可能导致企业管理方面的缺失。在诊断时，应参照国家法律、法规和 GB/T 29490－2013，明确指出管理方面有哪些缺失亟待补足。

3. 完善已实施的知识产权管理制度

如果企业对知识产权的管理是有法可依、有章可循的，那么在执行过程中是否流畅、有效尤为重要。如果有不完善之处，需要诊断出问题所在，完备或改善运行环境、环节，使知识产权管理制度符合企业的实际情况，并能够良好运行。

二、诊断的依据

判断做某项事是否合法，必须有法可依。对企业进行知识产权管理诊断的依据有二：一是相关法律、法规，包括但不限于《合同法》《专利法》《商标法》等。二是《企业知识产权管理规范》（GB/T 29490－2013）。实践中，有部分企业制定的企业规章制度合理但不合法，如有的企业管理者认为技术开发创新是研发人员的职责所在，是完成其考核指标所必需的行为，因此没有明确研发人员的物质激励措施。对于这种管理方式，在诊断时要明确参照现行法律如《专利法》和《合同法》指出其存在的问题。

第四节　诊断报告标本来源

一、管理人员访谈

企业管理人员访谈是对企业进行诊断的最重要的标本来源。企业管理者所处的位置和对企业的熟悉程度决定了其视野和思维方式，因此在诊断中对企业生产经营相关岗位的每个领导都必须访谈到。GB/T 29490－2013 对研发立项、采购、生产、销售、财务等诸多管理环节都做了要求，对这些部门的领导进行访谈可以掌握精确、完整的企业知识产权情况，从而作出研判。在访谈过程中，应细心听取管理者的意见和建议，这些意见和建议也是知识产权诊断工作非常重要的参考资料。

二、职工问卷调查

在对领导层访谈结束之后，应对企业的知识产权状况深入调查。职工问卷调查可以了解到一线员工的知识产权掌握情况和熟悉程度，可以较全面了解企业的知识产权运行情况。由于劳动者本身的知识所限和生产任务的紧迫性，职工问卷调查可采取简单的选择题的方式，且题目最好简洁易懂。如果问题复杂，员工往往会敷衍答卷，导致很难了解到企业的真实情况。

三、现场观察

现场观察活动主要包括以下几方面：（1）是否有门禁、参观区域及活动权限。（2）对提交文件的审批流程。（3）企业的宣传标语、口号。（4）企业的宣传张贴画。

每个企业基本都有宣传标语、口号，有的企业在生产、办公场所悬挂或展出荣誉证书、奖状，张贴宣传画。从这些展示品，辅导机构很容易推断出企业的关注点，这也是开展诊断时的参考。如果企业管理者声称企业特别重视知识产权，而在企业内部到处可见的是关注质量或提高执行力的标语或宣传画，这说明企业对知识产权的重视并没有落实在实际执行层面上。另外从走进企业的大门起，注意观察企业的各种门禁、对设备的管理、对计算机的管理等，可管中窥豹，得出企业是否符合 GB/T 29490－2013 关于保密方面要求的结论。

另外，需要关注企业对知识产权的风险防范意识。例如，一家企业在会议室张贴的宣传图片是广告公司提供的通用图片，可知这家企业缺乏著作权的风险意识。

四、企业文件收集

企业文件收集时应尽可能全面、具体包括：公司规章制度、知识产权相关文件（制度、规定）、劳动合同、保密协议、竞业限制协议、采购合同、知识产权委托合同等。同时，应注意企业的宣传图册，原有管理体系的相关文件，企业的人事管理制度、奖惩制度、计算机设备的管理制度、档案管理制度、设备管理等方面资料的收集。

第五节 诊断前的准备

辅导机构在诊断前需要做充分的准备。企业的对外宣传网站上大量的信息可以借用。

案例一：

某股份有限公司，占地26万平方米，员工1 200余人，资产总额20多亿元，横跨氨纶、间位芳纶、对位芳纶、化工原料等产业领域，是国内领先的高性能纤维研发和生产基地，是我国化纤行业参与全球高技术竞争的标杆企业。

公司创建于1993年，由中国首家特种纤维企业发起设立，专业从事高性能纤维的研发与生产，是国家创新型试点企业、国家火炬计划重点高新技术企业，建有国家高性能芳纶纤维动员中心，是我国氨纶、芳纶行业的领军企业，是相关领域国家和行业标准的制订者，被中国化纤工业协会授予国内首家"国家高性能纤维材料研发生产基地"。2008年，公司A股股票在深交所挂牌上市，证券代码000×××。

公司主营产品有氨纶、间位芳纶（又称芳纶1313）、对位芳纶（又称芳纶1414）三大系列，均获得国际环保纺织标准100一级证书，其中NSD氨纶和TMD间位芳纶是国家名牌产品和国家重点新产品。公司氨纶年产能34 000吨，居内资企业第三位，主要应用于弹力服饰、装饰布及医用保健纺织品等领域；间位芳纶年产能7 000吨，位居全球第二位，主要应用于高温过滤、阻燃防护、绝缘复合等领域；对位芳纶年产能1 000吨，居全球第五位，主要应用于汽车安全、光缆增强、国防军工、航空航天等领域。

公司拥有国家认定企业技术中心、国家芳纶工程技术研究中心、山东省芳纶纤维重点实验室、山东省芳纶产业技术创新战略联盟（牵头单位）、山东省泰山学者设岗单位等行业领先的研发平台。所承担的国家级重大科技攻关项目——"氨纶纤维产业化技术"于2001年获国家科技进步二等奖，"湿法间位芳纶短纤生产技术开发及其产业化"项目于2009年获国家科技进步二等奖。先后承担了国家级科技攻关计划2项、863项目2项、省级科技重大专项3项。

经过多年不懈努力，公司在高性能纤维领域不断发展壮大，企业规模、经济效益、综合实力等方面始终位居行业前列，连续多年入选"中国化纤行业综合竞争力前十强"，行业龙头地位不断巩固。

"十二五"期间，公司将努力建设具有国内一流水平、国际较强竞争力的高性能纤维研发生产基地。氨纶产品将突出做精做优，在差别化、高端化上实现新突破；芳纶产品将突出做大做强，在延伸产业链条、做大产品集群上做足文章。公司将顺应清洁生产、体面劳动的社会潮流，在产品经营、资本经营等方面多管齐下，努力将公司建成拥有自主知识产权的、在全球同行业中具有较强影响力和竞争力的百年企业。

对上述内容做知识产权分析，可得知：

第一，该公司是化工类相关企业，其生产涉及许多工艺参数、产品配方等技术秘密，相应的公司采购的供应方及供应的原料，生产能力等经营秘密也应该不少，总体而言，商业秘密的保护应该是其重要的关注点。

第二，该公司是高新技术企业，按照现行政策，高新企业的认定与专利量是挂钩的，也可以说专利的申请量是高新企业认定的必须门槛之一。所以此企业也有专利申请的要求。

第三，该公司是山东芳纶联盟牵头单位，属于省级行业联盟或区域行业联盟，GB/T 29490－2013 第 7 条第 7.3 款第 7.3.5 项对参加联盟或牵头组织联盟有相应的知识产权方面的要求，这就需要在知识产权管理体系中予以特别关注。

第四，该公司承担国家级重大科技攻关项目，GB/T 29490－2013 在第 7 条第 7.5 款 d) 项明确规定："承担涉及国家重大专项等政府支持项目时，应了解项目相关的知识产权管理规定，并按照要求进行管理。"所以在按国家标准进行知识产权管理时，这部分内容应该在范围内。

第五，该公司在网站上写明"努力将公司建成拥有自主知识产权的、在全球同行业中具有较强影响力和竞争力的百年企业"，实际上可以把它看作公司与知识产权相关的长期目标或发展方向。在根据 GB/T 29490－2013 判定企业是否有知识产权目标时，已经有了明确的答案。

案例二：

某制药集团是一家以研发为基础的专业制药企业，专注于肿瘤、心血管、消化及代谢、中枢神经系统等领域。公司成立于 1994 年，在全国多地设有生产和研发基地，现有员工近 4 000 人，其中专业研发人员近 300 人。公司致力于为客户提供高品质的医药产品和专业化的服务，目前集团约有 30 个上市产品，覆盖抗肿瘤、心血管、消化及代谢等领域，其中具有自主知识产权的创新药物以及新制剂的销售约占 90%，公司业务遍及国内绝大部分省、自治区、直辖市，产品进入 8 000 多家医院，并出口多个国家和地区。目前，××制药已成为中国健康领域的知名企业，进入中国制药工业 50 强。集团将以自主创新为己任，力争 2020 年成为世界 100 强的国际性专业制药企业。

对此网站公开的信息，可做相应的知识产权相关分析：

（1）该企业是"以研发为基础的专业制药企业"，这家药企关注研发，以研发为导向。对立项研发的管理应该比较完善，立项研发涉及公司的商业秘密，公司应该有相关措施来对商业秘密加以保护。

（2）"有自主知识产权的创新药物以及新制剂的销售约占90%"，这句话传达了两个方面的信息：第一，该企业不仅注重自主知识产权，而且自主知识产权是其重要的利润来源；第二，药物的知识产权主要反映在专利上，所以该企业的专利数量也较多，而且它不仅关注专利的获取，还注重对专利的维护，对专利的维护期限、专利的市场价值及技术价值等都有详细的评估流程及研判等。

（3）"集团将以自主创新为己任，力争2020年成为世界100强的国际性专业制药企业"，很明显，这句励志性的话应该是该企业与知识产权相关的方针或长远目标。

案例三：

1892年，著名的爱国华侨实业家Z先生为了实现"实业兴邦"的梦想，先后投资300万两白银创办了"CY酿酒公司"，中国葡萄酒工业化的序幕由此拉开。

经过一百多年的发展，CY公司已经发展成为中国乃至亚洲最大的葡萄酒生产经营企业。1997年和2000年B股和A股先后成功发行并上市，2002年7月，CY公司被中国工业经济联合会评为"最具国际竞争力向世界名牌进军的16家民族品牌之一"。在中国社会科学院等权威机构联合进行的2004年度企业竞争力监测中，CY公司综合竞争力指数位列中国上市公司食品酿酒行业的第八名，成为进入前十强的唯一一家葡萄酒企业。

"举杯回首望云烟，一八九二到今天"，正如这首名为《葡萄美酒不夜天》的歌词所言，CY公司作为中国葡萄酒行业的先驱和中国食品行业为数不多的百年老店之一，缔造了令人回味无穷的百年传奇。

对此家企业的公开信息做知识产权内容分析，可得知：

（1）显而易见，该企业属于食品行业，当前国内的食品行业一般发明专利与实用新型专利较少，而与包装相关的外观设计专利相对较多。

（2）在公司的网站上没有找到其技术的关注点，更多看到的是品牌战略，以及企业在经营与发展品牌，扩大影响力，力争在同行业中树立高端定位。

（3）食品类企业注重商标、商誉，但并不是说它们不关注技术的发展，只是与化工类企业相比，不同行业的企业在知识产权管理上的侧重点不同。

第六节 设计调查问卷

对企业的前期调查不仅是咨询辅导机构与企业签约后所做的基本工作，而且更为重要的是，作为辅导机构，只有在前期对企业有一定的了解，详细分析行业特点和企业的特性，对企业的关注点有所把握，在与企业洽谈时才能有的放矢，切中要害。

一、设计问题的依据

在做好前期调查后，设计调查问题就是咨询辅导机构的一项重要工作了。在设计调查问题时，应重点考虑以下因素。

1. 企业特点

企业特点包括企业所处的市场环境，企业本身在行业中的地位和领先优势。所处的市场环境包括大环境与小环境：大环境指国家对此类行业的政策，行业的发展趋势；小环境指企业所在行业的地位，其竞争对手的优劣势。

2. 企业提供的部门职责

企业的管理组织架构图可从企业网站上得到，但对于每个部门的具体职责，切勿望文生义。

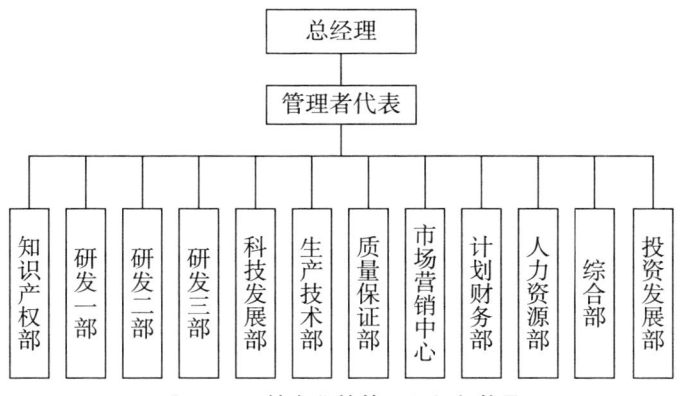

图 17-1　某企业的管理组织架构图

某企业的管理组织架构如图 17-1 所示，在该企业提供的职责说明书中，投资发展部的具体职责是：(1) 技改项目现场管理。(2) 技改项目可行性研究、规划、设计、审批及档案归集。(3) 技改资金控制、计划汇总、技改项目调度。(4) 公司土地、房产管理及房产购置。(5) 公司污水处理站、锅炉除尘器等环保项目监督、检查。(6) 公司自营基地××园管理检查考评及费用考核。(7) 公司绿化管理检查考评及费用考核。(8) 负责西山厂区绿化日常管理。(9) 公司房屋及道路维修费用考核。(10) 西山机关、技术中心、大学生公寓日常管理保洁。而 GB/T 29490－2013 第 7 条第 7.3 款第 7.3.2 项是关于"投融资"，第 7.2 条第 7.2.3 款是关于"企业重组"的知识产权管理，望文生义很容易将图 17-1 中的投资发展部与 GB/T 29490－2013 的前述内容相联系。实际上，二者根本没有交叉。GB/T 29490－2013 对最高管理者、管理者代表、知识产权管理机构、财务部门、人力资源部门都规定了与知识产权相关的具体详细的要求。对这样的部门，设计的问题与标准要求相对应即可。而对于过程管理，如合同管理、信息管理等，需要多个部门协作完成的，以及对于阶段性的管理，特别是在 GB/T 29490－2013 第八章实施与运行中，在设计问题时则不要求与企业的具体部门一一对应。

二、问题切入点

在设计调查知识产权问题时，应尽可能展开与知识产权管理过程相关的内容，具体可从以下层面切入。

(1) 获取。从企业商标、著作权、专利、网站域名等产生的单元，关注获取的流程。

(2) 维护。从知识产权获取后的管理来考查，了解企业如何管理文件，对各种档案的管理方式以及放弃知识产权的决策过程。

(3) 运用。考查企业是否明确知识产权对企业的价值贡献，企业人员是否了解企业产品中知识产权的含量。GB/T 29490－2013 对知识产权运用广泛的范围有明确的控制要求，如知识产权的许可与转让，企业投融资，标准相关及知识产权联盟等，如果企业有这些行为，需要对此作出规定。

(4) 保护。考查企业是否围绕核心知识产权如商标、专利建立防御型的保护方案，考查企业的知识产权纠纷处理方式、处理后果和解决纠纷的过程。特别是外贸出口类企业，应重点考查其对国外知识产权环境熟悉程度及风险理解水平，以及在市场目标国的知识产权注册申请及登记情况。

(5) 合同管理。企业在经营过程中往往会签订众多合同，如采购合同、外协生产合同、人事合同、知识产权委托代理合同等。咨询辅导机构应重点考查这些合同的制订流程，并最好让企业展示与知识产权相关的合同，以便有理有据作出诊断。

(6) 保密。GB/T 29490－2013 中涉及保密的条款比较多，从区域、人员、设备到信息都有具体的要求。对保密的调查，仅通过设计问题是不够的，辅导机构人员亲身观察感受也是重要的获得信息的方式。

三、设计面谈问题

1. 面谈的特点

（1）可深入了解。访谈针对的是管理层，管理层对企业的管理情况比较熟悉，可以通过深入访谈，了解他们对现行知识产权管理的认识，了解企业知识产权的现状，了解他们对知识产权管理的想法及思维方式，以及他们对知识产权的熟悉程度。

（2）可侧面了解。侧面了解包含两个方面，一是在知识产权管理流程中有相互关系的部门了解邻接部门的工作情况和产生的问题。二是不明确表明自己的意图，而是采取间接的方式了解情况，如在技术研发部门访谈图纸从技术到生产部门的发放流程，实际上需要了解的是企业对技术资料的管控及保密情况。

2. 面谈调查方向

（1）是否做（yes or no）？
（2）做的流程（how to do）？
（3）做的程度如何（how much）？

面谈时，对于设计好的问题，调查的是企业是否在按照 GB/T 29490—2013 的要求在做，如果做了，做的流程是什么，做的程度如何。对于知识产权管理水平不同的企业，访谈的侧重点应有所不同。对于知识产权管理一般的企业，可侧重于查漏补缺，重点是是否做和做的流程。对于知识产权相对规范的企业，则侧重于流程和管理方式及内容上。

部门面谈问题示例如下：

部门是否有年度工作计划，是否有相应的考核指标？
是否有合格供方名录，对合格供方的审查主要在哪些方面？
是否对合格供方分级管理，如何划分级别？
对采购的设备是否有知识产权方面的审查，是否做风险规避如签署知识产权声明？
合同审查是哪个部门在做，审核的内容主要针对哪些方面？
是否对我方进货渠道、供方的信息、进价策略等信息资料做保密？
保密工作如何做？
计算机、软件采购是这个部门实施吗？

一些专用软件如设计、绘图软件是你们这个部门采购吗？

四、设计调查问卷示例

设计调查问卷应至少做到两个方面。

一是设计调查问卷应做到简单直接、易于回答。知识产权产权问题对普通员工来讲比较抽象，不像质量管理与其本职工作密切相关。在问题设计上应尽量选择与员工自身利益密切联系的相关知识产权问题，既浅显易懂、方便员工作答，又能获取到真实信息。

二是易于统计。这对于咨询辅导机构而言比较重要，调查问卷最终是要统计的，统计困难或统计有障碍都会导致结果的不准确。

调查问卷示例如下：

1. 工作经历中是否参加过知识产权专业培训？
   A. 是　　B. 否
2. 所在企业是否组织过知识产权的相关培训？
   A. 是　　B. 否
3. 人事合同中是否约定了知识产权权属和保密条款？
   A. 是　　B. 否
4. 企业是否有知识产权相关的奖励制度？
   A. 是　　B. 否

第七节　诊断流程

一、资料整理→去噪→现状分析

1. 资料整理、去噪

即在企业调查工作完成后，把收集的所有相关资料整理和统计，去除一些与知识产权不相关的元素，摘取与知识产权管理内容密切相关的表述，保留直接相关和间接相关的内容作为分析资料。

2. 现状分析

即依据国家法律法规和 GB/T 29490—2013，对收集的企业资料对比分析，看企业现行的知识产权管理方式和内容是否符合要求。

二、出具意见

出具的意见包括：明确指出是否符合、不符合的地方及产生的原因、改进的措施，以及行业内的标杆企业对比是否有差距，如图 17-2 所示。

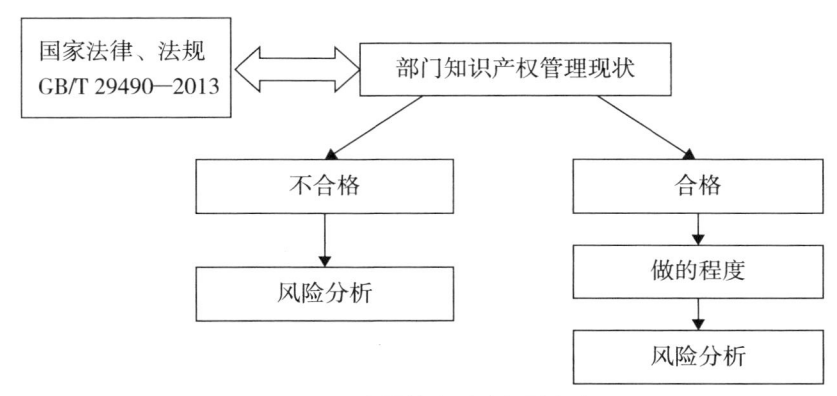

图 17-2　出具的意见流程及内容

对于诊断中发现的问题，咨询辅导机构尽量以书面方式提出解决方案，这是因为企业对国家法律、法规和 GB/T 29490－2013 的理解或许与辅导机构的有偏差。辅导机构需要就上述理解与企业做良好沟通，使企业接受知识产权管理意见并认识到在知识产权工作中存在的不足或缺陷。这对后续体系文件的编写和执行，都是相得益彰的。

在诊断流程中，如果各部门间工作沟通和信息传达不畅，可由辅导机构作为发起人和"润滑剂"联合各部门统一沟通，相比单纯依靠各部门间内部沟通，这种方式可能会起到意想不到的效果。

在企业的知识产权管理流程相对比较顺畅，但是管理制度或者操作指南等有不完善之处的，咨询辅导机构应建议企业完善管理制度增加管理点。

有的企业相关知识产权管理等工作表面上看起来很完备，基本都有相应的企业制度。但是，仔细观察可发现，其知识产权相关工作做得不充分、不深入。例如，针对外贸销售企业，GB/T 29490－2013 第 7 条第 7.4 款第 7.4.3 项要求"向境外销售产品前，应适时在目的地进行知识产权申请、注册和登记"。表面上看，企业已在国外注册商标、申请专利，但注册地和申请地不能完全覆盖其产品出口涉及的所有国家和地区，这就需要企业在知识产权国际保护方面把工作深入地继续做下去。

当然对照国家法律法规和国家标准能判断的只是知识产权管理的符合性。

一些企业有更高的要求，它们的要求不仅是满足法律、法规、标准规定的基本要求，更看重的是向国际先进的知识产权管理水平看齐，参与国际上的知识产权竞争。这对于咨询辅导机构也是一个挑战。可以分析国内外同行业的优秀榜样或案例，结合知识产权专利评议、专利导航、专利分析、知识产权经济价值评估等，找出企业与标杆企业的差距。并分析哪些容易达到，哪些需要进一步完善等。对于需要时间改善的，还需要分析是技术、市场环境还是管理水平问题，列出目标与计划，逐步完善。如果说 GB/T 29490—2013 有"有条件的企业……"之类的描述，那么这部分论述也是高标准的要求，建议有条件的咨询辅导机构在合理的条件下出具意见或建议。

第八节 诊断报告的撰写

报告的固定格式要求标明：①报告的出具单位；②报告接受单位；③报告出具的时间；④报告的目的，即为什么出具报告及使用目的；⑤诊断的内容；⑥诊断的正文；⑦总论（结论）。报告最后要出具结论，在知识产权诊断报告里，告知接受企业本单位的知识产权管理阶段、水平，对导入知识产权管理体系的必要性的说明。

诊断出具形式包括部门诊断意见和完整的整个企业的诊断报告两种形式。企业的诊断报告可以有简版，即把部门的诊断报告叠加，只是指明问题所在，可不出具意见或建议。

正式版的企业诊断报告应有完整的格式和内容，以及咨询辅导机构意见或建议的陈述。

第九节 诊断样本示例

【样本一】

采购部门诊断样本如下所示：

1. 部门是否有年度工作计划，是否有相应的考核指标？
2. 是否有合格供方名录，对合格供方的审查主要在哪些方面？
3. 是否对合格供方分级管理，如何划分级别？

企业答：（1）有，根据生产计划、设备部门方案等采购。有 KPI 指标考核。

（2）有合格供方名录，对供方审查主要是生产能力、质量、价格和供方的其他合作伙伴等。

判断：GB/T 29490－2013 第 8 条第 8.3 款 a) 项规定，在采购涉及知识产权的产品过程中，收集相关知识产权信息，以避免采购知识产权侵权产品，必要时应要求供方提供知识产权权属证明。

    （3）对供方有分级管理，分为一级、二级、三级。一级是供货稳定，合作期长，极少供货瑕疵；二级是供货稳定，合作较好，有供货瑕疵；三级是潜在的供应商，没有合作或合作很少，主要做备用供应商。

4. 对采购的设备是否有知识产权方面的审查？是否做风险规避如签署知识产权声明？

企业答：没有前期审查，风险方面有考虑，主要在合同中签订免责条款。

判断：GB/T 29490－2013 第 8 条第 8.3 款 c) 项规定，在采购合同中应明确知识产权权属、许可使用范围、侵权责任承担等。

5. 合同审查是哪个部门做，审核的内容主要是哪些方面？

企业答：一般合同不审查，有格式合同。大合同有审计部、法务部审核。审核主要集中在价格、交货期、法律风险等方面。

判断：GB/T 29490－2013 第 7 条第 7.5 款 a) 项规定，应对合同中有关知识产权条款进行审查，并形成记录。

d 项规定，承担涉及国家重大专项等政府支持项目时，应了解项目相关的知识产权管理规定，并按照要求进行管理。

6. 是否对我方进货渠道、供方的信息、进价策略等信息资料作保密？

企业答：有保密。

7. 保密工作如何做？

企业答：合同制作通过计算机系统，没有相应的权限看不到合同内容。一般采购部门人员都有权限看；重大合同有采购小组通过和供方谈判确定合同内容。谈判细节我方注意保密，但没要求供方也保密。

判断：GB/T 29490－2013 第 7 条第 7.6 款 a) 项规定：明确涉密人员，设定保密等级和接触权限。

8. 计算机、软件采购是这个部门实施吗？

企业答：计算机采购由总经办负责，一般采购品牌机。

9. 一些专用软件如设计、绘图软件是你们采购吗？

企业答：应该是我们这个部门的职责，但没有采购过，他们设计用的软件不知道从哪里来的。

判断：GB/T 29490－2013 第 7 条第 7.4 款第 7.4.1 项 a) 目规定，采取措施，避免或降低生产、办公设备及软件侵犯他人知识产权的风险。

【样本二】

公司实景陈述：

北京 A 公司是化工企业，于 1991 年投入生产运营，由于技术先进，产品畅销全国，并出口到世界 30 多个国家和地区，企业投产的首个酯类产品一度供不应求，各地参观的企业络绎不绝。同时，一些其他地区的工厂专门派人在企业门口蹲守，并通过种种方式，了解到企业的重要技术人员，并许诺高薪聘请，几年后，同业产品全国遍地开花，市场下滑，当时的董事长感叹"我们是××××的黄埔军校"。

2001 年后企业先后又投产了两个产品项目，随着公司制度的建立和管理的规范，其新产品再次畅销国内外，现已成为国内首家国家行业新材料研发生产基地和国家行业新材料动员中心，为国家火炬计划重点高新技术企业和国家级创新型试点企业，2009 年 A 股上市。公司现已组成了以总裁为核心，以各副总裁分管相关部门，并由总经理办公室、人力资源部、采购部、技术中心、财务部、证券部、海外业务部、市场部等为主组成的公司知识产权管理组织架构。

各部门涉及知识产权的职责是：市场部负责商标的申请和设计，技术中心负责专利申请和研发，总经理办公室负责知识产权档案的管理和年费的缴纳、维持及公司的保密工作，采购部、财务部、证券部、海外业务部、市场部没有规定知识产权方面的岗位职责，人力资源部负责劳动合同的签订和保管。

2010 年，公司发生一起商业秘密泄露案件。技术中心一位参与 2001 年项目的一位核心技术员工王某离职跳槽到竞争对手的工厂。部门负责人建议提起诉讼，但副总裁建议刑事立案。随后 A 企业通过北京市公安局经侦大队举报，在准备相关材料时发现，王某没有与 A 公司签订保密协议和竞业限制协议，在查阅相关项目立项材料时，也没有项目保密协议或由王某签订的相关记录或研发记录，导致此案陷入被动。2012 年，公司录取的应届硕士研发人员姜××因公司计算机 USB 或其他外界数据接口皆被封，趁同事出差，拆开其电脑复制其硬盘数据，因计算机水平不佳装回硬盘时数据线接错，同事出差回来计算机无法打开而被发现，姜××称只是自己学习用，没有其他意图，公司在核实没有造成损失后，姜××被开除。

公司作为上市公司，涉及投资方面的信息发布由证券部负责，市场上竞争对手的信息收集分散在各部门，关于商标侵权的信息由市场部收集，并由部门负责人提供给分管的副总负责。公司其他信息，如论文的发表，由公司研发人员报部门领导审核确定，广告和产品宣传册都是市场部组织实施制作，经过版面或方案设计、费用核算的审批后投入市场。

公司产品目前出口 50 多个国家，中英文商标各一个，并只在一类上申请注册，国外没有任何申请。公司因与美国杜×公司专利技术有交叉，在出口美国市场时很谨慎，虽然其产品同美国公司相比有较大的价格优势，但对美国购买方的选择只是选择"稳妥可靠，有合作历史"的公司。公司领导层对美国复杂的法律似乎有种畏惧感，不知道如何正面应付。

公司的项目立项，主要是由以总裁为主的各副总组成的中高层领导会议确定后，即交由技术中心研发，技术中心在研发中没有员工对专利进行专门的研究，研发员工会简单使用检索工作，自行做一下网上的搜索。

公司的专利申请分两种，一个是为了申报项目的一批专利，给技术员工一定的任务。另一个是为了保护申报的专利，也没有检索，给予员工的奖励是以拿到证书为准。因为有部门领导涉及评职称问题，申报材料中经常把领导作为发明人。

总经理办公室只是简单地管理专利证书和商标证书，对于是否应申请商标和申请专利，公司没有任何的规定，只是根据部门协商和领导指示采取申请和保护措施。

财务部每年核销部门报批的知识产权相关费用 5 万多，财务部对每个部门使用的总体费用有控制，但知识产权相关费用与部门其他的支出没有分开，也没有评估对这些知识产权费用是否对公司有所贡献或贡献多大。

公司在 2012 年进行了一次并购，以大股东身份合并了一个当地的同行竞争者，双方在谈判的文件中没有发现涉及知识产权的内容。

公司采购部 2011 年采购了一台一百多万元的生产设备，本采购合同中，供货方明确本设备涉供方的知识产权，A 公司不得任意侵犯，其他的知识产权条款和证明文件没有涉及。

公司的市场部多次参加国内和国际的展会，在展会前，只是准备大量的宣传资料和产品，并与展会主办方展厅租赁合同，没有其他的任何知识产权信息。

在生产部门，有部门领导反映能对生产员工技术改进或创新有物质奖励政策并能及时兑现，也能很快反馈到生产实践中去，但不知道如何保护，认为与专利无关，专利是"高大上"的东西，主要是研发部门的事情，与生产关联少，生产部门也没有专利申请考核指标。

A 企业知识产权管理诊断流程是：资料整理→去噪→现状分析→法律意见→国家标准的执行和提高结论。

一、从 A 公司知识产权宏观角度和发展阶段分析

根据 A 公司发展的现状，论证 A 公司知识产权管理体系建立的必要性。

1. 现状分析

（1）公司已经发生侵权案件，管理问题出现。

（2）由于公司技术领先，知识产权侵权隐患始终存在。

2. 法律意见

（1）根据企业发展的需要，对知识产权已经从创造到保护阶段。

（2）企业作为上市公司，应加强管理，符合投资者的利益。

二、A 公司现有机构设置分析

A 公司现有机构设置是否有利于知识产权制度的建立和最高管理者对知识产权管理的有效传达。

1. 现状分析

（1）知识产权管理分散，各部门各司其职。

（2）没有公司整体、统一的知识产权规划。

2. 法律意见

（1）管理建设：增设知识产权部，由技术、法务人员任职。

（2）知识产权分散管理趋向集中、统一管理。

三、从资源管理的角度

（一）从人力资源方面看 A 公司是否制定了相关的制度和采取了相关措施

1. 现状分析

在入职、离职管理和培训方面不到位。

2. 法律意见

（1）对员工特别是重要研发人员，加强人事管理；

（2）加强教育培训，使员工明白的公司商业秘密保护的和自身保护的利害关系。

（二）财务是否有预算支出

1. 现状分析

无知识产权预算，没有控制和关注。

2. 法律意见

（1）建立知识产权预算，对年度预算和实际支出作评估，合理控制。

（2）注意 GB/T 29490—2013。国家标准的贯彻执行和知识产权管理水平的进一步提高。

（3）建立知识产权风险准备金。

（4）对知识产权的支出和企业的收入做评价（知识产权贡献度）。

（三）信息收集和发布机关规定的必要性和可行性

1. 现状分析

虽有信息收集渠道，但信息加工和发布控制不完善。

2. 法律意见

（1）建立完备的信息收集渠道，如建立销售、采购、研发甚至人力资源部门的信息收集渠道。

（2）建立信息分析处理中心，信息分析处理后及时反馈至需要部门。

（3）信息出口须明确，审查路径清晰、严格。

四、基础管理方面

(一) 企业在自主创造方面

企业是否制订了知识产权工作计划，明确了获取的方式和途径；是否对有关技术进行了检索；知识产权的流程管理如何；是否保持了知识产权获取记录；保障了职务发明人的署名权。

1. 现状分析

（1）经分析，企业知识产权管理存在以下问题：专利商标获取有简单计划，没有流程管理。

（2）检索深度不够。

（3）知识产权获取记录保持不佳——案件发生无证据。

（4）署名权问题。

2. 法律意见

（1）制订公司整体层面的知识产权获取计划，识别获取的渠道。

（2）对研发人员适时培训，提高水平。

（3）尊重法律法规。

(二) 企业日常知识产权维护方面

企业是否设立了知识产权分类管理档案；是否设置了知识产权评估程序。

1. 现状分析

（1）对档案有简单管理，但管理程度较弱。

（2）管理主要靠领导的意识和能力。

2. 法律意见

（1）对知识产权档案做到分类管理，基本的维护要做到位。

（2）建立知识产权维护流程，做到对取得、维护、放弃有章可循。

3. 国家标准的执行和提高

建立知识产权分级管理，可从贡献度、重要性等方面进行分级。

(三) 知识产权运用

知识产权运用方面主要包括知识产权的实施、许可和转让，知识产权投融资，企业重组中知识产权尽职调查，企业出售和剥离资产前是否对相关知识产权开展调查和评估分析，知识产权标准化和知识产权联盟及专利池的建立等方面。

1. 现状分析

（1）企业目前没有许可和转让。

（2）知识产权的实施主要体现在商业秘密的保护上。

（3）并购中尽职调查一般。

2. 法律意见

（1）许可、转让前知识产权须有评估程序。

（2）并购，投资过程须有评估，做好尽职调查。

3. 国家标准的执行和提高

应做好专利的实施评估、专利价值评估、市场评估及对企业贡献度的评估。

（四）A 公司知识产权保护的需求与现状

A 公司应从风险管理、争议处理和涉外贸易方面考虑是否有缺失点，若有，应如何设置。

1. 现状分析

（1）争议处理没有评估，靠长官意志。

（2）国内商标申请保护范围窄。

（3）国外没有注册。

（4）海外销售有风险存在。

2. 法律意见

（1）对出现的纠纷争议做评估，采取合适的方式处置。

（2）商标注册管理保护工作需要加强。

（3）做好海外风险调查、分析，做好风险预案。

（4）对国外法律研究进行分析，假设诉讼情形，分析利弊。

（五）合同管理

在合同管理中对有关的知识产权条款是否做了认真审查并形成记录；与知识产权服务机构方面是否有知识产权的权属和保密约定；委托开发和合作开发时是否有知识产权归属等的规定；重大专项科技项目是否按照要求进行项目中的知识产权管理。

1. 现状分析

合同审查对知识产权条款重视程度不够。

2. 法律意见

应对合同中的知识产权条款进行认真审查并形成记录。

（六）A 公司的商业秘密

保护企业需审视在商业秘密保护中是否做到了以下几点：明确涉密人员，并设定保密等级和权限；明确与知识产权有关的设备，并规定使用目的、人员和方式；明确涉密信息，规定保密等级、期限和传递，保存及销毁要求；明确涉密区域，规定客户及参访者的活动范围。

1. 现状分析

（1）未明确涉密人员。

（2）涉密设备未确定。

2. 法律意见

（1）企业不仅对新进人员，对企业重要的老员工也要重视保密协议的签订。

（2）明确涉密设备，涉密设备的维修等须有完整记录。

五、实施和运行

(一) 研发和立项管理

1. 现状分析

（1）立项过程比较简单，没有形成立项报告。

（2）检索程序一般。

2. 法律意见

（1）立项应分析涉及的知识产权信息。

（2）立项报告中应对技术、市场做分析。

（3）做风险评估，并与研发费用挂钩。

（4）研发人员提高检索水平或委托检索。

(二) 生产阶段的知识产权管理

1. 现状分析

（1）生产部门缺乏对生产过程中（的）创新的保护。

（2）对创新的权利化认识不足。

2. 法律意见

（1）教育培训，明确创新的保护方式和方法。

（2）建立流程，由其他部门如知产部评估、协助权利化过程。

(三) 销售和售后

国内销售，包括参加展会等宣传工作。

1. 现状分析

参加展会没有做知识产权防范工作。

2. 法律意见

（1）对展会携带的资料、图片、实物做评估，做好风险防范工作。

（2）做紧急预案，防止意外。

六、综论部分

企业有需求也有必要建立知识产权管理体系。

参考文献

［1］朱宇，黄志臻，唐恒.《企业知识产权管理规范》培训教程［M］. 北京：知识产权出版社，2011.
［2］何敏. 企业知识产权保护和管理实务［M］. 北京：法律出版社，2002：81.
［3］嵇国光，赵菁，龚春香. 2008版 ISO9001标准解析与应用［M］. 北京：机械工业出版社，2010.
［4］张智勇. 内审员实战通用教程［M］. 北京：中国城市出版社，2013.

附 录

附1 企业知识产权管理规范
（中华人民共和国国家标准 GB/T 29490 — 2013）

前 言

本标准由国家知识产权局提出并归口。

本标准起草单位：国家知识产权局、中国标准化研究院。

本标准主要起草人：马维野、雷筱云、马鸿雅、刘海波、徐俊峰、唐恒、常利民、袁雷峰、张杰军、张艳、杨哲、黄晶、韩奎国、岳高峰。

引 言

0.1 概述

本标准提供基于过程方法的企业知识产权管理模型，指导企业策划、实施、检查、改进知识产权管理体系。

0.2 过程方法

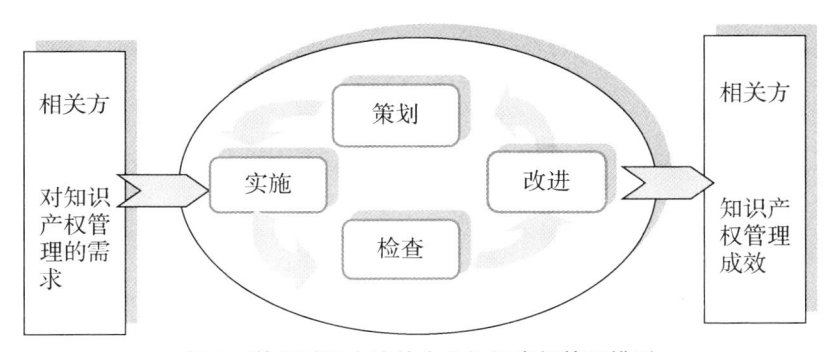

图1 基于过程方法的企业知识产权管理模型

利用资源将输入转化为输出的任何一项或一组活动可视为一个过程。通常，一个过程的输出将直接成为下一个过程的输入。企业知识产权管理体系是企业管理体系的重要组成部分，该体系作为一个整体过程，包括知识产权管理的策划、实施、检查、改进四个环节，如图1所示。

企业知识产权管理体系的输入是企业经营发展对知识产权管理的需求，一般包括：

a) 开发新产品，研发新技术；
b) 提高产品附加值，扩大市场份额；
c) 防范知识产权风险，保障投资安全；
d) 提高生产效率，增加经济效益。

通过持续实施并改进知识产权管理体系，输出一般包括：

a) 激励创造知识产权，促进技术创新；
b) 灵活运用知识产权，改善市场竞争地位；
c) 全面保护知识产权，支撑企业持续发展；
d) 系统管理知识产权，提升企业核心竞争力。

本标准采用过程方法：

a) 策划：理解企业知识产权管理需求，制订知识产权方针和目标；
b) 实施：在企业的业务环节（产品的立项、研究开发、采购、生产、销售和售后）中获取、维护、运用和保护知识产权；
c) 检查：监控和评审知识产权管理效果；
d) 改进：根据检查结果持续改进知识产权管理体系。

0.3 原则

本标准提出企业知识产权管理的指导原则：

战略导向

统一部署经营发展、科技创新和知识产权战略，使三者互相支撑、互相促进。

领导重视

最高管理者的支持和参与是知识产权管理的关键，最高管理层应全面负责知识产权管理。

全员参与

知识产权涉及企业各业务领域和各业务环节，应充分发挥全体员工的创造性和积极性。

0.4 影响因素

企业实施本标准应考虑以下因素：

a) 经济和社会发展状况，法律和政策要求；

b) 企业的发展需求、竞争策略、所属行业特点；
c) 企业的经营规模、组织结构、产品及核心技术。

1 范围

本标准规定了企业策划、实施、检查、改进知识产权管理体系的要求。
本标准适用于有下列愿望的企业：
a) 建立知识产权管理体系；
b) 运行并持续改进知识产权管理体系；
c) 寻求外部组织对其知识产权管理体系的评价。
事业单位、社会团体等其他组织，可参照本标准相关要求执行。

2 规范性引用文件

下列文件对于本文件的应用是必不可少的。凡是标注日期的引用文件，仅注日期的版本适用于本文件。凡是未注日期的引用文件，其最新版本（包括所有的修改单）适用于本文件。
GB/T 19000—2008 质量管理体系 基础和术语
GB/T 21374—2008 知识产权文献与信息 基本词汇

3 术语和定义

GB/T 19000—2008 和 GB/T 21374—2008 界定的以及下列术语和定义适用于本文件。

3.1 知识产权 intellectual property

在科学技术、文学艺术等领域中，发明者、创造者等对自己的创造性劳动成果依法享有的专有权，其范围包括专利、商标、著作权及相关权、集成电路布图设计、地理标志、植物新品种、商业秘密、传统知识、遗传资源以及民间文艺等。
［GB/T 21374—2008，术语和定义 3.1.1］

3.2 过程 process

将输入转化为输出的相互关联或相互作用的一组活动。
［GB/T 19000—2008，定义 3.4.1］

3.3 产品 product

过程的结果。

注1：有下列四种通用的产品类别：
——服务（如运输）；
——软件（如计算机程序、字典）；
——硬件（如发动机机械零件）；
——流程性材料（如润滑油）。

许多产品由分属于不同产品类别的成分构成，其属性是服务、软件、硬件或流程性材料取决于产品的主导成分。例如：产品"汽车"是由硬件（如轮胎）、流程性材料（如：燃料、冷却液）、软件（如发动机控制软件、驾驶员手册）和服务（如销售人员所做的操作说明）所组成。

注2：服务通常是无形的，并且是在供方和顾客接触面上需要完成至少一项活动的结果。服务的提供可涉及，例如：
——在顾客提供的有形产品（如需要维修的汽车）上所完成的活动；
——在顾客提供的无形产品（如为准备纳税申报单所需的损益表）上所完成的活动；
——无形产品的交付（如知识传授方面的信息提供）；
——为顾客创造氛围（如在宾馆和饭店）。

软件由信息组成，通常是无形产品，并可以方法、报告或程序的形式存在。

硬件通常是有形产品，其量具有计数的特性。流程性材料通常是有形产品，其量具有连续的特性。硬件和流程性材料经常被称为货物。

[GB/T 19000—2008，定义 3.4.2]

3.4 体系 system

相互关联或相互作用的一组要素。
[GB/T 19000—2008，定义 3.2.1]

3.5 管理体系 management system

建立方针和目标并实现这些目标的体系。

注：一个组织的管理体系可包括若干个不同的管理体系，如质量管理体系、财务管理体系或环境管理体系。

[GB/T 19000—2008，定义 3.2.2]

3.6 知识产权方针 intellectual property policy

知识产权工作的宗旨和方向。

3.7 知识产权手册 intellectual property manual

规定知识产权管理体系的文件。

4 知识产权管理体系

4.1 总体要求

企业应按本标准的要求建立知识产权管理体系，实施、运行并持续改进，保持其有效性，并形成文件。

4.2 文件要求

4.2.1 总则

知识产权管理体系文件应包括：

a) 知识产权方针和目标；
b) 知识产权手册；
c) 本标准要求形成文件的程序和记录。

注：本标准出现的"形成文件的程序"，是指建立该程序，形成文件，并实施和保持。一个文件可以包括一个或多个程序的要求；一个形成文件的程序的要求可以被包含在多个文件中。

4.2.2 文件控制

知识产权管理体系文件是企业实施知识产权管理的依据，应确保：

a) 发布前经过审核和批准，修订后再发布前重新审核和批准；
b) 文件中的相关要求明确；
c) 按文件类别、秘密级别进行管理；
d) 易于识别、取用和阅读；
e) 对因特定目的需要保留的失效文件予以标记。

4.2.3 知识产权手册

编制知识产权手册并保持其有效性，具体内容包括：

a) 知识产权机构设置、职责和权限的相关文件；
b) 知识产权管理体系的程序文件或对程序文件的引用；
c) 知识产权管理体系过程之间相互关系的表述。

4.2.4 外来文件与记录文件

编制形成文件的程序，规定记录的标识、贮存、保护、检索和处置所需的控制。对外来文件和知识产权管理体系记录文件应予以控制并确保：

a) 对行政决定、司法判决、律师函件等外来文件进行有效管理，确保其来源与取得时间可识别；
b) 建立、保持和维护记录文件，以证实知识产权管理体系符合本标准要求，并有效运行；

　　c）外来文件与记录文件完整，明确保管方式和保管期限。

5　管理职责

5.1　管理承诺

最高管理者是企业知识产权管理的第一责任人，应通过以下活动实现知识产权管理体系的有效性：

　　a）制订知识产权方针；
　　b）制订知识产权目标；
　　c）明确知识产权管理职责和权限，确保有效沟通；
　　d）确保资源的配备；
　　e）组织管理评审。

5.2　知识产权方针

最高管理者应批准、发布企业知识产权方针，并确保方针：

　　a）符合相关法律和政策的要求；
　　b）与企业的经营发展相适应；
　　c）在企业内部得到有效运行；
　　d）在持续适宜性方面得到评审；
　　e）形成文件，付诸实施，并予以保持；
　　f）得到全体员工的理解。

5.3　策划

5.3.1　知识产权管理体系策划

最高管理者应确保：

理解相关方的需求，对知识产权管理体系进行策划，满足知识产权方针的要求；

　　a）知识产权获取、维护、运用和保护活动得到有效运行和控制；
　　b）知识产权管理体系得到持续改进。

5.3.2　知识产权目标

最高管理者应针对企业内部有关职能和层次，建立并保持知识产权目标，并确保：

　　a）形成文件并且可考核；

b) 与知识产权方针保持一致，内容包括对持续改进的承诺。

5.3.3 法律和其他要求

最高管理者应批准建立、实施并保持形成文件的程序，以便：
a) 识别和获取适用的法律和其他要求，并建立获取渠道；
b) 及时更新有关法律和其他要求的信息，并传达给员工。

5.4 职责、权限和沟通

5.4.1 管理者代表

最高管理者应在企业最高管理层中指定专人作为管理者代表，授权其承担以下职责：
a) 确保知识产权管理体系的建立、实施和保持；
b) 向最高管理者报告知识产权管理绩效和改进需求；
c) 确保全体员工对知识产权方针和目标的理解；
d) 落实知识产权管理体系运行和改进需要的各项资源；
e) 确保知识产权外部沟通的有效性。

5.4.2 机构

建立知识产权管理机构并配备专业的专职或兼职工作人员，或委托专业的服务机构代为管理，承担以下职责：
a) 制定企业知识产权发展规划；
b) 建立知识产权管理绩效评价体系；
c) 参与监督和考核其他相关管理机构；
d) 负责企业知识产权的日常管理工作。
e) 其他管理机构负责落实与本机构相关的知识产权工作。

5.4.3 内部沟通

建立沟通渠道，确保知识产权管理体系有效运行。

5.5 管理评审

5.5.1 评审要求

最高管理者应定期评审知识产权管理体系的适宜性和有效性。

5.5.2 评审输入

评审输入应包括：
a) 知识产权方针、目标；
b) 企业经营目标、策略及新产品、新业务规划；
c) 企业知识产权基本情况及风险评估信息；

d) 技术、标准发展趋势；
e) 前期审核结果。

5.5.3 评审输出

评审输出应包括：
a) 知识产权方针、目标改进建议；
b) 知识产权管理程序改进建议；
c) 资源需求。

6 资源管理

6.1 人力资源

6.1.1 知识产权工作人员

明确知识产权工作人员的任职条件，并采取适当措施，确保从事知识产权工作的人员满足相应的条件。

6.1.2 教育与培训

组织开展知识产权教育培训，包括以下内容：
a) 规定知识产权工作人员的教育培训要求，制订计划并执行；
b) 组织对全体员工按业务领域和岗位要求进行知识产权培训，并形成记录；
c) 组织对中、高层管理人员进行知识产权培训，并形成记录；
d) 组织对研究开发等与知识产权关系密切的岗位人员进行知识产权培训，并形成记录。

6.1.3 人事合同

通过劳动合同、劳务合同等方式对员工进行管理，约定知识产权权属、保密条款；明确发明创造人员享有的权利和负有的义务；必要时应约定竞业限制和补偿条款。

6.1.4 入职

对新入职员工进行适当的知识产权背景调查，以避免侵犯他人知识产权；对于研究开发等与知识产权关系密切的岗位，应要求新入职员工签署知识产权声明文件。

6.1.5 离职

对离职的员工进行相应的知识产权事项提醒；涉及核心知识产权的员工离职时，应签署离职知识产权协议或执行竞业限制协议。

6.1.6 激励

明确员工知识产权创造、保护和运用的奖励和报酬；明确员工造成知识产权损失的责任。

6.2 基础设施

根据需要配备相关资源，以确保知识产权管理体系的运行：
a) 软硬件设备，如知识产权管理软件、数据库、计算机和网络设施等；
b) 办公场所。

6.3 财务资源

应设立知识产权经常性预算费用，以确保知识产权管理体系的运行：
a) 用于知识产权申请、注册、登记、维持、检索、分析、评估、诉讼和培训等事项；
b) 用于知识产权管理机构运行；
c) 用于知识产权激励；
d) 有条件的企业可设立知识产权风险准备金。

6.4 信息资源

应编制形成文件的程序，以规定以下方面所需的控制：
a) 建立信息收集渠道，及时获取所属领域、竞争对手的知识产权信息；
b) 对信息进行分类筛选和分析加工，并加以有效利用；
c) 在对外信息发布之前进行相应审批；
d) 有条件的企业可建立知识产权信息数据库，并有效维护和及时更新。

7 基础管理

7.1 获取

应编制形成文件的程序，以规定以下方面所需的控制：
a) 根据知识产权目标，制订知识产权获取的工作计划，明确获取的方式和途径；
b) 在获取知识产权前进行必要的检索和分析；
c) 保持知识产权获取记录；
d) 保障发明创造人员的署名权。

7.2 维护

应编制形成文件的程序，以规定以下方面所需的控制：

a）建立知识产权分类管理档案，进行日常维护；
b）知识产权评估；
c）知识产权权属变更；
d）知识产权权属放弃；
e）有条件的企业可对知识产权进行分级管理。

7.3 运用

7.3.1 实施、许可和转让

应编制形成文件的程序，以规定以下方面所需的控制：
a）促进和监控知识产权的实施，有条件的企业可评估知识产权对企业的贡献；
b）知识产权实施、许可或转让前，应分别制订调查方案，并进行评估。

7.3.2 投融资

投融资活动前，应对相关知识产权开展尽职调查，进行风险和价值评估。在境外投资前，应针对目的地的知识产权法律、政策及其执行情况，进行风险分析。

7.3.3 企业重组

企业重组工作应满足以下要求：
a）企业合并或并购前，应开展知识产权尽职调查，根据合并或并购的目的设定对目标企业知识产权状况的调查内容；有条件的企业可进行知识产权评估。
b）企业出售或剥离资产前，应对相关知识产权开展调查和评估，分析出售或剥离的知识产权对本企业未来竞争力的影响。

7.3.4 标准化

参与标准化工作应满足以下要求：
a）参与标准化组织前，了解标准化组织的知识产权政策；将包含专利和专利申请的技术方案向标准化组织提案时，应按照知识产权政策要求披露并作出许可承诺；
b）牵头制订标准时，应组织制订标准工作组的知识产权政策和工作程序。

7.3.5 联盟及相关组织

参与或组建知识产权联盟及相关组织应满足以下要求：
a）参与知识产权联盟或其他组织前，应了解其知识产权政策，并进行评估；
b）组建知识产权联盟时，应遵循公平、合理且无歧视的原则，制订联盟知识产权政策；主要涉及专利合作的联盟可围绕核心技术建立专利池。

7.4 保护

7.4.1 风险管理

应编制形成文件的程序，以规定以下方面所需的控制：

a）采取措施，避免或降低生产、办公设备及软件侵犯他人知识产权的风险；

b）定期监控产品可能涉及他人知识产权的状况，分析可能发生的纠纷及其对企业的损害程度，提出防范预案；

c）有条件的企业可将知识产权纳入企业风险管理体系，对知识产权风险进行识别和评测，并采取相应风险控制措施。

7.4.2 争议处理

应编制形成文件的程序，以规定以下方面所需的控制：

a）及时发现和监控知识产权被侵犯的情况，适时运用行政和司法途径保护知识产权；

b）在处理知识产权纠纷时，评估通过诉讼、仲裁、和解等不同处理方式对企业的影响，选取适宜的争议解决方式。

7.4.3 涉外贸易

涉外贸易过程中的知识产权工作包括：

a）向境外销售产品前，应调查目的地的知识产权法律、政策及其执行情况，了解行业相关诉讼，分析可能涉及的知识产权风险；

b）向境外销售产品前，应适时在目的地进行知识产权申请、注册和登记；

c）对向境外销售的涉及知识产权的产品可采取相应的边境保护措施。

7.5 合同管理

加强合同中知识产权管理：

a）应对合同中有关知识产权条款进行审查，并形成记录；

b）对检索与分析、预警、申请、诉讼、侵权调查与鉴定、管理咨询等知识产权对外委托业务应签订书面合同，并约定知识产权权属、保密等内容；

c）在进行委托开发或合作开发时，应签订书面合同，约定知识产权权属、许可及利益分配、后续改进的权属和使用等；

d）承担涉及国家重大专项等政府支持项目时，应了解项目相关的知识产权管理规定，并按照要求进行管理。

7.6 保密

应编制形成文件的程序，以规定以下方面所需的控制：

a）明确涉密人员，设定保密等级和接触权限；

b）明确可能造成知识产权流失的设备，规定使用目的、人员和方式；

c）明确涉密信息，规定保密等级、期限和传递、保存及销毁的要求；

d）明确涉密区域，规定客户及参访人员活动范围等。

8 实施和运行

8.1 立项

立项阶段的知识产权管理包括：
a) 分析该项目所涉及的知识产权信息，包括各关键技术的专利数量、地域分布和专利权人信息等；
b) 通过知识产权分析及市场调研相结合，明确该产品潜在的合作伙伴和竞争对手；
c) 进行知识产权风险评估，并将评估结果、防范预案作为项目立项与整体预算的依据。

8.2 研究开发

研究开发阶段的知识产权管理包括：
a) 对该领域的知识产权信息、相关文献及其他公开信息进行检索，对项目的技术发展状况、知识产权状况和竞争对手状况等进行分析；
b) 在检索分析的基础上，制订知识产权规划；
c) 跟踪与监控研究开发活动中的知识产权，适时调整研究开发策略和内容，避免或降低知识产权侵权风险；
d) 督促研究人员及时报告研究开发成果；
e) 及时对研究开发成果进行评估和确认，明确保护方式和权益归属，适时形成知识产权；
f) 保留研究开发活动中形成的记录，并实施有效的管理。

8.3 采购

采购阶段的知识产权管理包括：
a) 在采购涉及知识产权的产品过程中，收集相关知识产权信息，以避免采购知识产权侵权产品，必要时应要求供方提供知识产权权属证明；
b) 做好供方信息、进货渠道、进价策略等信息资料的管理和保密工作；
c) 在采购合同中应明确知识产权权属、许可使用范围、侵权责任承担等。

8.4 生产

生产阶段的知识产权管理包括：
a) 及时评估、确认生产过程中涉及产品与工艺方法的技术改进与创新，明确保护方式，适时形成知识产权；

b）在委托加工、来料加工、贴牌生产等对外协作的过程中，应在生产合同中明确知识产权权属、许可使用范围、侵权责任承担等，必要时应要求供方提供知识产权许可证明；

c）保留生产活动中形成的记录，并实施有效的管理。

8.5 销售和售后

销售和售后阶段的知识产权管理包括：

a）产品销售前，对产品所涉及的知识产权状况进行全面审查和分析，制订知识产权保护和风险规避方案；

b）在产品宣传、销售、会展等商业活动前制订知识产权保护或风险规避方案；

c）建立产品销售市场监控程序，采取保护措施，及时跟踪和调查相关知识产权被侵权情况，建立和保持相关记录；

d）产品升级或市场环境发生变化时，及时进行跟踪调查，调整知识产权策略和风险规避方案，适时形成新的知识产权。

9 审核和改进

9.1 总则

策划并实施以下方面所需的监控、审查和改进过程：

a）确保产品、软硬件设施设备符合知识产权有关要求；

b）确保知识产权管理体系的适宜性；

c）持续改进知识产权管理体系，确保其有效性。

9.2 内部审核

应编制形成文件的程序，确保定期对知识产权管理体系进行内部审核，满足本标准的要求。

9.3 分析与改进

根据知识产权方针、目标以及检查、分析的结果，制订和落实改进措施。

附2 中华人民共和国专利法

(1984年3月12日第六届全国人民代表大会常务委员会第四次会议通过 根据1992年9月4日第七届全国人民代表大会常务委员会第二十七次会议《关于修改〈中华人民共和国专利法〉的决定》第一次修正 根据2000年8月25日第九届全国人民代表大会常务委员会第十七次会议《关于修改〈中华人民共和国专利法〉的决定》第二次修正 根据2008年12月27日第十一届全国人民代表大会常务委员会第六次会议《关于修改〈中华人民共和国专利法〉的决定》第三次修正)

目 录

第一章 总 则
第二章 授予专利权的条件
第三章 专利的申请
第四章 专利申请的审查和批准
第五章 专利权的期限、终止和无效
第六章 专利实施的强制许可
第七章 专利权的保护
第八章 附 则

第一章 总 则

第1条 为了保护专利权人的合法权益,鼓励发明创造,推动发明创造的应用,提高创新能力,促进科学技术进步和经济社会发展,制订本法。

第2条 本法所称的发明创造是指发明、实用新型和外观设计。

发明,是指对产品、方法或者其改进所提出的新的技术方案。

实用新型,是指对产品的形状、构造或者其结合所提出的适于实用的新的技术方案。

外观设计,是指对产品的形状、图案或者其结合以及色彩与形状、图案的结合所作出的富有美感并适于工业应用的新设计。

第 3 条 国务院专利行政部门负责管理全国的专利工作；统一受理和审查专利申请，依法授予专利权。

省、自治区、直辖市人民政府管理专利工作的部门负责本行政区域内的专利管理工作。

第 4 条 申请专利的发明创造涉及国家安全或者重大利益需要保密的，按照国家有关规定办理。

第 5 条 对违反法律、社会公德或者妨害公共利益的发明创造，不授予专利权。

对违反法律、行政法规的规定获取或者利用遗传资源，并依赖该遗传资源完成的发明创造，不授予专利权。

第 6 条 执行本单位的任务或者主要是利用本单位的物质技术条件所完成的发明创造为职务发明创造。职务发明创造申请专利的权利属于该单位；申请被批准后，该单位为专利权人。

非职务发明创造，申请专利的权利属于发明人或者设计人；申请被批准后，该发明人或者设计人为专利权人。

利用本单位的物质技术条件所完成的发明创造，单位与发明人或者设计人订有合同，对申请专利的权利和专利权的归属作出约定的，从其约定。

第 7 条 对发明人或者设计人的非职务发明创造专利申请，任何单位或者个人不得压制。

第 8 条 两个以上单位或者个人合作完成的发明创造、一个单位或者个人接受其他单位或者个人委托所完成的发明创造，除另有协议的以外，申请专利的权利属于完成或者共同完成的单位或者个人；申请被批准后，申请的单位或者个人为专利权人。

第 9 条 同样的发明创造只能授予一项专利权。但是，同一申请人同日对同样的发明创造既申请实用新型专利又申请发明专利，先获得的实用新型专利权尚未终止，且申请人声明放弃该实用新型专利权的，可以授予发明专利权。

两个以上的申请人分别就同样的发明创造申请专利的，专利权授予最先申请的人。

第 10 条 专利申请权和专利权可以转让。

中国单位或者个人向外国人、外国企业或者外国其他组织转让专利申请权或者专利权的，应当依照有关法律、行政法规的规定办理手续。

转让专利申请权或者专利权的，当事人应当订立书面合同，并向国务院专利行政部门登记，由国务院专利行政部门予以公告。专利申请权或者专利权的转让自登记之日起生效。

第 11 条 发明和实用新型专利权被授予后，除本法另有规定的以外，任何单位或者个人未经专利权人许可，都不得实施其专利，即不得为生产经营目的制造、使用、许诺销售、销售、进口其专利产品，或者使用其专利方法以及使用、许诺销售、销售、进口依照该专利方法直接获得的产品。

外观设计专利权被授予后，任何单位或者个人未经专利权人许可，都不得实施其专利，即不得为生产经营目的制造、许诺销售、销售、进口其外观设计专利产品。

第 12 条　任何单位或者个人实施他人专利的，应当与专利权人订立实施许可合同，向专利权人支付专利使用费。被许可人无权允许合同规定以外的任何单位或者个人实施该专利。

第 13 条　发明专利申请公布后，申请人可以要求实施其发明的单位或者个人支付适当的费用。

第 14 条　国有企业事业单位的发明专利，对国家利益或者公共利益具有重大意义的，国务院有关主管部门和省、自治区、直辖市人民政府报经国务院批准，可以决定在批准的范围内推广应用，允许指定的单位实施，由实施单位按照国家规定向专利权人支付使用费。

第 15 条　专利申请权或者专利权的共有人对权利的行使有约定的，从其约定。没有约定的，共有人可以单独实施或者以普通许可方式许可他人实施该专利；许可他人实施该专利的，收取的使用费应当在共有人之间分配。

除前款规定的情形外，行使共有的专利申请权或者专利权应当取得全体共有人的同意。

第 16 条　被授予专利权的单位应当对职务发明创造的发明人或者设计人给予奖励；发明创造专利实施后，根据其推广应用的范围和取得的经济效益，对发明人或者设计人给予合理的报酬。

第 17 条　发明人或者设计人有权在专利文件中写明自己是发明人或者设计人。

专利权人有权在其专利产品或者该产品的包装上标明专利标识。

第 18 条　在中国没有经常居所或者营业所的外国人、外国企业或者外国其他组织在中国申请专利的，依照其所属国同中国签订的协议或者共同参加的国际条约，或者依照互惠原则，根据本法办理。

第 19 条　在中国没有经常居所或者营业所的外国人、外国企业或者外国其他组织在中国申请专利和办理其他专利事务的，应当委托依法设立的专利代理机构办理。

中国单位或者个人在国内申请专利和办理其他专利事务的，可以委托依法设立的专利代理机构办理。

专利代理机构应当遵守法律、行政法规，按照被代理人的委托办理专利申请或者其他专利事务；对被代理人发明创造的内容，除专利申请已经公布或者公告的以外，负有保密责任。专利代理机构的具体管理办法由国务院规定。

第 20 条　任何单位或者个人将在中国完成的发明或者实用新型向外国申请专利的，应当事先报经国务院专利行政部门进行保密审查。保密审查的程序、期限等按照国务院的规定执行。

中国单位或者个人可以根据中华人民共和国参加的有关国际条约提出专利国际申请。申请人提出专利国际申请的，应当遵守前款规定。

国务院专利行政部门依照中华人民共和国参加的有关国际条约、本法和国务院有关规定处理专利国际申请。

对违反本条第 1 款规定向外国申请专利的发明或者实用新型，在中国申请专利的，不授予专利权。

第 21 条　国务院专利行政部门及其专利复审委员会应当按照客观、公正、准确、及时的要求，依法处理有关专利的申请和请求。

国务院专利行政部门应当完整、准确、及时发布专利信息，定期出版专利公报。

在专利申请公布或者公告前，国务院专利行政部门的工作人员及有关人员对其内容负有保密责任。

第二章　授予专利权的条件

第 22 条　授予专利权的发明和实用新型，应当具备新颖性、创造性和实用性。

新颖性，是指该发明或者实用新型不属于现有技术；也没有任何单位或者个人就同样的发明或者实用新型在申请日以前向国务院专利行政部门提出过申请，并记载在申请日以后公布的专利申请文件或者公告的专利文件中。

创造性，是指与现有技术相比，该发明具有突出的实质性特点和显著的进步，该实用新型具有实质性特点和进步。

实用性，是指该发明或者实用新型能够制造或者使用，并且能够产生积极效果。

本法所称现有技术，是指申请日以前在国内外为公众所知的技术。

第 23 条　授予专利权的外观设计，应当不属于现有设计；也没有任何单位或者个人就同样的外观设计在申请日以前向国务院专利行政部门提出过申请，并记载在申请日以后公告的专利文件中。

授予专利权的外观设计与现有设计或者现有设计特征的组合相比，应当具有明显区别。

授予专利权的外观设计不得与他人在申请日以前已经取得的合法权利相冲突。

本法所称现有设计，是指申请日以前在国内外为公众所知的设计。

第 24 条 申请专利的发明创造在申请日以前 6 个月内，有下列情形之一的，不丧失新颖性：

（一）在中国政府主办或者承认的国际展览会上首次展出的；

（二）在规定的学术会议或者技术会议上首次发表的；

（三）他人未经申请人同意而泄露其内容的。

第 25 条 对下列各项，不授予专利权：

（一）科学发现；

（二）智力活动的规则和方法；

（三）疾病的诊断和治疗方法；

（四）动物和植物品种；

（五）用原子核变换方法获得的物质；

（六）对平面印刷品的图案、色彩或者二者的结合作出的主要起标识作用的设计。

对前款第（4）项所列产品的生产方法，可以依照本法规定授予专利权。

第三章 专利的申请

第 26 条 申请发明或者实用新型专利的，应当提交请求书、说明书及其摘要和权利要求书等文件。

请求书应当写明发明或者实用新型的名称，发明人的姓名，申请人姓名或者名称、地址，以及其他事项。

说明书应当对发明或者实用新型作出清楚、完整的说明，以所属技术领域的技术人员能够实现为准；必要的时候，应当有附图。摘要应当简要说明发明或者实用新型的技术要点。

权利要求书应当以说明书为依据，清楚、简要地限定要求专利保护的范围。

依赖遗传资源完成的发明创造，申请人应当在专利申请文件中说明该遗传资源的直接来源和原始来源；申请人无法说明原始来源的，应当陈述理由。

第 27 条 申请外观设计专利的，应当提交请求书、该外观设计的图片或者照片以及对该外观设计的简要说明等文件。

申请人提交的有关图片或者照片应当清楚地显示要求专利保护的产品的外观设计。

第 28 条 国务院专利行政部门收到专利申请文件之日为申请日。如果申请文件是邮寄的，以寄出的邮戳日为申请日。

第 29 条 申请人自发明或者实用新型在外国第一次提出专利申请之日起 12 个月内，或者自外观设计在外国第一次提出专利申请之日起 6 个月内，又在中国就相同主题提出专利申请的，依照该外国同中国签订的协议或者共同参加的国际条约，或者依照相互承认优先权的原则，可以享有优先权。

申请人自发明或者实用新型在中国第一次提出专利申请之日起 12 个月内，又向国务院专利行政部门就相同主题提出专利申请的，可以享有优先权。

第 30 条　申请人要求优先权的，应当在申请的时候提出书面声明，并且在 3 个月内提交第一次提出的专利申请文件的副本；未提出书面声明或者逾期未提交专利申请文件副本的，视为未要求优先权。

第 31 条　一件发明或者实用新型专利申请应当限于一项发明或者实用新型。属于一个总的发明构思的两项以上的发明或者实用新型，可以作为一件申请提出。

一件外观设计专利申请应当限于一项外观设计。同一产品两项以上的相似外观设计，或者用于同一类别并且成套出售或者使用的产品的两项以上外观设计，可以作为一件申请提出。

第 32 条　申请人可以在被授予专利权之前随时撤回其专利申请。

第 33 条　申请人可以对其专利申请文件进行修改，但是，对发明和实用新型专利申请文件的修改不得超出原说明书和权利要求书记载的范围，对外观设计专利申请文件的修改不得超出原图片或者照片表示的范围。

第四章　专利申请的审查和批准

第 34 条　国务院专利行政部门收到发明专利申请后，经初步审查认为符合本法要求的，自申请日起满 18 个月，即行公布。国务院专利行政部门可以根据申请人的请求早日公布其申请。

第 35 条　发明专利申请自申请日起 3 年内，国务院专利行政部门可以根据申请人随时提出的请求，对其申请进行实质审查；申请人无正当理由逾期不请求实质审查的，该申请即被视为撤回。

国务院专利行政部门认为必要的时候，可以自行对发明专利申请进行实质审查。

第 36 条　发明专利的申请人请求实质审查的时候，应当提交在申请日前与其发明有关的参考资料。

发明专利已经在外国提出过申请的，国务院专利行政部门可以要求申请人在指定期限内提交该国为审查其申请进行检索的资料或者审查结果的资料；无正当理由逾期不提交的，该申请即被视为撤回。

第 37 条　国务院专利行政部门对发明专利申请进行实质审查后，认为不符合本法规定的，应当通知申请人，要求其在指定的期限内陈述意见，或者对其申请进行修改；无正当理由逾期不答复的，该申请即被视为撤回。

第 38 条 发明专利申请经申请人陈述意见或者进行修改后,国务院专利行政部门仍然认为不符合本法规定的,应当予以驳回。

第 39 条 发明专利申请经实质审查没有发现驳回理由的,由国务院专利行政部门作出授予发明专利权的决定,发给发明专利证书,同时予以登记和公告。发明专利权自公告之日起生效。

第 40 条 实用新型和外观设计专利申请经初步审查没有发现驳回理由的,由国务院专利行政部门作出授予实用新型专利权或者外观设计专利权的决定,发给相应的专利证书,同时予以登记和公告。实用新型专利权和外观设计专利权自公告之日起生效。

第 41 条 国务院专利行政部门设立专利复审委员会。专利申请人对国务院专利行政部门驳回申请的决定不服的,可以自收到通知之日起 3 个月内,向专利复审委员会请求复审。专利复审委员会复审后,作出决定,并通知专利申请人。

专利申请人对专利复审委员会的复审决定不服的,可以自收到通知之日起 3 个月内向人民法院起诉。

第五章 专利权的期限、终止和无效

第 42 条 发明专利权的期限为 20 年,实用新型专利权和外观设计专利权的期限为 10 年,均自申请日起计算。

第 43 条 专利权人应当自被授予专利权的当年开始缴纳年费。

第 44 条 有下列情形之一的,专利权在期限届满前终止:

(一)没有按照规定缴纳年费的;

(二)专利权人以书面声明放弃其专利权的。

专利权在期限届满前终止的,由国务院专利行政部门登记和公告。

第 45 条 自国务院专利行政部门公告授予专利权之日起,任何单位或者个人认为该专利权的授予不符合本法有关规定的,可以请求专利复审委员会宣告该专利权无效。

第 46 条 专利复审委员会对宣告专利权无效的请求应当及时审查和作出决定,并通知请求人和专利权人。宣告专利权无效的决定,由国务院专利行政部门登记和公告。

对专利复审委员会宣告专利权无效或者维持专利权的决定不服的,可以自收到通知之日起 3 个月内向人民法院起诉。人民法院应当通知无效宣告请求程序的对方当事人作为第三人参加诉讼。

第 47 条 宣告无效的专利权视为自始即不存在。

宣告专利权无效的决定,对在宣告专利权无效前人民法院作出并已执行的专利侵权的判决、调解书,已经履行或者强制执行的专利侵权纠纷处理决定,以及已经履行的专利实施许可合同和专利权转让合同，不具有追溯力。但是因专利权人的恶意给他人造成的损失，应当给予赔偿。

依照前款规定不返还专利侵权赔偿金、专利使用费、专利权转让费，明显违反公平原则的，应当全部或者部分返还。

第六章　专利实施的强制许可

第 48 条　有下列情形之一的，国务院专利行政部门根据具备实施条件的单位或者个人的申请，可以给予实施发明专利或者实用新型专利的强制许可：

（一）专利权人自专利权被授予之日起满 3 年，且自提出专利申请之日起满 4 年，无正当理由未实施或者未充分实施其专利的；

（二）专利权人行使专利权的行为被依法认定为垄断行为，为消除或者减少该行为对竞争产生的不利影响的。

第 49 条　在国家出现紧急状态或者非常情况时，或者为了公共利益的目的，国务院专利行政部门可以给予实施发明专利或者实用新型专利的强制许可。

第 50 条　为了公共健康目的，对取得专利权的药品，国务院专利行政部门可以给予制造并将其出口到符合中华人民共和国参加的有关国际条约规定的国家或者地区的强制许可。

第 51 条　一项取得专利权的发明或者实用新型比前已经取得专利权的发明或者实用新型具有显著经济意义的重大技术进步，其实施又有赖于前一发明或者实用新型的实施的，国务院专利行政部门根据后一专利权人的申请，可以给予实施前一发明或者实用新型的强制许可。

在依照前款规定给予实施强制许可的情形下，国务院专利行政部门根据前一专利权人的申请，也可以给予实施后一发明或者实用新型的强制许可。

第 52 条　强制许可涉及的发明创造为半导体技术的，其实施限于公共利益的目的和本法第 48 条第（2）项规定的情形。

第 53 条　除依照本法第 48 条第（2）项、第 50 条规定给予的强制许可外，强制许可的实施应当主要为了供应国内市场。

第 54 条　依照本法第 48 条第（1）项、第 51 条规定申请强制许可的单位或者个人应当提供证据，证明其以合理的条件请求专利权人许可其实施专利，但未能在合理的时间内获得许可。

第 55 条　国务院专利行政部门作出的给予实施强制许可的决定，应当及时通知专利权人，并予以登记和公告。

给予实施强制许可的决定，应当根据强制许可的理由规定实施的范围和时间。强制许可的理由消除并不再发生时，国务院专利行政部门应当根据专利权人的请求，经审查后作出终止实施强制许可的决定。

第 56 条　取得实施强制许可的单位或者个人不享有独占的实施权，并且无权允许他人实施。

第 57 条　取得实施强制许可的单位或者个人应当付给专利权人合理的使用费，或者依照中华人民共和国参加的有关国际条约的规定处理使用费问题。付给使用费的，其数额由双方协商；双方不能达成协议的，由国务院专利行政部门裁决。

第 58 条　专利权人对国务院专利行政部门关于实施强制许可的决定不服的，专利权人和取得实施强制许可的单位或者个人对国务院专利行政部门关于实施强制许可的使用费的裁决不服的，可以自收到通知之日起 3 个月内向人民法院起诉。

第七章　专利权的保护

第 59 条　发明或者实用新型专利权的保护范围以其权利要求的内容为准，说明书及附图可以用于解释权利要求的内容。

外观设计专利权的保护范围以表示在图片或者照片中的该产品的外观设计为准，简要说明可以用于解释图片或者照片所表示的该产品的外观设计。

第 60 条　未经专利权人许可，实施其专利，即侵犯其专利权，引起纠纷的，由当事人协商解决；不愿协商或者协商不成的，专利权人或者利害关系人可以向人民法院起诉，也可以请求管理专利工作的部门处理。管理专利工作的部门处理时，认定侵权行为成立的，可以责令侵权人立即停止侵权行为，当事人不服的，可以自收到处理通知之日起 15 日内依照《中华人民共和国行政诉讼法》向人民法院起诉；侵权人期满不起诉又不停止侵权行为的，管理专利工作的部门可以申请人民法院强制执行。进行处理的管理专利工作的部门应当事人的请求，可以就侵犯专利权的赔偿数额进行调解；调解不成的，当事人可以依照《中华人民共和国民事诉讼法》向人民法院起诉。

第 61 条　专利侵权纠纷涉及新产品制造方法的发明专利的，制造同样产品的单位或者个人应当提供其产品制造方法不同于专利方法的证明。

专利侵权纠纷涉及实用新型专利或者外观设计专利的，人民法院或者管理专利工作的部门可以要求专利权人或者利害关系人出具由国务院专利行政部门对相关实用新型或者外观设计进行检索、分析和评价后作出的专利权评价报告，作为审理、处理专利侵权纠纷的证据。

第 62 条　在专利侵权纠纷中，被控侵权人有证据证明其实施的技术或者设计属于现有技术或者现有设计的，不构成侵犯专利权。

第 63 条　假冒专利的，除依法承担民事责任外，由管理专利工作的部门责令改正并予公告，没收违法所得，可以并处违法所得 4 倍以下的罚款；没有违法所得的，可以处 20 万元以下的罚款；构成犯罪的，依法追究刑事责任。

第 64 条　管理专利工作的部门根据已经取得的证据，对涉嫌假冒专利行为进行查处时，可以询问有关当事人，调查与涉嫌违法行为有关的情况；对当事人涉嫌违法行为的场所实施现场检查；查阅、复制与涉嫌违法行为有关的合同、发票、账簿以及其他有关资料；检查与涉嫌违法行为有关的产品，对有证据证明是假冒专利的产品，可以查封或者扣押。

管理专利工作的部门依法行使前款规定的职权时，当事人应当予以协助、配合，不得拒绝、阻挠。

第 65 条　侵犯专利权的赔偿数额按照权利人因被侵权所受到的实际损失确定；实际损失难以确定的，可以按照侵权人因侵权所获得的利益确定。权利人的损失或者侵权人获得的利益难以确定的，参照该专利许可使用费的倍数合理确定。赔偿数额还应当包括权利人为制止侵权行为所支付的合理开支。

权利人的损失、侵权人获得的利益和专利许可使用费均难以确定的，人民法院可以根据专利权的类型、侵权行为的性质和情节等因素，确定给予 1 万元以上 100 万元以下的赔偿。

第 66 条　专利权人或者利害关系人有证据证明他人正在实施或者即将实施侵犯专利权的行为，如不及时制止将会使其合法权益受到难以弥补的损害的，可以在起诉前向人民法院申请采取责令停止有关行为的措施。

申请人提出申请时，应当提供担保；不提供担保的，驳回申请。

人民法院应当自接受申请之时起 48 小时内作出裁定；有特殊情况需要延长的，可以延长 48 小时。裁定责令停止有关行为的，应当立即执行。当事人对裁定不服的，可以申请复议一次；复议期间不停止裁定的执行。

申请人自人民法院采取责令停止有关行为的措施之日起 15 日内不起诉的，人民法院应当解除该措施。

申请有错误的，申请人应当赔偿被申请人因停止有关行为所遭受的损失。

第 67 条　为了制止专利侵权行为，在证据可能灭失或者以后难以取得的情况下，专利权人或者利害关系人可以在起诉前向人民法院申请保全证据。

人民法院采取保全措施，可以责令申请人提供担保；申请人不提供担保的，驳回申请。

人民法院应当自接受申请之时起 48 小时内作出裁定；裁定采取保全措施的，应当立即执行。

申请人自人民法院采取保全措施之日起 15 日内不起诉的，人民法院应当解除该措施。

第 68 条　侵犯专利权的诉讼时效为 2 年，自专利权人或者利害关系人得知或者应当得知侵权行为之日起计算。

发明专利申请公布后至专利权授予前使用该发明未支付适当使用费的，专利权人要求支付使用费的诉讼时效为 2 年，自专利权人得知或者应当得知他人使用其发明之日起计算，但是，专利权人于专利权授予之日前即已得知或者应当得知的，自专利权授予之日起计算。

第 69 条　有下列情形之一的，不视为侵犯专利权：

（一）专利产品或者依照专利方法直接获得的产品，由专利权人或者经其许可的单位、个人售出后，使用、许诺销售、销售、进口该产品的；

（二）在专利申请日前已经制造相同产品、使用相同方法或者已经作好制造、使用的必要准备，并且仅在原有范围内继续制造、使用的；

（三）临时通过中国领陆、领水、领空的外国运输工具，依照其所属国同中国签订的协议或者共同参加的国际条约，或者依照互惠原则，为运输工具自身需要而在其装置和设备中使用有关专利的；

（四）专为科学研究和实验而使用有关专利的；

（五）为提供行政审批所需要的信息，制造、使用、进口专利药品或者专利医疗器械的，以及专门为其制造、进口专利药品或者专利医疗器械的。

第 70 条　为生产经营目的使用、许诺销售或者销售不知道是未经专利权人许可而制造并售出的专利侵权产品，能证明该产品合法来源的，不承担赔偿责任。

第 71 条　违反本法第 20 条规定向外国申请专利，泄露国家秘密的，由所在单位或者上级主管机关给予行政处分；构成犯罪的，依法追究刑事责任。

第 72 条　侵夺发明人或者设计人的非职务发明创造专利申请权和本法规定的其他权益的，由所在单位或者上级主管机关给予行政处分。

第 73 条　管理专利工作的部门不得参与向社会推荐专利产品等经营活动。

管理专利工作的部门违反前款规定的，由其上级机关或者监察机关责令改正，消除影响，有违法收入的予以没收；情节严重的，对直接负责的主管人员和其他直接责任人员依法给予行政处分。

第 74 条　从事专利管理工作的国家机关工作人员以及其他有关国家机关工作人员玩忽职守、滥用职权、徇私舞弊，构成犯罪的，依法追究刑事责任；尚不构成犯罪的，依法给予行政处分。

第八章　附　　则

第 75 条　向国务院专利行政部门申请专利和办理其他手续，应当按照规定缴纳费用。

第 76 条　本法自 1985 年 4 月 1 日起施行。

附3　中华人民共和国商标法

（1982年8月23日第五届全国人民代表大会常务委员会第二十四次会议通过　根据1993年2月22日第七届全国人民代表大会常务委员会第三十次会议《关于修改〈中华人民共和国商标法〉的决定》第一次修正　根据2001年10月27日第九届全国人民代表大会常务委员会第二十四次会议《关于修改〈中华人民共和国商标法〉的决定》第二次修正　根据2013年8月30日第十二届全国人民代表大会常务委员会第四次会议《关于修改〈中华人民共和国商标法〉的决定》第三次修正）

目　录

第一章　总　　则
第二章　商标注册的申请
第三章　商标注册的审查和核准
第四章　注册商标的续展、变更、转让和使用许可
第五章　注册商标的无效宣告
第六章　商标使用的管理
第七章　注册商标专用权的保护
第八章　附　　则

第一章　总　　则

第1条　为了加强商标管理，保护商标专用权，促使生产、经营者保证商品和服务质量，维护商标信誉，以保障消费者和生产、经营者的利益，促进社会主义市场经济的发展，特制订本法。

第2条　国务院工商行政管理部门商标局主管全国商标注册和管理的工作。
国务院工商行政管理部门设立商标评审委员会，负责处理商标争议事宜。

第3条　经商标局核准注册的商标为注册商标，包括商品商标、服务商标和集体商标、证明商标；商标注册人享有商标专用权，受法律保护。

本法所称集体商标，是指以团体、协会或者其他组织名义注册，供该组织成员在商事活动中使用，以表明使用者在该组织中的成员资格的标志。

本法所称证明商标，是指由对某种商品或者服务具有监督能力的组织所控制，而由该组织以外的单位或者个人使用于其商品或者服务，用以证明该商品或者服务的原产地、原料、制造方法、质量或者其他特定品质的标志。

集体商标、证明商标注册和管理的特殊事项，由国务院工商行政管理部门规定。

第 4 条　自然人、法人或者其他组织在生产经营活动中，对其商品或者服务需要取得商标专用权的，应当向商标局申请商标注册。

本法有关商品商标的规定，适用于服务商标。

第 5 条　两个以上的自然人、法人或者其他组织可以共同向商标局申请注册同一商标，共同享有和行使该商标专用权。

第 6 条　法律、行政法规规定必须使用注册商标的商品，必须申请商标注册，未经核准注册的，不得在市场销售。

第 7 条　申请注册和使用商标，应当遵循诚实信用原则。

商标使用人应当对其使用商标的商品质量负责。各级工商行政管理部门应当通过商标管理，制止欺骗消费者的行为。

第 8 条　任何能够将自然人、法人或者其他组织的商品与他人的商品区别开的标志，包括文字、图形、字母、数字、三维标志、颜色组合和声音等，以及上述要素的组合，均可以作为商标申请注册。

第 9 条　申请注册的商标，应当有显著特征，便于识别，并不得与他人在先取得的合法权利相冲突。

商标注册人有权标明"注册商标"或者注册标记。

第 10 条　下列标志不得作为商标使用：

（一）同中华人民共和国的国家名称、国旗、国徽、国歌、军旗、军徽、军歌、勋章等相同或者近似的，以及同中央国家机关的名称、标志、所在地特定地点的名称或者标志性建筑物的名称、图形相同的；

（二）同外国的国家名称、国旗、国徽、军旗等相同或者近似的，但经该国政府同意的除外；

（三）同政府间国际组织的名称、旗帜、徽记等相同或者近似的，但经该组织同意或者不易误导公众的除外；

（四）与表明实施控制、予以保证的官方标志、检验印记相同或者近似的，但经授权的除外；

（五）同"红十字""红新月"的名称、标志相同或者近似的；

（六）带有民族歧视性的；

（七）带有欺骗性，容易使公众对商品的质量等特点或者产地产生误认的；

（八）有害于社会主义道德风尚或者有其他不良影响的。

县级以上行政区划的地名或者公众知晓的外国地名，不得作为商标。但是，地名具有其他含义或者作为集体商标、证明商标组成部分的除外；已经注册的使用地名的商标继续有效。

第 11 条　下列标志不得作为商标注册：

（一）仅有本商品的通用名称、图形、型号的；

（二）仅直接表示商品的质量、主要原料、功能、用途、重量、数量及其他特点的；

（三）其他缺乏显著特征的。

前款所列标志经过使用取得显著特征，并便于识别的，可以作为商标注册。

第 12 条　以三维标志申请注册商标的，仅由商品自身的性质产生的形状、为获得技术效果而需有的商品形状或者使商品具有实质性价值的形状，不得注册。

第 13 条　为相关公众所熟知的商标，持有人认为其权利受到侵害时，可以依照本法规定请求驰名商标保护。

就相同或者类似商品申请注册的商标是复制、摹仿或者翻译他人未在中国注册的驰名商标，容易导致混淆的，不予注册并禁止使用。

就不相同或者不相类似商品申请注册的商标是复制、摹仿或者翻译他人已经在中国注册的驰名商标，误导公众，致使该驰名商标注册人的利益可能受到损害的，不予注册并禁止使用。

第 14 条　驰名商标应当根据当事人的请求，作为处理涉及商标案件需要认定的事实进行认定。认定驰名商标应当考虑下列因素：

（一）相关公众对该商标的知晓程度；

（二）该商标使用的持续时间；

（三）该商标的任何宣传工作的持续时间、程度和地理范围；

（四）该商标作为驰名商标受保护的记录；

（五）该商标驰名的其他因素。

在商标注册审查、工商行政管理部门查处商标违法案件过程中，当事人依照本法第 13 条规定主张权利的，商标局根据审查、处理案件的需要，可以对商标驰名情况做出认定。

在商标争议处理过程中，当事人依照本法第 13 条规定主张权利的，商标评审委员会根据处理案件的需要，可以对商标驰名情况做出认定。

在商标民事、行政案件审理过程中，当事人依照本法第 13 条规定主张权利的，最高人民法院指定的人民法院根据审理案件的需要，可以对商标驰名情况做出认定。

生产、经营者不得将"驰名商标"字样用于商品、商品包装或者容器上，或者用于广告宣传、展览以及其他商业活动中。

第15条　未经授权，代理人或者代表人以自己的名义将被代理人或者被代表人的商标进行注册，被代理人或者被代表人提出异议的，不予注册并禁止使用。

就同一种商品或者类似商品申请注册的商标与他人在先使用的未注册商标相同或者近似，申请人与该他人具有前款规定以外的合同、业务往来关系或者其他关系而明知该他人商标存在，该他人提出异议的，不予注册。

第16条　商标中有商品的地理标志，而该商品并非来源于该标志所标示的地区，误导公众的，不予注册并禁止使用；但是，已经善意取得注册的继续有效。

前款所称地理标志，是指标示某商品来源于某地区，该商品的特定质量、信誉或者其他特征，主要由该地区的自然因素或者人文因素所决定的标志。

第17条　外国人或者外国企业在中国申请商标注册的，应当按其所属国和中华人民共和国签订的协议或者共同参加的国际条约办理，或者按对等原则办理。

第18条　申请商标注册或者办理其他商标事宜，可以自行办理，也可以委托依法设立的商标代理机构办理。

外国人或者外国企业在中国申请商标注册和办理其他商标事宜的，应当委托依法设立的商标代理机构办理。

第19条　商标代理机构应当遵循诚实信用原则，遵守法律、行政法规，按照被代理人的委托办理商标注册申请或者其他商标事宜；对在代理过程中知悉的被代理人的商业秘密，负有保密义务。

委托人申请注册的商标可能存在本法规定不得注册情形的，商标代理机构应当明确告知委托人。

商标代理机构知道或者应当知道委托人申请注册的商标属于本法第15条和第32条规定情形的，不得接受其委托。

商标代理机构除对其代理服务申请商标注册外，不得申请注册其他商标。

第20条　商标代理行业组织应当按照章程规定，严格执行吸纳会员的条件，对违反行业自律规范的会员实行惩戒。商标代理行业组织对其吸纳的会员和对会员的惩戒情况，应当及时向社会公布。

第21条　商标国际注册遵循中华人民共和国缔结或者参加的有关国际条约确立的制度，具体办法由国务院规定。

第二章　商标注册的申请

第22条　商标注册申请人应当按规定的商品分类表填报使用商标的商品类别和商品名称，提出注册申请。

商标注册申请人可以通过一份申请就多个类别的商品申请注册同一商标。

商标注册申请等有关文件，可以以书面方式或者数据电文方式提出。

第23条　注册商标需要在核定使用范围之外的商品上取得商标专用权的，应当另行提出注册申请。

第 24 条　注册商标需要改变其标志的，应当重新提出注册申请。

第 25 条　商标注册申请人自其商标在外国第一次提出商标注册申请之日起 6 个月内，又在中国就相同商品以同一商标提出商标注册申请的，依照该外国同中国签订的协议或者共同参加的国际条约，或者按照相互承认优先权的原则，可以享有优先权。

依照前款要求优先权的，应当在提出商标注册申请的时候提出书面声明，并且在 3 个月内提交第一次提出的商标注册申请文件的副本；未提出书面声明或者逾期未提交商标注册申请文件副本的，视为未要求优先权。

第 26 条　商标在中国政府主办的或者承认的国际展览会展出的商品上首次使用的，自该商品展出之日起 6 个月内，该商标的注册申请人可以享有优先权。

依照前款要求优先权的，应当在提出商标注册申请的时候提出书面声明，并且在 3 个月内提交展出其商品的展览会名称、在展出商品上使用该商标的证据、展出日期等证明文件；未提出书面声明或者逾期未提交证明文件的，视为未要求优先权。

第 27 条　为申请商标注册所申报的事项和所提供的材料应当真实、准确、完整。

第三章　商标注册的审查和核准

第 28 条　对申请注册的商标，商标局应当自收到商标注册申请文件之日起 9 个月内审查完毕，符合本法有关规定的，予以初步审定公告。

第 29 条　在审查过程中，商标局认为商标注册申请内容需要说明或者修正的，可以要求申请人做出说明或者修正。申请人未做出说明或者修正的，不影响商标局做出审查决定。

第 30 条　申请注册的商标，凡不符合本法有关规定或者同他人在同一种商品或者类似商品上已经注册的或者初步审定的商标相同或者近似的，由商标局驳回申请，不予公告。

第 31 条　两个或者两个以上的商标注册申请人，在同一种商品或者类似商品上，以相同或者近似的商标申请注册的，初步审定并公告申请在先的商标；同一天申请的，初步审定并公告使用在先的商标，驳回其他人的申请，不予公告。

第 32 条　申请商标注册不得损害他人现有的在先权利，也不得以不正当手段抢先注册他人已经使用并有一定影响的商标。

第 33 条　对初步审定公告的商标，自公告之日起 3 个月内，在先权利人、利害关系人认为违反本法第 13 条第 2 款和第 3 款、第 15 条、第 16 条第 1 款、第 30 条、第 31 条、第 32 条规定的，或者任何人认为违反本法第 10 条、第 11 条、第

12 条规定的，可以向商标局提出异议。公告期满无异议的，予以核准注册，发给商标注册证，并予公告。

第 34 条　对驳回申请、不予公告的商标，商标局应当书面通知商标注册申请人。商标注册申请人不服的，可以自收到通知之日起 15 日内向商标评审委员会申请复审。商标评审委员会应当自收到申请之日起 9 个月内做出决定，并书面通知申请人。有特殊情况需要延长的，经国务院工商行政管理部门批准，可以延长 3 个月。当事人对商标评审委员会的决定不服的，可以自收到通知之日起 30 日内向人民法院起诉。

第 35 条　对初步审定公告的商标提出异议的，商标局应当听取异议人和被异议人陈述事实和理由，经调查核实后，自公告期满之日起 12 个月内做出是否准予注册的决定，并书面通知异议人和被异议人。有特殊情况需要延长的，经国务院工商行政管理部门批准，可以延长 6 个月。

商标局做出准予注册决定的，发给商标注册证，并予公告。异议人不服的，可以依照本法第 44 条、第 45 条的规定向商标评审委员会请求宣告该注册商标无效。

商标局做出不予注册决定，被异议人不服的，可以自收到通知之日起 15 日内向商标评审委员会申请复审。商标评审委员会应当自收到申请之日起 12 个月内做出复审决定，并书面通知异议人和被异议人。有特殊情况需要延长的，经国务院工商行政管理部门批准，可以延长 6 个月。被异议人对商标评审委员会的决定不服的，可以自收到通知之日起 30 日内向人民法院起诉。人民法院应当通知异议人作为第三人参加诉讼。

商标评审委员会在依照前款规定进行复审的过程中，所涉及的在先权利的确定必须以人民法院正在审理或者行政机关正在处理的另一案件的结果为依据的，可以中止审查。中止原因消除后，应当恢复审查程序。

第 36 条　法定期限届满，当事人对商标局做出的驳回申请决定、不予注册决定不申请复审或者对商标评审委员会做出的复审决定不向人民法院起诉的，驳回申请决定、不予注册决定或者复审决定生效。

经审查异议不成立而准予注册的商标，商标注册申请人取得商标专用权的时间自初步审定公告 3 个月期满之日起计算。自该商标公告期满之日起至准予注册决定做出前，对他人在同一种或者类似商品上使用与该商标相同或者近似的标志的行为不具有追溯力；但是，因该使用人的恶意给商标注册人造成的损失，应当给予赔偿。

第 37 条　对商标注册申请和商标复审申请应当及时进行审查。

第 38 条　商标注册申请人或者注册人发现商标申请文件或者注册文件有明显错误的，可以申请更正。商标局依法在其职权范围内做出更正，并通知当事人。

前款所称更正错误不涉及商标申请文件或者注册文件的实质性内容。

第四章　注册商标的续展、变更、转让和使用许可

第 39 条　注册商标的有效期为 10 年，自核准注册之日起计算。

第 40 条　注册商标有效期满，需要继续使用的，商标注册人应当在期满前 12 个月内按照规定办理续展手续；在此期间未能办理的，可以给予 6 个月的宽展期。每次续展注册的有效期为 10 年，自该商标上一届有效期满次日起计算。期满未办理续展手续的，注销其注册商标。

商标局应当对续展注册的商标予以公告。

第 41 条　注册商标需要变更注册人的名义、地址或者其他注册事项的，应当提出变更申请。

第 42 条　转让注册商标的，转让人和受让人应当签订转让协议，并共同向商标局提出申请。受让人应当保证使用该注册商标的商品质量。

转让注册商标的，商标注册人对其在同一种商品上注册的近似的商标，或者在类似商品上注册的相同或者近似的商标，应当一并转让。

对容易导致混淆或者有其他不良影响的转让，商标局不予核准，书面通知申请人并说明理由。

转让注册商标经核准后，予以公告。受让人自公告之日起享有商标专用权。

第 43 条　商标注册人可以通过签订商标使用许可合同，许可他人使用其注册商标。许可人应当监督被许可人使用其注册商标的商品质量。被许可人应当保证使用该注册商标的商品质量。

经许可使用他人注册商标的，必须在使用该注册商标的商品上标明被许可人的名称和商品产地。

许可他人使用其注册商标的，许可人应当将其商标使用许可报商标局备案，由商标局公告。商标使用许可未经备案不得对抗善意第三人。

第五章　注册商标的无效宣告

第 44 条　已经注册的商标，违反本法第 10 条、第 11 条、第 12 条规定的，或者是以欺骗手段或者其他不正当手段取得注册的，由商标局宣告该注册商标无效；其他单位或者个人可以请求商标评审委员会宣告该注册商标无效。

商标局做出宣告注册商标无效的决定，应当书面通知当事人。当事人对商标局的决定不服的，可以自收到通知之日起 15 日内向商标评审委员会申请复审。商标评审委员会应当自收到申请之日起 9 个月内做出决定，并书面通知当事人。有特殊情况需要延长的，经国务院工商行政管理部门批准，可以延长 3 个月。当事人对商标评审委员会的决定不服的，可以自收到通知之日起 30 日内向人民法院

起诉。

其他单位或者个人请求商标评审委员会宣告注册商标无效的，商标评审委员会收到申请后，应当书面通知有关当事人，并限期提出答辩。商标评审委员会应当自收到申请之日起 9 个月内做出维持注册商标或者宣告注册商标无效的裁定，并书面通知当事人。有特殊情况需要延长的，经国务院工商行政管理部门批准，可以延长 3 个月。当事人对商标评审委员会的裁定不服的，可以自收到通知之日起 30 日内向人民法院起诉。人民法院应当通知商标裁定程序的对方当事人作为第三人参加诉讼。

第 45 条 已经注册的商标，违反本法第 13 条第 2 款和第 3 款、第 15 条、第 16 条第 1 款、第 30 条、第 31 条、第 32 条规定的，自商标注册之日起 5 年内，在先权利人或者利害关系人可以请求商标评审委员会宣告该注册商标无效。对恶意注册的，驰名商标所有人不受 5 年的时间限制。

商标评审委员会收到宣告注册商标无效的申请后，应当书面通知有关当事人，并限期提出答辩。商标评审委员会应当自收到申请之日起 12 个月内做出维持注册商标或者宣告注册商标无效的裁定，并书面通知当事人。有特殊情况需要延长的，经国务院工商行政管理部门批准，可以延长 6 个月。当事人对商标评审委员会的裁定不服的，可以自收到通知之日起 30 日内向人民法院起诉。人民法院应当通知商标裁定程序的对方当事人作为第三人参加诉讼。

商标评审委员会在依照前款规定对无效宣告请求进行审查的过程中，所涉及的在先权利的确定必须以人民法院正在审理或者行政机关正在处理的另一案件的结果为依据的，可以中止审查。中止原因消除后，应当恢复审查程序。

第 46 条 法定期限届满，当事人对商标局宣告注册商标无效的决定不申请复审或者对商标评审委员会的复审决定、维持注册商标或者宣告注册商标无效的裁定不向人民法院起诉的，商标局的决定或者商标评审委员会的复审决定、裁定生效。

第 47 条 依照本法第 44 条、第 45 条的规定宣告无效的注册商标，由商标局予以公告，该注册商标专用权视为自始即不存在。

宣告注册商标无效的决定或者裁定，对宣告无效前人民法院做出并已执行的商标侵权案件的判决、裁定、调解书和工商行政管理部门做出并已执行的商标侵权案件的处理决定以及已经履行的商标转让或者使用许可合同不具有追溯力。但是，因商标注册人的恶意给他人造成的损失，应当给予赔偿。

依照前款规定不返还商标侵权赔偿金、商标转让费、商标使用费，明显违反公平原则的，应当全部或者部分返还。

第六章　商标使用的管理

第 48 条 本法所称商标的使用，是指将商标用于商品、商品包装或者容器以及商品交易文书上，或者将商标用于广告宣传、展览以及其他商业活动中，用于识别商品来源的行为。

第 49 条　商标注册人在使用注册商标的过程中，自行改变注册商标、注册人名义、地址或者其他注册事项的，由地方工商行政管理部门责令限期改正；期满不改正的，由商标局撤销其注册商标。

注册商标成为其核定使用的商品的通用名称或者没有正当理由连续 3 年不使用的，任何单位或者个人可以向商标局申请撤销该注册商标。商标局应当自收到申请之日起 9 个月内做出决定。有特殊情况需要延长的，经国务院工商行政管理部门批准，可以延长 3 个月。

第 50 条　注册商标被撤销、被宣告无效或者期满不再续展的，自撤销、宣告无效或者注销之日起 1 年内，商标局对与该商标相同或者近似的商标注册申请，不予核准。

第 51 条　违反本法第 6 条规定的，由地方工商行政管理部门责令限期申请注册，违法经营额 5 万元以上的，可以处违法经营额 20% 以下的罚款，没有违法经营额或者违法经营额不足 5 万元的，可以处 1 万元以下的罚款。

第 52 条　将未注册商标冒充注册商标使用的，或者使用未注册商标违反本法第 10 条规定的，由地方工商行政管理部门予以制止，限期改正，并可以予以通报，违法经营额 5 万元以上的，可以处违法经营额 20% 以下的罚款，没有违法经营额或者违法经营额不足 5 万元的，可以处 1 万元以下的罚款。

第 53 条　违反本法第 14 条第 5 款规定的，由地方工商行政管理部门责令改正，处 10 万元罚款。

第 54 条　对商标局撤销或者不予撤销注册商标的决定，当事人不服的，可以自收到通知之日起 15 日内向商标评审委员会申请复审。商标评审委员会应当自收到申请之日起 9 个月内做出决定，并书面通知当事人。有特殊情况需要延长的，经国务院工商行政管理部门批准，可以延长 3 个月。当事人对商标评审委员会的决定不服的，可以自收到通知之日起 30 日内向人民法院起诉。

第 55 条　法定期限届满，当事人对商标局做出的撤销注册商标的决定不申请复审或者对商标评审委员会做出的复审决定不向人民法院起诉的，撤销注册商标的决定、复审决定生效。

被撤销的注册商标，由商标局予以公告，该注册商标专用权自公告之日起终止。

第七章　注册商标专用权的保护

第 56 条　注册商标的专用权，以核准注册的商标和核定使用的商品为限。

第 57 条　有下列行为之一的，均属侵犯注册商标专用权：

（一）未经商标注册人的许可，在同一种商品上使用与其注册商标相同的商标的；

（二）未经商标注册人的许可，在同一种商品上使用与其注册商标近似的商标，或者在类似商品上使用与其注册商标相同或者近似的商标，容易导致混淆的；

（三）销售侵犯注册商标专用权的商品的；

（四）伪造、擅自制造他人注册商标标识或者销售伪造、擅自制造的注册商标标识的；

（五）未经商标注册人同意，更换其注册商标并将该更换商标的商品又投入市场的；

（六）故意为侵犯他人商标专用权行为提供便利条件，帮助他人实施侵犯商标专用权行为的；

（七）给他人的注册商标专用权造成其他损害的。

第58条 将他人注册商标、未注册的驰名商标作为企业名称中的字号使用，误导公众，构成不正当竞争行为的，依照《中华人民共和国反不正当竞争法》处理。

第59条 注册商标中含有的本商品的通用名称、图形、型号，或者直接表示商品的质量、主要原料、功能、用途、重量、数量及其他特点，或者含有的地名，注册商标专用权人无权禁止他人正当使用。

三维标志注册商标中含有的商品自身的性质产生的形状、为获得技术效果而需有的商品形状或者使商品具有实质性价值的形状，注册商标专用权人无权禁止他人正当使用。

商标注册人申请商标注册前，他人已经在同一种商品或者类似商品上先于商标注册人使用与注册商标相同或者近似并有一定影响的商标的，注册商标专用权人无权禁止该使用人在原使用范围内继续使用该商标，但可以要求其附加适当区别标识。

第60条 有本法第57条所列侵犯注册商标专用权行为之一，引起纠纷的，由当事人协商解决；不愿协商或者协商不成的，商标注册人或者利害关系人可以向人民法院起诉，也可以请求工商行政管理部门处理。

工商行政管理部门处理时，认定侵权行为成立的，责令立即停止侵权行为，没收、销毁侵权商品和主要用于制造侵权商品、伪造注册商标标识的工具，违法经营额5万元以上的，可以处违法经营额5倍以下的罚款，没有违法经营额或者违法经营额不足5万元的，可以处25万元以下的罚款。对5年内实施两次以上商标侵权行为或者有其他严重情节的，应当从重处罚。销售不知道是侵犯注册商标专用权的商品，能证明该商品是自己合法取得并说明提供者的，由工商行政管理部门责令停止销售。

对侵犯商标专用权的赔偿数额的争议，当事人可以请求进行处理的工商行政管理部门调解，也可以依照《中华人民共和国民事诉讼法》向人民法院起诉。经工商行政管理部门调解，当事人未达成协议或者调解书生效后不履行的，当事人可以依照《中华人民共和国民事诉讼法》向人民法院起诉。

第 61 条　对侵犯注册商标专用权的行为，工商行政管理部门有权依法查处；涉嫌犯罪的，应当及时移送司法机关依法处理。

第 62 条　县级以上工商行政管理部门根据已经取得的违法嫌疑证据或者举报，对涉嫌侵犯他人注册商标专用权的行为进行查处时，可以行使下列职权：

（一）询问有关当事人，调查与侵犯他人注册商标专用权有关的情况；

（二）查阅、复制当事人与侵权活动有关的合同、发票、账簿以及其他有关资料；

（三）对当事人涉嫌从事侵犯他人注册商标专用权活动的场所实施现场检查；

（四）检查与侵权活动有关的物品；对有证据证明是侵犯他人注册商标专用权的物品，可以查封或者扣押。

工商行政管理部门依法行使前款规定的职权时，当事人应当予以协助、配合，不得拒绝、阻挠。

在查处商标侵权案件过程中，对商标权属存在争议或者权利人同时向人民法院提起商标侵权诉讼的，工商行政管理部门可以中止案件的查处。中止原因消除后，应当恢复或者终结案件查处程序。

第 63 条　侵犯商标专用权的赔偿数额，按照权利人因被侵权所受到的实际损失确定；实际损失难以确定的，可以按照侵权人因侵权所获得的利益确定；权利人的损失或者侵权人获得的利益难以确定的，参照该商标许可使用费的倍数合理确定。对恶意侵犯商标专用权，情节严重的，可以在按照上述方法确定数额的 1 倍以上 3 倍以下确定赔偿数额。赔偿数额应当包括权利人为制止侵权行为所支付的合理开支。

人民法院为确定赔偿数额，在权利人已经尽力举证，而与侵权行为相关的账簿、资料主要由侵权人掌握的情况下，可以责令侵权人提供与侵权行为相关的账簿、资料；侵权人不提供或者提供虚假的账簿、资料的，人民法院可以参考权利人的主张和提供的证据判定赔偿数额。

权利人因被侵权所受到的实际损失、侵权人因侵权所获得的利益、注册商标许可使用费难以确定的，由人民法院根据侵权行为的情节判决给予 300 万元以下的赔偿。

第 64 条　注册商标专用权人请求赔偿，被控侵权人以注册商标专用权人未使用注册商标提出抗辩的，人民法院可以要求注册商标专用权人提供此前 3 年内实际使用该注册商标的证据。注册商标专用权人不能证明此前 3 年内实际使用过该注册商标，也不能证明因侵权行为受到其他损失的，被控侵权人不承担赔偿责任。

销售不知道是侵犯注册商标专用权的商品，能证明该商品是自己合法取得并说明提供者的，不承担赔偿责任。

第 65 条 商标注册人或者利害关系人有证据证明他人正在实施或者即将实施侵犯其注册商标专用权的行为，如不及时制止将会使其合法权益受到难以弥补的损害的，可以依法在起诉前向人民法院申请采取责令停止有关行为和财产保全的措施。

第 66 条 为制止侵权行为，在证据可能灭失或者以后难以取得的情况下，商标注册人或者利害关系人可以依法在起诉前向人民法院申请保全证据。

第 67 条 未经商标注册人许可，在同一种商品上使用与其注册商标相同的商标，构成犯罪的，除赔偿被侵权人的损失外，依法追究刑事责任。

伪造、擅自制造他人注册商标标识或者销售伪造、擅自制造的注册商标标识，构成犯罪的，除赔偿被侵权人的损失外，依法追究刑事责任。

销售明知是假冒注册商标的商品，构成犯罪的，除赔偿被侵权人的损失外，依法追究刑事责任。

第 68 条 商标代理机构有下列行为之一的，由工商行政管理部门责令限期改正，给予警告，处 1 万元以上 10 万元以下的罚款；对直接负责的主管人员和其他直接责任人员给予警告，处 5 000 元以上 5 万元以下的罚款；构成犯罪的，依法追究刑事责任：

（一）办理商标事宜过程中，伪造、变造或者使用伪造、变造的法律文件、印章、签名的；

（二）以诋毁其他商标代理机构等手段招徕商标代理业务或者以其他不正当手段扰乱商标代理市场秩序的；

（三）违反本法第 19 条第 3 款、第 4 款规定的。

商标代理机构有前款规定行为的，由工商行政管理部门记入信用档案；情节严重的，商标局、商标评审委员会并可以决定停止受理其办理商标代理业务，予以公告。

商标代理机构违反诚实信用原则，侵害委托人合法利益的，应当依法承担民事责任，并由商标代理行业组织按照章程规定予以惩戒。

第 69 条 从事商标注册、管理和复审工作的国家机关工作人员必须秉公执法，廉洁自律，忠于职守，文明服务。

商标局、商标评审委员会以及从事商标注册、管理和复审工作的国家机关工作人员不得从事商标代理业务和商品生产经营活动。

第 70 条 工商行政管理部门应当建立健全内部监督制度，对负责商标注册、管理和复审工作的国家机关工作人员执行法律、行政法规和遵守纪律的情况，进行监督检查。

第 71 条 从事商标注册、管理和复审工作的国家机关工作人员玩忽职守、滥用职权、徇私舞弊，违法办理商标注册、管理和复审事项，收受当事人财物，牟取不正当利益，构成犯罪的，依法追究刑事责任；尚不构成犯罪的，依法给予处分。

第八章 附　　则

第 72 条　申请商标注册和办理其他商标事宜的，应当缴纳费用，具体收费标准另定。

第 73 条　本法自 1983 年 3 月 1 日起施行。1963 年 4 月 10 日国务院公布的《商标管理条例》同时废止；其他有关商标管理的规定，凡与本法抵触的，同时失效。

本法施行前已经注册的商标继续有效。

附 4　中华人民共和国著作权法

（1990 年 9 月 7 日第七届全国人民代表大会常务委员会第十五次会议通过　根据 2001 年 10 月 27 日第九届全国人民代表大会常务委员会第二十四次会议《关于修改〈中华人民共和国著作权法〉的决定》第一次修正　根据 2010 年 2 月 26 日第十一届全国人民代表大会常务委员会第十三次会议《关于修改〈中华人民共和国著作权法〉的决定》第二次修正）

目　录

第一章　总　则
第二章　著作权
　　第一节　著作权人及其权利
　　第二节　著作权归属
　　第三节　权利的保护期
　　第四节　权利的限制
第三章　著作权许可使用和转让合同
第四章　出版、表演、录音录像、播放
　　第一节　图书、报刊的出版
　　第二节　表　演
　　第三节　录音录像
　　第四节　广播电台、电视台播放
第五章　法律责任和执法措施
第六章　附　则

第一章　总　则

第 1 条　为保护文学、艺术和科学作品作者的著作权，以及与著作权有关的权益，鼓励有益于社会主义精神文明、物质文明建设的作品的创作和传播，促进社会主义文化和科学事业的发展与繁荣，根据宪法制订本法。

第 2 条 中国公民、法人或者其他组织的作品，不论是否发表，依照本法享有著作权。

外国人、无国籍人的作品根据其作者所属国或者经常居住地国同中国签订的协议或者共同参加的国际条约享有的著作权，受本法保护。

外国人、无国籍人的作品首先在中国境内出版的，依照本法享有著作权。

未与中国签订协议或者共同参加国际条约的国家的作者以及无国籍人的作品首次在中国参加的国际条约的成员国出版的，或者在成员国和非成员国同时出版的，受本法保护。

第 3 条 本法所称的作品，包括以下列形式创作的文学、艺术和自然科学、社会科学、工程技术等作品：

（一）文字作品；

（二）口述作品；

（三）音乐、戏剧、曲艺、舞蹈、杂技艺术作品；

（四）美术、建筑作品；

（五）摄影作品；

（六）电影作品和以类似摄制电影的方法创作的作品；

（七）工程设计图、产品设计图、地图、示意图等图形作品和模型作品；

（八）计算机软件；

（九）法律、行政法规规定的其他作品。

第 4 条 著作权人行使著作权，不得违反宪法和法律，不得损害公共利益。国家对作品的出版、传播依法进行监督管理。

第 5 条 本法不适用于：

（一）法律、法规，国家机关的决议、决定、命令和其他具有立法、行政、司法性质的文件，及其官方正式译文；

（二）时事新闻；

（三）历法、通用数表、通用表格和公式。

第 6 条 民间文学艺术作品的著作权保护办法由国务院另行规定。

第 7 条 国务院著作权行政管理部门主管全国的著作权管理工作；各省、自治区、直辖市人民政府的著作权行政管理部门主管本行政区域的著作权管理工作。

第 8 条 著作权人和与著作权有关的权利人可以授权著作权集体管理组织行使著作权或者与著作权有关的权利。著作权集体管理组织被授权后，可以以自己的名义为著作权人和与著作权有关的权利人主张权利，并可以作为当事人进行涉及著作权或者与著作权有关的权利的诉讼、仲裁活动。

著作权集体管理组织是非营利性组织，其设立方式、权利义务、著作权许可使用费的收取和分配，以及对其监督和管理等由国务院另行规定。

第二章 著作权

第一节 著作权人及其权利

第9条 著作权人包括：

（一）作者；

（二）其他依照本法享有著作权的公民、法人或者其他组织。

第10条 著作权包括下列人身权和财产权：

（一）发表权，即决定作品是否公之于众的权利；

（二）署名权，即表明作者身份，在作品上署名的权利；

（三）修改权，即修改或者授权他人修改作品的权利；

（四）保护作品完整权，即保护作品不受歪曲、篡改的权利；

（五）复制权，即以印刷、复印、拓印、录音、录像、翻录、翻拍等方式将作品制作一份或者多份的权利；

（六）发行权，即以出售或者赠与方式向公众提供作品的原件或者复制件的权利；

（七）出租权，即有偿许可他人临时使用电影作品和以类似摄制电影的方法创作的作品、计算机软件的权利，计算机软件不是出租的主要标的的除外；

（八）展览权，即公开陈列美术作品、摄影作品的原件或者复制件的权利；

（九）表演权，即公开表演作品，以及用各种手段公开播送作品的表演的权利；

（十）放映权，即通过放映机、幻灯机等技术设备公开再现美术、摄影、电影和以类似摄制电影的方法创作的作品等的权利；

（十一）广播权，即以无线方式公开广播或者传播作品，以有线传播或者转播的方式向公众传播广播的作品，以及通过扩音器或者其他传送符号、声音、图像的类似工具向公众传播广播的作品的权利；

（十二）信息网络传播权，即以有线或者无线方式向公众提供作品，使公众可以在其个人选定的时间和地点获得作品的权利；

（十三）摄制权，即以摄制电影或者以类似摄制电影的方法将作品固定在载体上的权利；

（十四）改编权，即改变作品，创作出具有独创性的新作品的权利；

（十五）翻译权，即将作品从一种语言文字转换成另一种语言文字的权利；

（十六）汇编权，即将作品或者作品的片段通过选择或者编排，汇集成新作品的权利；

（十七）应当由著作权人享有的其他权利。

著作权人可以许可他人行使前款第（5）项至第（17）项规定的权利，并依照约定或者本法有关规定获得报酬。

著作权人可以全部或者部分转让本条第 1 款第（5）项至第（17）项规定的权利，并依照约定或者本法有关规定获得报酬。

第二节 著作权归属

第 11 条 著作权属于作者，本法另有规定的除外。

创作作品的公民是作者。

由法人或者其他组织主持，代表法人或者其他组织意志创作，并由法人或者其他组织承担责任的作品，法人或者其他组织视为作者。

如无相反证明，在作品上署名的公民、法人或者其他组织为作者。

第 12 条 改编、翻译、注释、整理已有作品而产生的作品，其著作权由改编、翻译、注释、整理人享有，但行使著作权时不得侵犯原作品的著作权。

第 13 条 两人以上合作创作的作品，著作权由合作作者共同享有。没有参加创作的人，不能成为合作作者。

合作作品可以分割使用的，作者对各自创作的部分可以单独享有著作权，但行使著作权时不得侵犯合作作品整体的著作权。

第 14 条 汇编若干作品、作品的片段或者不构成作品的数据或者其他材料，对其内容的选择或者编排体现独创性的作品，为汇编作品，其著作权由汇编人享有，但行使著作权时，不得侵犯原作品的著作权。

第 15 条 电影作品和以类似摄制电影的方法创作的作品的著作权由制片者享有，但编剧、导演、摄影、作词、作曲等作者享有署名权，并有权按照与制片者签订的合同获得报酬。

电影作品和以类似摄制电影的方法创作的作品中的剧本、音乐等可以单独使用的作品的作者有权单独行使其著作权。

第 16 条 公民为完成法人或者其他组织工作任务所创作的作品是职务作品，除本条第 2 款的规定以外，著作权由作者享有，但法人或者其他组织有权在其业务范围内优先使用。作品完成两年内，未经单位同意，作者不得许可第三人以与单位使用的相同方式使用该作品。

有下列情形之一的职务作品，作者享有署名权，著作权的其他权利由法人或者其他组织享有，法人或者其他组织可以给予作者奖励：

（一）主要是利用法人或者其他组织的物质技术条件创作，并由法人或者其他组织承担责任的工程设计图、产品设计图、地图、计算机软件等职务作品；

（二）法律、行政法规规定或者合同约定著作权由法人或者其他组织享有的职务作品。

第 17 条 受委托创作的作品，著作权的归属由委托人和受托人通过合同约定。合同未作明确约定或者没有订立合同的，著作权属于受托人。

第 18 条　美术等作品原件所有权的转移，不视为作品著作权的转移，但美术作品原件的展览权由原件所有人享有。

第 19 条　著作权属于公民的，公民死亡后，其本法第 10 条第 1 款第（5）项至第（17）项规定的权利在本法规定的保护期内，依照继承法的规定转移。

著作权属于法人或者其他组织的，法人或者其他组织变更、终止后，其本法第 10 条第 1 款第（5）项至第（17）项规定的权利在本法规定的保护期内，由承受其权利义务的法人或者其他组织享有；没有承受其权利义务的法人或者其他组织的，由国家享有。

第三节　权利的保护期

第 20 条　作者的署名权、修改权、保护作品完整权的保护期不受限制。

第 21 条　公民的作品，其发表权、本法第 10 条第 1 款第（5）项至第（17）项规定的权利的保护期为作者终生及其死亡后 50 年，截止于作者死亡后第 50 年的 12 月 31 日；如果是合作作品，截止于最后死亡的作者死亡后第 50 年的 12 月 31 日。

法人或者其他组织的作品、著作权（署名权除外）由法人或者其他组织享有的职务作品，其发表权、本法第 10 条第 1 款第（5）项至第（17）项规定的权利的保护期为 50 年，截止于作品首次发表后第 50 年的 12 月 31 日，但作品自创作完成后 50 年内未发表的，本法不再保护。

电影作品和以类似摄制电影的方法创作的作品、摄影作品，其发表权、本法第 10 条第 1 款第（5）项至第（17）项规定的权利的保护期为 50 年，截止于作品首次发表后第 50 年的 12 月 31 日，但作品自创作完成后 50 年内未发表的，本法不再保护。

第四节　权利的限制

第 22 条　在下列情况下使用作品，可以不经著作权人许可，不向其支付报酬，但应当指明作者姓名、作品名称，并且不得侵犯著作权人依照本法享有的其他权利：

（一）为个人学习、研究或者欣赏，使用他人已经发表的作品；

（二）为介绍、评论某一作品或者说明某一问题，在作品中适当引用他人已经发表的作品；

（三）为报道时事新闻，在报纸、期刊、广播电台、电视台等媒体中不可避免地再现或者引用已经发表的作品；

（四）报纸、期刊、广播电台、电视台等媒体刊登或者播放其他报纸、期刊、广播电台、电视台等媒体已经发表的关于政治、经济、宗教问题的时事性文章，但作者声明不许刊登、播放的除外；

（五）报纸、期刊、广播电台、电视台等媒体刊登或者播放在公众集会上发表的讲话，但作者声明不许刊登、播放的除外；

（六）为学校课堂教学或者科学研究，翻译或者少量复制已经发表的作品，供教学或者科研人员使用，但不得出版发行；

（七）国家机关为执行公务在合理范围内使用已经发表的作品；

（八）图书馆、档案馆、纪念馆、博物馆、美术馆等为陈列或者保存版本的需要，复制本馆收藏的作品；

（九）免费表演已经发表的作品，该表演未向公众收取费用，也未向表演者支付报酬；

（十）对设置或者陈列在室外公共场所的艺术作品进行临摹、绘画、摄影、录像；

（十一）将中国公民、法人或者其他组织已经发表的以汉语言文字创作的作品翻译成少数民族语言文字作品在国内出版发行；

（十二）将已经发表的作品改成盲文出版。

前款规定适用于对出版者、表演者、录音录像制作者、广播电台、电视台的权利的限制。

第23条　为实施九年制义务教育和国家教育规划而编写出版教科书，除作者事先声明不许使用的外，可以不经著作权人许可，在教科书中汇编已经发表的作品片段或者短小的文字作品、音乐作品或者单幅的美术作品、摄影作品，但应当按照规定支付报酬，指明作者姓名、作品名称，并且不得侵犯著作权人依照本法享有的其他权利。

前款规定适用于对出版者、表演者、录音录像制作者、广播电台、电视台的权利的限制。

第三章　著作权许可使用和转让合同

第24条　使用他人作品应当同著作权人订立许可使用合同，本法规定可以不经许可的除外。

许可使用合同包括下列主要内容：

（一）许可使用的权利种类；

（二）许可使用的权利是专有使用权或者非专有使用权；

（三）许可使用的地域范围、期间；

（四）付酬标准和办法；

（五）违约责任；

（六）双方认为需要约定的其他内容。

第 25 条　转让本法第 10 条第 1 款第（5）项至第（17）项规定的权利，应当订立书面合同。

权利转让合同包括下列主要内容：

（一）作品的名称；

（二）转让的权利种类、地域范围；

（三）转让价金；

（四）交付转让价金的日期和方式；

（五）违约责任；

（六）双方认为需要约定的其他内容。

第 26 条　以著作权出质的，由出质人和质权人向国务院著作权行政管理部门办理出质登记。

第 27 条　许可使用合同和转让合同中著作权人未明确许可、转让的权利，未经著作权人同意，另一方当事人不得行使。

第 28 条　使用作品的付酬标准可以由当事人约定，也可以按照国务院著作权行政管理部门会同有关部门制订的付酬标准支付报酬。当事人约定不明确的，按照国务院著作权行政管理部门会同有关部门制订的付酬标准支付报酬。

第 29 条　出版者、表演者、录音录像制作者、广播电台、电视台等依照本法有关规定使用他人作品的，不得侵犯作者的署名权、修改权、保护作品完整权和获得报酬的权利。

第四章　出版、表演、录音录像、播放

第一节　图书、报刊的出版

第 30 条　图书出版者出版图书应当和著作权人订立出版合同，并支付报酬。

第 31 条　图书出版者对著作权人交付出版的作品，按照合同约定享有的专有出版权受法律保护，他人不得出版该作品。

第 32 条　著作权人应当按照合同约定期限交付作品。图书出版者应当按照合同约定的出版质量、期限出版图书。

图书出版者不按照合同约定期限出版，应当依照本法第 54 条的规定承担民事责任。

图书出版者重印、再版作品的，应当通知著作权人，并支付报酬。图书脱销后，图书出版者拒绝重印、再版的，著作权人有权终止合同。

第 33 条　著作权人向报社、期刊社投稿的，自稿件发出之日起 15 日内未收到报社通知决定刊登的，或者自稿件发出之日起 30 日内未收到期刊社通知决定刊登的，可以将同一作品向其他报社、期刊社投稿。双方另有约定的除外。

作品刊登后，除著作权人声明不得转载、摘编的外，其他报刊可以转载或者作为文摘、资料刊登，但应当按照规定向著作权人支付报酬。

第 34 条　图书出版者经作者许可，可以对作品修改、删节。

报社、期刊社可以对作品作文字性修改、删节。对内容的修改，应当经作者许可。

第 35 条　出版改编、翻译、注释、整理、汇编已有作品而产生的作品，应当取得改编、翻译、注释、整理、汇编作品的著作权人和原作品的著作权人许可，并支付报酬。

第 36 条　出版者有权许可或者禁止他人使用其出版的图书、期刊的版式设计。

前款规定的权利的保护期为 10 年，截止于使用该版式设计的图书、期刊首次出版后第 10 年的 12 月 31 日。

第二节　表　　演

第 37 条　使用他人作品演出，表演者（演员、演出单位）应当取得著作权人许可，并支付报酬。演出组织者组织演出，由该组织者取得著作权人许可，并支付报酬。

使用改编、翻译、注释、整理已有作品而产生的作品进行演出，应当取得改编、翻译、注释、整理作品的著作权人和原作品的著作权人许可，并支付报酬。

第 38 条　表演者对其表演享有下列权利：

（一）表明表演者身份；

（二）保护表演形象不受歪曲；

（三）许可他人从现场直播和公开传送其现场表演，并获得报酬；

（四）许可他人录音录像，并获得报酬；

（五）许可他人复制、发行录有其表演的录音录像制品，并获得报酬；

（六）许可他人通过信息网络向公众传播其表演，并获得报酬。

被许可人以前款第（3）项至第（6）项规定的方式使用作品，还应当取得著作权人许可，并支付报酬。

第 39 条　本法第 38 条第 1 款第（1）项、第（2）项规定的权利的保护期不受限制。

本法第 38 条第 1 款第（3）项至第（6）项规定的权利的保护期为 50 年，截止于该表演发生后第 50 年的 12 月 31 日。

第三节　录音录像

第 40 条　录音录像制作者使用他人作品制作录音录像制品，应当取得著作权人许可，并支付报酬。

录音录像制作者使用改编、翻译、注释、整理已有作品而产生的作品，应当取得改编、翻译、注释、整理作品的著作权人和原作品著作权人许可，并支付报酬。

录音制作者使用他人已经合法录制为录音制品的音乐作品制作录音制品，可以不经著作权人许可，但应当按照规定支付报酬；著作权人声明不许使用的不得使用。

第 41 条 录音录像制作者制作录音录像制品，应当同表演者订立合同，并支付报酬。

第 42 条 录音录像制作者对其制作的录音录像制品，享有许可他人复制、发行、出租、通过信息网络向公众传播并获得报酬的权利；权利的保护期为 50 年，截止于该制品首次制作完成后第 50 年的 12 月 31 日。

被许可人复制、发行、通过信息网络向公众传播录音录像制品，还应当取得著作权人、表演者许可，并支付报酬。

第四节　广播电台、电视台播放

第 43 条 广播电台、电视台播放他人未发表的作品，应当取得著作权人许可，并支付报酬。

广播电台、电视台播放他人已发表的作品，可以不经著作权人许可，但应当支付报酬。

第 44 条 广播电台、电视台播放已经出版的录音制品，可以不经著作权人许可，但应当支付报酬。当事人另有约定的除外。具体办法由国务院规定。

第 45 条 广播电台、电视台有权禁止未经其许可的下列行为：

（一）将其播放的广播、电视转播；

（二）将其播放的广播、电视录制在音像载体上以及复制音像载体。

前款规定的权利的保护期为 50 年，截止于该广播、电视首次播放后第 50 年的 12 月 31 日。

第 46 条 电视台播放他人的电影作品和以类似摄制电影的方法创作的作品、录像制品，应当取得制片者或者录像制作者许可，并支付报酬；播放他人的录像制品，还应当取得著作权人许可，并支付报酬。

第五章　法律责任和执法措施

第 47 条 有下列侵权行为的，应当根据情况，承担停止侵害、消除影响、赔礼道歉、赔偿损失等民事责任：

（一）未经著作权人许可，发表其作品的；

（二）未经合作作者许可，将与他人合作创作的作品当作自己单独创作的作品发表的；

（三）没有参加创作，为谋取个人名利，在他人作品上署名的；

（四）歪曲、篡改他人作品的；

（五）剽窃他人作品的；

（六）未经著作权人许可，以展览、摄制电影和以类似摄制电影的方法使用作品，或者以改编、翻译、注释等方式使用作品的，本法另有规定的除外；

（七）使用他人作品，应当支付报酬而未支付的；

（八）未经电影作品和以类似摄制电影的方法创作的作品、计算机软件、录音录像制品的著作权人或者与著作权有关的权利人许可，出租其作品或者录音录像制品的，本法另有规定的除外；

（九）未经出版者许可，使用其出版的图书、期刊的版式设计的；

（十）未经表演者许可，从现场直播或者公开传送其现场表演，或者录制其表演的；

（十一）其他侵犯著作权以及与著作权有关的权益的行为。

第 48 条 有下列侵权行为的，应当根据情况，承担停止侵害、消除影响、赔礼道歉、赔偿损失等民事责任；同时损害公共利益的，可以由著作权行政管理部门责令停止侵权行为，没收违法所得，没收、销毁侵权复制品，并可处以罚款；情节严重的，著作权行政管理部门还可以没收主要用于制作侵权复制品的材料、工具、设备等；构成犯罪的，依法追究刑事责任：

（一）未经著作权人许可，复制、发行、表演、放映、广播、汇编、通过信息网络向公众传播其作品的，本法另有规定的除外；

（二）出版他人享有专有出版权的图书的；

（三）未经表演者许可，复制、发行录有其表演的录音录像制品，或者通过信息网络向公众传播其表演的，本法另有规定的除外；

（四）未经录音录像制作者许可，复制、发行、通过信息网络向公众传播其制作的录音录像制品的，本法另有规定的除外；

（五）未经许可，播放或者复制广播、电视的，本法另有规定的除外；

（六）未经著作权人或者与著作权有关的权利人许可，故意避开或者破坏权利人为其作品、录音录像制品等采取的保护著作权或者与著作权有关的权利的技术措施的，法律、行政法规另有规定的除外；

（七）未经著作权人或者与著作权有关的权利人许可，故意删除或者改变作品、录音录像制品等的权利管理电子信息的，法律、行政法规另有规定的除外；

（八）制作、出售假冒他人署名的作品的。

第 49 条 侵犯著作权或者与著作权有关的权利的，侵权人应当按照权利人的实际损失给予赔偿；实际损失难以计算的，可以按照侵权人的违法所得给予赔偿。赔偿数额还应当包括权利人为制止侵权行为所支付的合理开支。

权利人的实际损失或者侵权人的违法所得不能确定的，由人民法院根据侵权行为的情节，判决给予 50 万元以下的赔偿。

第 50 条 著作权人或者与著作权有关的权利人有证据证明他人正在实施或者即将实施侵犯其权利的行为，如不及时制止将会使其合法权益受到难以弥补的损害的，可以在起诉前向人民法院申请采取责令停止有关行为和财产保全的措施。

人民法院处理前款申请，适用《中华人民共和国民事诉讼法》第 93 条至第 96 条和第 99 条的规定。

第 51 条 为制止侵权行为，在证据可能灭失或者以后难以取得的情况下，著作权人或者与著作权有关的权利人可以在起诉前向人民法院申请保全证据。

人民法院接受申请后，必须在 48 小时内作出裁定；裁定采取保全措施的，应当立即开始执行。

人民法院可以责令申请人提供担保，申请人不提供担保的，驳回申请。

申请人在人民法院采取保全措施后 15 日内不起诉的，人民法院应当解除保全措施。

第 52 条 人民法院审理案件，对于侵犯著作权或者与著作权有关的权利的，可以没收违法所得、侵权复制品以及进行违法活动的财物。

第 53 条 复制品的出版者、制作者不能证明其出版、制作有合法授权的，复制品的发行者或者电影作品或者以类似摄制电影的方法创作的作品、计算机软件、录音录像制品的复制品的出租者不能证明其发行、出租的复制品有合法来源的，应当承担法律责任。

第 54 条 当事人不履行合同义务或者履行合同义务不符合约定条件的，应当依照《中华人民共和国民法通则》《中华人民共和国合同法》等有关法律规定承担民事责任。

第 55 条 著作权纠纷可以调解，也可以根据当事人达成的书面仲裁协议或者著作权合同中的仲裁条款，向仲裁机构申请仲裁。

当事人没有书面仲裁协议，也没有在著作权合同中订立仲裁条款的，可以直接向人民法院起诉。

第 56 条 当事人对行政处罚不服的，可以自收到行政处罚决定书之日起 3 个月内向人民法院起诉，期满不起诉又不履行的，著作权行政管理部门可以申请人民法院执行。

第六章 附 则

第 57 条 本法所称的著作权即版权。

第 58 条 本法第 2 条所称的出版，指作品的复制、发行。

第 59 条 计算机软件、信息网络传播权的保护办法由国务院另行规定。

第 60 条　本法规定的著作权人和出版者、表演者、录音录像制作者、广播电台、电视台的权利,在本法施行之日尚未超过本法规定的保护期的,依照本法予以保护。

本法施行前发生的侵权或者违约行为,依照侵权或者违约行为发生时的有关规定和政策处理。

第 61 条　本法自 1991 年 6 月 1 日起施行。

附5 计算机软件保护条例

（2001年12月20日中华人民共和国国务院令第339号公布 根据2011年1月8日《国务院关于废止和修改部分行政法规的决定》第一次修订 根据2013年1月30日《国务院关于修改〈计算机软件保护条例〉的决定》第二次修订）

第一章 总 则

第1条 为了保护计算机软件著作权人的权益，调整计算机软件在开发、传播和使用中发生的利益关系，鼓励计算机软件的开发与应用，促进软件产业和国民经济信息化的发展，根据《中华人民共和国著作权法》，制订本条例。

第2条 本条例所称计算机软件（以下简称软件），是指计算机程序及其有关文档。

第3条 本条例下列用语的含义：

（一）计算机程序，是指为了得到某种结果而可以由计算机等具有信息处理能力的装置执行的代码化指令序列，或者可以被自动转换成代码化指令序列的符号化指令序列或者符号化语句序列。同一计算机程序的源程序和目标程序为同一作品。

（二）文档，是指用来描述程序的内容、组成、设计、功能规格、开发情况、测试结果及使用方法的文字资料和图表等，如程序设计说明书、流程图、用户手册等。

（三）软件开发者，是指实际组织开发、直接进行开发，并对开发完成的软件承担责任的法人或者其他组织；或者依靠自己具有的条件独立完成软件开发，并对软件承担责任的自然人。

（四）软件著作权人，是指依照本条例的规定，对软件享有著作权的自然人、法人或者其他组织。

第4条 受本条例保护的软件必须由开发者独立开发，并已固定在某种有形物体上。

第5条 中国公民、法人或者其他组织对其所开发的软件，不论是否发表，依照本条例享有著作权。

外国人、无国籍人的软件首先在中国境内发行的，依照本条例享有著作权。

外国人、无国籍人的软件，依照其开发者所属国或者经常居住地国同中国签订的协议或者依照中国参加的国际条约享有的著作权，受本条例保护。

第 6 条　本条例对软件著作权的保护不延及开发软件所用的思想、处理过程、操作方法或者数学概念等。

第 7 条　软件著作权人可以向国务院著作权行政管理部门认定的软件登记机构办理登记。软件登记机构发放的登记证明文件是登记事项的初步证明。

办理软件登记应当缴纳费用。软件登记的收费标准由国务院著作权行政管理部门会同国务院价格主管部门规定。

第二章　软件著作权

第 8 条　软件著作权人享有下列各项权利：

（一）发表权，即决定软件是否公之于众的权利；

（二）署名权，即表明开发者身份，在软件上署名的权利；

（三）修改权，即对软件进行增补、删节，或者改变指令、语句顺序的权利；

（四）复制权，即将软件制作一份或者多份的权利；

（五）发行权，即以出售或者赠与方式向公众提供软件的原件或者复制件的权利；

（六）出租权，即有偿许可他人临时使用软件的权利，但是软件不是出租的主要标的的除外；

（七）信息网络传播权，即以有线或者无线方式向公众提供软件，使公众可以在其个人选定的时间和地点获得软件的权利；

（八）翻译权，即将原软件从一种自然语言文字转换成另一种自然语言文字的权利；

（九）应当由软件著作权人享有的其他权利。

软件著作权人可以许可他人行使其软件著作权，并有权获得报酬。

软件著作权人可以全部或者部分转让其软件著作权，并有权获得报酬。

第 9 条　软件著作权属于软件开发者，本条例另有规定的除外。

如无相反证明，在软件上署名的自然人、法人或者其他组织为开发者。

第 10 条　由两个以上的自然人、法人或者其他组织合作开发的软件，其著作权的归属由合作开发者签订书面合同约定。无书面合同或者合同未作明确约定，合作开发的软件可以分割使用的，开发者对各自开发的部分可以单独享有著作权；但是，行使著作权时，不得扩展到合作开发的软件整体的著作权。合作开发的软件不能分割使用的，其著作权由各合作开发者共同享有，通过协商一致行使；不能协商一致，又无正当理由的，任何一方不得阻止他方行使除转让权以外的其他权利，但是所得收益应当合理分配给所有合作开发者。

第 11 条　接受他人委托开发的软件，其著作权的归属由委托人与受托人签订书面合同约定；无书面合同或者合同未作明确约定的，其著作权由受托人享有。

第 12 条　由国家机关下达任务开发的软件，著作权的归属与行使由项目任务书或者合同规定；项目任务书或者合同中未作明确规定的，软件著作权由接受任务的法人或者其他组织享有。

第 13 条　自然人在法人或者其他组织中任职期间所开发的软件有下列情形之一的，该软件著作权由该法人或者其他组织享有，该法人或者其他组织可以对开发软件的自然人进行奖励：

（一）针对本职工作中明确指定的开发目标所开发的软件；

（二）开发的软件是从事本职工作活动所预见的结果或者自然的结果；

（三）主要使用了法人或者其他组织的资金、专用设备、未公开的专门信息等物质技术条件所开发并由法人或者其他组织承担责任的软件。

第 14 条　软件著作权自软件开发完成之日起产生。

自然人的软件著作权，保护期为自然人终生及其死亡后 50 年，截止于自然人死亡后第 50 年的 12 月 31 日；软件是合作开发的，截止于最后死亡的自然人死亡后第 50 年的 12 月 31 日。

法人或者其他组织的软件著作权，保护期为 50 年，截止于软件首次发表后第 50 年的 12 月 31 日，但软件自开发完成之日起 50 年内未发表的，本条例不再保护。

第 15 条　软件著作权属于自然人的，该自然人死亡后，在软件著作权的保护期内，软件著作权的继承人可以依照《中华人民共和国继承法》的有关规定，继承本条例第 8 条规定的除署名权以外的其他权利。

软件著作权属于法人或者其他组织的，法人或者其他组织变更、终止后，其著作权在本条例规定的保护期内由承受其权利义务的法人或者其他组织享有；没有承受其权利义务的法人或者其他组织的，由国家享有。

第 16 条　软件的合法复制品所有人享有下列权利：

（一）根据使用的需要把该软件装入计算机等具有信息处理能力的装置内；

（二）为了防止复制品损坏而制作备份复制品。这些备份复制品不得通过任何方式提供给他人使用，并在所有人丧失该合法复制品的所有权时，负责将备份复制品销毁；

（三）为了把该软件用于实际的计算机应用环境或者改进其功能、性能而进行必要的修改；但是，除合同另有约定外，未经该软件著作权人许可，不得向任何第三方提供修改后的软件。

第 17 条　为了学习和研究软件内含的设计思想和原理，通过安装、显示、传输或者存储软件等方式使用软件的，可以不经软件著作权人许可，不向其支付报酬。

第三章　软件著作权的许可使用和转让

第 18 条　许可他人行使软件著作权的，应当订立许可使用合同。

许可使用合同中软件著作权人未明确许可的权利，被许可人不得行使。

第 19 条　许可他人专有行使软件著作权的，当事人应当订立书面合同。

没有订立书面合同或者合同中未明确约定为专有许可的，被许可行使的权利应当视为非专有权利。

第 20 条　转让软件著作权的，当事人应当订立书面合同。

第 21 条　订立许可他人专有行使软件著作权的许可合同，或者订立转让软件著作权合同，可以向国务院著作权行政管理部门认定的软件登记机构登记。

第 22 条　中国公民、法人或者其他组织向外国人许可或者转让软件著作权的，应当遵守《中华人民共和国技术进出口管理条例》的有关规定。

第四章　法律责任

第 23 条　除《中华人民共和国著作权法》或者本条例另有规定外，有下列侵权行为的，应当根据情况，承担停止侵害、消除影响、赔礼道歉、赔偿损失等民事责任：

（一）未经软件著作权人许可，发表或者登记其软件的；

（二）将他人软件作为自己的软件发表或者登记的；

（三）未经合作者许可，将与他人合作开发的软件作为自己单独完成的软件发表或者登记的；

（四）在他人软件上署名或者更改他人软件上的署名的；

（五）未经软件著作权人许可，修改、翻译其软件的；

（六）其他侵犯软件著作权的行为。

第 24 条　除《中华人民共和国著作权法》、本条例或者其他法律、行政法规另有规定外，未经软件著作权人许可，有下列侵权行为的，应当根据情况，承担停止侵害、消除影响、赔礼道歉、赔偿损失等民事责任；同时损害社会公共利益的，由著作权行政管理部门责令停止侵权行为，没收违法所得，没收、销毁侵权复制品，可以并处罚款；情节严重的，著作权行政管理部门并可以没收主要用于制作侵权复制品的材料、工具、设备等；触犯刑律的，依照刑法关于侵犯著作权罪、销售侵权复制品罪的规定，依法追究刑事责任：

（一）复制或者部分复制著作权人的软件的；

（二）向公众发行、出租、通过信息网络传播著作权人的软件的；

（三）故意避开或者破坏著作权人为保护其软件著作权而采取的技术措施的；

（四）故意删除或者改变软件权利管理电子信息的；

（五）转让或者许可他人行使著作权人的软件著作权的。

有前款第（1）项或者第（2）项行为的，可以并处每件 100 元或者货值金额 1 倍以上 5 倍以下的罚款；有前款第（3）项、第（4）项或者第（5）项行为的，可以并处 20 万元以下的罚款。

第 25 条　侵犯软件著作权的赔偿数额，依照《中华人民共和国著作权法》第 48 条的规定确定。

第 26 条　软件著作权人有证据证明他人正在实施或者即将实施侵犯其权利的行为，如不及时制止，将会使其合法权益受到难以弥补的损害的，可以依照《中华人民共和国著作权法》第 49 条的规定，在提起诉讼前向人民法院申请采取责令停止有关行为和财产保全的措施。

第 27 条　为了制止侵权行为，在证据可能灭失或者以后难以取得的情况下，软件著作权人可以依照《中华人民共和国著作权法》第 50 条的规定，在提起诉讼前向人民法院申请保全证据。

第 28 条　软件复制品的出版者、制作者不能证明其出版、制作有合法授权的，或者软件复制品的发行者、出租者不能证明其发行、出租的复制品有合法来源的，应当承担法律责任。

第 29 条　软件开发者开发的软件，由于可供选用的表达方式有限而与已经存在的软件相似的，不构成对已经存在的软件的著作权的侵犯。

第 30 条　软件的复制品持有人不知道也没有合理理由应当知道该软件是侵权复制品的，不承担赔偿责任；但是，应当停止使用、销毁该侵权复制品。如果停止使用并销毁该侵权复制品将给复制品使用人造成重大损失的，复制品使用人可以在向软件著作权人支付合理费用后继续使用。

第 31 条　软件著作权侵权纠纷可以调解。

软件著作权合同纠纷可以依据合同中的仲裁条款或者事后达成的书面仲裁协议，向仲裁机构申请仲裁。

当事人没有在合同中订立仲裁条款，事后又没有书面仲裁协议的，可以直接向人民法院提起诉讼。

第五章　附　　则

第 32 条　本条例施行前发生的侵权行为，依照侵权行为发生时的国家有关规定处理。

第 33 条　本条例自 2002 年 1 月 1 日起施行。1991 年 6 月 4 日国务院发布的《计算机软件保护条例》同时废止。

附6 集成电路布图设计保护条例

第一章 总 则

第1条 为了保护集成电路布图设计专有权,鼓励集成电路技术的创新,促进科学技术的发展,制订本条例。

第2条 本条例下列用语的含义:

(一)集成电路,是指半导体集成电路,即以半导体材料为基片,将至少有一个是有源元件的两个以上元件和部分或者全部互连线路集成在基片之中或者基片之上,以执行某种电子功能的中间产品或者最终产品;

(二)集成电路布图设计(以下简称布图设计),是指集成电路中至少有一个是有源元件的两个以上元件和部分或者全部互连线路的三维配置,或者为制造集成电路而准备的上述三维配置;

(三)布图设计权利人,是指依照本条例的规定,对布图设计享有专有权的自然人、法人或者其他组织;

(四)复制,是指重复制作布图设计或者含有该布图设计的集成电路的行为;

(五)商业利用,是指为商业目的进口、销售或者以其他方式提供受保护的布图设计、含有该布图设计的集成电路或者含有该集成电路的物品的行为。

第3条 中国自然人、法人或者其他组织创作的布图设计,依照本条例享有布图设计专有权。

外国人创作的布图设计首先在中国境内投入商业利用的,依照本条例享有布图设计专有权。

外国人创作的布图设计,其创作者所属国同中国签订有关布图设计保护协议或者与中国共同参加有关布图设计保护国际条约的,依照本条例享有布图设计专有权。

第4条 受保护的布图设计应当具有独创性,即该布图设计是创作者自己的智力劳动成果,并且在其创作时该布图设计在布图设计创作者和集成电路制造者中不是公认的常规设计。

受保护的由常规设计组成的布图设计,其组合作为整体应当符合前款规定的条件。

第5条 本条例对布图设计的保护,不延及思想、处理过程、操作方法或者数学概念等。

第 6 条　国务院知识产权行政部门依照本条例的规定，负责布图设计专有权的有关管理工作。

第二章　布图设计专有权

第 7 条　布图设计权利人享有下列专有权：
（一）对受保护的布图设计的全部或者其中任何具有独创性的部分进行复制；
（二）将受保护的布图设计、含有该布图设计的集成电路或者含有该集成电路的物品投入商业利用。

第 8 条　布图设计专有权经国务院知识产权行政部门登记产生。
未经登记的布图设计不受本条例保护。

第 9 条　布图设计专有权属于布图设计创作者，本条例另有规定的除外。
由法人或者其他组织主持，依据法人或者其他组织的意志而创作，并由法人或者其他组织承担责任的布图设计，该法人或者其他组织是创作者。
由自然人创作的布图设计，该自然人是创作者。

第 10 条　两个以上自然人、法人或者其他组织合作创作的布图设计，其专有权的归属由合作者约定；未作约定或者约定不明的，其专有权由合作者共同享有。

第 11 条　受委托创作的布图设计，其专有权的归属由委托人和受托人双方约定；未作约定或者约定不明的，其专有权由受托人享有。

第 12 条　布图设计专有权的保护期为 10 年，自布图设计登记申请之日或者在世界任何地方首次投入商业利用之日起计算，以较前日期为准。但是，无论是否登记或者投入商业利用，布图设计自创作完成之日起 15 年后，不再受本条例保护。

第 13 条　布图设计专有权属于自然人的，该自然人死亡后，其专有权在本条例规定的保护期内依照继承法的规定转移。
布图设计专有权属于法人或者其他组织的，法人或者其他组织变更、终止后，其专有权在本条例规定的保护期内由承继其权利、义务的法人或者其他组织享有；没有承继其权利、义务的法人或者其他组织的，该布图设计进入公有领域。

第三章　布图设计的登记

第 14 条　国务院知识产权行政部门负责布图设计登记工作，受理布图设计登记申请。

第 15 条　申请登记的布图设计涉及国家安全或者重大利益，需要保密的，按照国家有关规定办理。

第 16 条　申请布图设计登记，应当提交：
（一）布图设计登记申请表；

（二）布图设计的复制件或者图样；
（三）布图设计已投入商业利用的，提交含有该布图设计的集成电路样品；
（四）国务院知识产权行政部门规定的其他材料。

第 17 条　布图设计自其在世界任何地方首次商业利用之日起 2 年内，未向国务院知识产权行政部门提出登记申请的，国务院知识产权行政部门不再予以登记。

第 18 条　布图设计登记申请经初步审查，未发现驳回理由的，由国务院知识产权行政部门予以登记，发给登记证明文件，并予以公告。

第 19 条　布图设计登记申请人对国务院知识产权行政部门驳回其登记申请的决定不服的，可以自收到通知之日起 3 个月内，向国务院知识产权行政部门请求复审。国务院知识产权行政部门复审后，作出决定，并通知布图设计登记申请人。布图设计登记申请人对国务院知识产权行政部门的复审决定仍不服的，可以自收到通知之日起 3 个月内向人民法院起诉。

第 20 条　布图设计获准登记后，国务院知识产权行政部门发现该登记不符合本条例规定的，应当予以撤销，通知布图设计权利人，并予以公告。布图设计权利人对国务院知识产权行政部门撤销布图设计登记的决定不服的，可以自收到通知之日起 3 个月内向人民法院起诉。

第 21 条　在布图设计登记公告前，国务院知识产权行政部门的工作人员对其内容负有保密义务。

第四章　布图设计专有权的行使

第 22 条　布图设计权利人可以将其专有权转让或者许可他人使用其布图设计。

转让布图设计专有权的，当事人应当订立书面合同，并向国务院知识产权行政部门登记，由国务院知识产权行政部门予以公告。布图设计专有权的转让自登记之日起生效。

许可他人使用其布图设计的，当事人应当订立书面合同。

第 23 条　下列行为可以不经布图设计权利人许可，不向其支付报酬：
（一）为个人目的或者单纯为评价、分析、研究、教学等目的而复制受保护的布图设计的；
（二）在依据前项评价、分析受保护的布图设计的基础上，创作出具有独创性的布图设计的；
（三）对自己独立创作的与他人相同的布图设计进行复制或者将其投入商业利用的。

第 24 条　受保护的布图设计、含有该布图设计的集成电路或者含有该集成电路的物品，由布图设计权利人或者经其许可投放市场后，他人再次商业利用的，可以不经布图设计权利人许可，并不向其支付报酬。

第 25 条 在国家出现紧急状态或者非常情况时，或者为了公共利益的目的，或者经人民法院、不正当竞争行为监督检查部门依法认定布图设计权利人有不正当竞争行为而需要给予补救时，国务院知识产权行政部门可以给予使用其布图设计的非自愿许可。

第 26 条 国务院知识产权行政部门作出给予使用布图设计非自愿许可的决定，应当及时通知布图设计权利人。

给予使用布图设计非自愿许可的决定，应当根据非自愿许可的理由，规定使用的范围和时间，其范围应当限于为公共目的非商业性使用，或者限于经人民法院、不正当竞争行为监督检查部门依法认定布图设计权利人有不正当竞争行为而需要给予的补救。

非自愿许可的理由消除并不再发生时，国务院知识产权行政部门应当根据布图设计权利人的请求，经审查后作出终止使用布图设计非自愿许可的决定。

第 27 条 取得使用布图设计非自愿许可的自然人、法人或者其他组织不享有独占的使用权，并且无权允许他人使用。

第 28 条 取得使用布图设计非自愿许可的自然人、法人或者其他组织应当向布图设计权利人支付合理的报酬，其数额由双方协商；双方不能达成协议的，由国务院知识产权行政部门裁决。

第 29 条 布图设计权利人对国务院知识产权行政部门关于使用布图设计非自愿许可的决定不服的，布图设计权利人和取得非自愿许可的自然人、法人或者其他组织对国务院知识产权行政部门关于使用布图设计非自愿许可的报酬的裁决不服的，可以自收到通知之日起 3 个月内向人民法院起诉。

第五章　法律责任

第 30 条 除本条例另有规定的外，未经布图设计权利人许可，有下列行为之一的，行为人必须立即停止侵权行为，并承担赔偿责任：

（一）复制受保护的布图设计的全部或者其中任何具有独创性的部分的；

（二）为商业目的进口、销售或者以其他方式提供受保护的布图设计、含有该布图设计的集成电路或者含有该集成电路的物品的。

侵犯布图设计专有权的赔偿数额，为侵权人所获得的利益或者被侵权人所受到的损失，包括被侵权人为制止侵权行为所支付的合理开支。

第 31 条 未经布图设计权利人许可，使用其布图设计，即侵犯其布图设计专有权，引起纠纷的，由当事人协商解决；不愿协商或者协商不成的，布图设计权利人或者利害关系人可以向人民法院起诉，也可以请求国务院知识产权行政部门处理。国务院知识产权行政部门处理时，认定侵权行为成立的，可以责令侵权人立即停止侵权行为，没收、销毁侵权产品或者物品。当事人不服的，可以自收到处理通知之日起 15 日内依照《中华人民共和国行政诉讼法》向人民法院起诉；侵权人期满不起诉又不停止侵权行为的，国务院知识产权行政部门可以请求人民法院强制执行。应当事人的请求，国务院知识产权行政部门可以就侵犯布图设计专有权的赔偿数额进行调解；调解不成的，当事人可以依照《中华人民共和国民事诉讼法》向人民法院起诉。

第 32 条 布图设计权利人或者利害关系人有证据证明他人正在实施或者即将实施侵犯其专有权的行为，如不及时制止将会使其合法权益受到难以弥补的损害的，可以在起诉前依法向人民法院申请采取责令停止有关行为和财产保全的措施。

第 33 条 在获得含有受保护的布图设计的集成电路或者含有该集成电路的物品时，不知道也没有合理理由应当知道其中含有非法复制的布图设计，而将其投入商业利用的，不视为侵权。

前款行为人得到其中含有非法复制的布图设计的明确通知后，可以继续将现有的存货或者此前的订货投入商业利用，但应当向布图设计权利人支付合理的报酬。

第 34 条 国务院知识产权行政部门的工作人员在布图设计管理工作中玩忽职守、滥用职权、徇私舞弊，构成犯罪的，依法追究刑事责任；尚不构成犯罪的，依法给予行政处分。

第六章 附 则

第 35 条 申请布图设计登记和办理其他手续，应当按照规定缴纳费用。缴费标准由国务院物价主管部门、国务院知识产权行政部门制订，并由国务院知识产权行政部门公告。

第 36 条 本条例自 2001 年 10 月 1 日起施行。

附7 国家知识产权局办公室关于启动企业知识产权管理标准推行工作的通知

各省、自治区、直辖市、计划单列市、新疆生产建设兵团知识产权局：

国家标准《企业知识产权管理规范》（GB/T 29490－2013）于2013年3月1日发布实施。该标准是基于过程方法的企业知识产权管理模型，能够有效指导企业策划、实施、检查、改进知识产权管理体系。根据《2013年全国专利事业发展战略推进计划》的工作部署，我局决定启动企业知识产权管理标准推行工作（以下统称"贯标"），引导和支持企业推行实施国家标准，全面提升我国企业知识产权管理能力。现将有关事项通知如下：

一、指导思想

深入贯彻党的十八大精神，扎实推进创新驱动发展战略和国家知识产权战略，将贯标作为企业知识产权能力建设的基础性工作，加强政策引导，创新服务模式，立足企业需求，培育服务业态，指导企业建立系统、规范的知识产权管理体系，提升企业核心竞争力，为建设创新型国家和全面建设小康社会提供强有力支撑。

二、工作原则

（一）加强政府引导。各省、自治区、直辖市、计划单列市、新疆生产建设兵团知识产权局（以下简称"各省市知识产权局"）应充分发挥政府在统筹规划、组织协调、宣传培训、政策支持方面的主导作用，有步骤、有重点地推动企业贯标。

（二）坚持企业主体。企业是实施标准的主体，要根据不同性质、不同行业、不同规模企业的实际需求，积极支持企业引入标准的科学管理理念，提升企业知识产权管理水平。

（三）坚持分类指导。根据不同地区、不同行业的发展差异和实际情况，加大在重点地区、重点行业推行国家标准的工作力度，分类推进贯标工作，带动区域整体协调发展，推动行业深入全面发展。

（四）坚持市场导向。推行第三方认证模式，积极调动企业、服务机构、认证机构三方的积极性，发挥标准在企业知识产权管理中的基础性作用，遵循透明、公开、公正等原则，培育企业核心竞争力。

三、工作目标

本年度以启动国家标准推行工作为重点，在全国范围内推动建立较为规范的贯标工作体系和市场化的认证服务模式，初步构建满足企业需求的贯标咨询服务体系，着力培养一批业务娴熟的贯标专业人才，认真做好贯标支撑配套工作，重点支持国家级知识产权优势企业和示范企业贯标，积极推动高新技术企业贯标。

四、主要任务

第一阶段：宣传启动阶段（2013年6月底前）

（一）制订工作方案。各省市知识产权局要结合实际，加强贯标工作的组织领导，及时启动，精心部署，周密安排，科学实施，研究制订本地区的工作方案，并于6月15日前将工作方案报送我局专利管理司（报送格式参见附件）。已制订或实施企业知识产权管理地方标准的省市应主动做好与国家标准的衔接工作，在报送的工作方案中明确对应的工作措施和详细的进度安排。

（二）会议宣贯动员。联合相关部门召开国家标准推行工作启动会议，组织省内各级知识产权政府管理部门、服务机构、企业负责人和相关人员参加，动员部署国家标准的推行工作，确保相关企业100%宣贯到位和目标任务落实。

第二阶段：组织实施阶段（2013年11月底前）

（三）培训贯标人员。制订培训计划，依托各省知识产权教育培训资源，组织相关行政管理人员、贯标企业管理人员、服务机构业务骨干开展培训和考核，培养一批深入了解贯标工作、全面熟悉贯标流程的专业性人才。

（四）引导服务机构参与。出台激励措施，推动服务机构协助企业开展贯标工作，辅导企业编制体系文件，组织企业相关人员培训。加强与服务机构的业务沟通，指导服务机构建立健全内部管理制度和辅导工作流程。

（五）指导企业贯标。支持企业建立贯标工作机制，落实企业管理者的贯标领导责任，指导企业对照标准查找不足，落实责任，持续改进知识产权管理工作体系。

（六）加强业务交流。组织专家深入企业和服务机构开展贯标业务指导，持续关注服务机构的辅导情况和企业贯标工作的进展，建立服务机构与企业的服务对接机制，重大业务问题及时报我局。

（七）推进企业认证。配合我局开展适应第三方认证模式的贯标工作体系建设，并根据地区贯标工作的实际情况，适时引导企业申报认证，指导相关机构开展外部评审工作，及时汇总本地区企业完成认证工作的整体情况。

第三阶段：总结阶段（2013年12月底前）

（八）总结分析工作。统计本地区企业和服务机构参与贯标的情况，总结分析国家标准的推行工作，查找不足，提出改进意见，形成总结报告报送我局。

五、工作要求

（一）统筹规划，加强指导。贯标工作是各级知识产权管理部门做好企业知识产权管理工作的重要抓手，我局将加强业务统筹协调，年内组织专家编写国家标准相关培训教材，制订企业、服务机构、认证机构的贯标业务流程指南，建立服务机构及从业人员贯标评价体系等，切实指导各省市知识产权局、企业、服务机构和认证机构开展贯标工作。各省市知识产权局要将标准推行融入到企业知识产权管理工作全过程，与知识产权优势企业培育工作相结合，使贯标工作成为提升企业核心竞争力的长效手段。

（二）明确责任，提高认识。各省市知识产权局应成立国家标准推行实施工作小组，由主管领导担任组长，会同相关单位及部门建立符合地方实际的工作机制，明确工作组织机构、目标任务、时间进度、职责分工，协调落实扶持政策和相关措施，研究解决工作中出现的问题，扎实推动各项工作的开展。

（三）加强宣传，强化服务。各省市知识产权局应拓宽宣传渠道，广泛宣传和全面贯彻企业知识产权管理标准，使企业正确理解和把握标准的内涵和要求，提高企业对贯标工作的认可度；要充分利用服务机构的优势，开展咨询和业务指导，帮助和引导企业有效开展标准化活动。

（四）完善机制，务求实效。各省市知识产权局要完善工作机制，强化政策研究，会同有关部门抓紧制订出台本地区推进贯标工作的政策措施，增强贯标工作的政策牵引力；要加强沟通协调和指导服务，安排专项经费，落实责任到人，将国家标准推行工作纳入年度企业知识产权工作动态考核。

特此通知。

国家知识产权局办公室
2013 年 5 月 21 日

附8 关于深入实施国家知识产权战略加强和改进知识产权管理的若干意见

为加快政府职能转变，提高知识产权管理和公共服务能力，有效支撑创新驱动发展战略实施，提出以下意见。

一、总体要求

（一）指导思想。

以邓小平理论、"三个代表"重要思想、科学发展观为指导，深入贯彻落实党的十八大和十八届二中、三中全会精神，按照创新驱动发展战略总体要求，大力实施国家知识产权战略，加强知识产权运用和保护，健全技术创新激励机制，以创造良好发展环境、提供优质公共服务和维护社会公平正义为宗旨，坚持规范、协同、主动、高效的原则，突出改进宏观管理、加强市场监管、健全管理制度、创新服务方式，全面提高知识产权科学管理水平，为市场主体创新发展提供强有力支撑。

（二）基本原则。

——规范管理。以依法管理为准绳，坚持市场主导与政府引导相结合，健全管理制度和流程，规范市场行为，增强创新主体知识产权管理能力，提高知识产权服务机构管理水平。

——协同管理。以确保知识产权制度体系协调顺畅运行为目标，坚持分工负责与统一协调相结合，健全政府部门管理机构和职责分工协作机制，凝聚行政管理合力。

——主动管理。以提高风险防范和处置能力为重点，坚持前瞻布局与积极应对相结合，强化知识产权管理的前瞻性和风险处置的及时性，变被动管理为主动管理。

——高效管理。以提高公共服务能力为导向，坚持转变职能和能力建设相结合，运用先进技术手段，建设公共服务平台，创新服务模式和流程，提高行政管理效能。

（三）主要目标。到2020年，建立起适应经济社会发展需要的知识产权行政管理体系和高效顺畅的协调机制，知识产权宏观管理能力显著加强和改进，战略规划和政策引导水平明显提高。企业、高等院校和科研院所建立起满足发展需求的知识产权管理制度和管理团队，重大科研项目实现知识产权全过程管理。知识产权市场监管能力进一步加强，社会组织和服务机构的服务能力基本满足市场需要，知识产权交易和服务市场秩序明显改善。科技、教育、经贸、文化等领域建立起比较规范和完善的知识产权管理制度，知识产权公共服务能力基本满足社会需求。

二、改进知识产权宏观管理，提高管理综合效能

（四）优化行政管理体系。深化知识产权行政管理体制改革，加强专利、商标和版权等行政管理队伍建设。加强地方知识产权管理工作体系建设，优化工作流程，完善工作机制，提高行政运行效能。进一步简政放权，改革知识产权行政审批制度，充分发挥市场配置创新资源的决定性作用。

（五）健全统筹协调机制。加强国家知识产权战略实施工作部际联席会议制度建设，加大对知识产权宏观管理的指导协调力度，定期研究制订知识产权发展的重大方针和政策，统筹推进知识产权战略实施，协商决策知识产权发展重大事项。加强部门协调配合，推进产业政策、区域政策、科技政策、经贸政策与知识产权政策的衔接。鼓励和支持地方建立高效运行的知识产权工作统筹协调机制，加强国家与地方的沟通协调，凝聚管理合力。

（六）加强知识产权战略布局。以提升产业创新驱动发展能力为目标，开展专利导航试点工程，面向产业集聚区、行业和企业，实施一批专利导航试点项目，开展专利布局，构建支撑产业（企业）竞争力的专利储备。定期发布重点产业专利发展态势报告，引导企业加强产业前沿技术的研发和储备，增强企业核心竞争力。开展国家重大经济活动知识产权评议工作，针对重要重大产业规划、政府重大投资活动开展知识产权评议服务，增强经济活动的知识产权风险防控能力。加强国家科技重大专项知识产权战略研究，定期开展知识产权分析预警，研究制订重大专项知识产权策略。

（七）综合运用政策手段支持知识产权创造运用。运用财政、税收、金融等政策引导市场主体创造和运用知识产权。完善企业研发费用税前加计扣除政策，将发明人奖励计入研发成本，激发发明创造动力。研究改革事业单位科技成果转化相关处置收益政策，调动单位和人员运用知识产权的积极性。鼓励金融机构继续创新开发专利许可证券化、专利保险试点等新型金融产品和服务，对开展知识产权质押贷款业务的金融机构提供金融支持，通过国家科技成果转化引导基金对科技成果转化贷款给予风险补偿，促进知识产权成果产业化。

三、加强知识产权执法监管，维护市场运行良好秩序

（八）加强知识产权行政执法。推进知识产权执法检查常态化机制建设，有序开展执法检查督导工作。进一步加强行政执法队伍建设，严格执法人员持证上岗和资格管理制度，充实行政执法人员队伍。加强对侵犯知识产权突出问题的专项整治。密切跨地区、跨部门执法协作，加强执法调度工作，推进综合执法和联合执法。开展知识产权保护社会满意度调查，完善知识产权执法维权绩效考核评价机制。加快建设知识产权行政执法与刑事司法衔接工作信息共享平台，实现执法司法信息全面共享。

（九）突出重点环节知识产权监管。加强生产源头和流通环节执法监管。加大各类展会的知识产权执法保护力度，在重点展会设立知识产权投诉处理机构。做好互联网和新兴媒体的知识产权监管工作，规范网络运行秩序。建立专业市场知识产权管理制度和标准，探索在重点专业市场设立知识产权保护巡查办公室，实现市场巡查常态化。

（十）加强知识产权服务市场监管。完善知识产权服务业统计监测体系，推动知识产权服务业标准化体系建设，明确服务内容和流程，提高服务规范化水平。推进建立知识产权服务职业资格制度，规范服务市场监管。加强对违规行为的惩戒，建立公平公正的市场秩序。加强对版权集体管理机构的指导和监督，规范收费活动和收益分配行为。建立知识产权服务信息平台，及时公开服务机构和从业人员信用评价、失信惩戒和表彰奖励等信息，引导服务机构向专业化、品牌化、国际化方向发展。鼓励知识产权服务业协会或联盟加强执业监督与管理，强化行业自律。

（十一）加强知识产权涉外风险防范。加强境外投资项目知识产权风险防范指导，引导企业防范进出口贸易中的知识产权风险，涉及技术进出口的，依法取得许可或者进行登记。完善涉外知识产权信息沟通交流机制，研究开展知识产权贸易统计监测可行性。发布重点领域涉外领域知识产权预警分析报告、重点国家和地区知识产权环境状况报告，有效支持我国企业国际化发展。

四、健全知识产权管理制度，提高管理规范化水平

（十二）引导企业标准化管理知识产权。实施企业知识产权管理标准化工程，推广《企业知识产权管理规范》国家标准，引导企业加强知识产权管理机构和管理制度建设，将规范管理贯穿到企业生产经营全流程。培育管理规范的贯标认证机构，规范认证工作。将企业知识产权管理规范认证情况作为科技项目立项，以及高新技术企业、知识产权示范企业和优势企业认定的重要参考条件，促进企业知识产权管理规范化。支持中小企业利用知识产权集中管理、委托管理等模式，降低管理成本。

（十三）推行科技项目知识产权全过程管理。将知识产权管理全面纳入科技重大专项和国家科技计划全流程管理。在高技术产业化项目、重大技术改造项目、国家科技重大专项等项目中，探索建立知识产权专员制度，加强科研项目立项、执行、验收、评估及成果转化、运营等各环节的知识产权管理。鼓励有条件的高等院校和科研院所设立集知识产权管理、转化运用为一体的机构，统筹知识产权管理工作。

（十四）建立健全知识产权资产管理制度。建立健全知识产权资产价值评估体系。帮助企业按照企业会计准则相关规定，科学合理地划分知识产权开发过程中应予以费用化和资本化的部分，准确反映知识产权资产的入账价值。科学核算企业自创、外购和投资获得的知识产权资产，规范企业在并购、股权流转、对外投资等活动中对知识产权资产的处置和运营。推进软件资产管理，建立企业软件正版化长效机制。制订上市公司知识产权资产信息发布指南，引导企业及时合理披露知识产权信息。

（十五）鼓励社会组织加强行业管理。鼓励协会、商会等社会组织建立知识产权管理部门，支持社会组织依法开展知识产权鉴定、咨询、培训、维权、调解等活动。鼓励发展知识产权联盟等新兴知识产权组织，集中管理行业知识产权资源，探索集约化运用和保护机制。引导社会组织健全行业知识产权自律规范，发挥自我约束、共同维权作用。建立专门机制，畅通社会组织与政府间的常态化、便捷化沟通渠道。

五、创新知识产权服务方式，提供优质公共服务

（十六）提高知识产权审查服务能力。完善知识产权审查标准，创新审查方式，推行电子申请，提高审查效率。建立专利申请人诚信档案制度，加强监控处理力度，规范专利申请行为。以优化专利质量为导向，完善专利申请资助政策，促进专利申请质量提升。完善商标审查和异议、评审审理工作机制，进一步提升商标注册审查效能。加强著作权登记体系建设，扩大版权登记覆盖面。

（十七）提升知识产权运用服务水平。推动专利、商标、版权等各类知识产权平台的互联互通，加强基础知识产权信息的共享开放，向社会提供便利好用的基础信息。推动知识产权管理和执法信息公开，方便公众查阅。采取政府购买服务的方式，支持建立重点领域和重点产业的社会化服务平台。在重点产业集聚区、重点园区建设具有申请受理、咨询、培训、信息服务等功能的"一站式"知识产权服务机构。鼓励建设多方参与、机制开放、资源共享，集交易、评估、投融资服务于一体的知识产权运营中心。探索建立集中经营模式，对高等院校和科研院所的知识产权特别是专利技术进行资本化运作，盘活无形资产。引导社会力量广泛开展知识产权培训。支持市场主体开发知识产权管理系统和工具。鼓励利用先进信息技术创新知识产权信息服务模式，促进协同创新发展。

（十八）提高知识产权维权服务水平。完善知识产权举报投诉机制，加强知识产权侵权热线举报投诉平台建设和信息共享，健全举报投诉电子档案库。加强知识产权维权援助中心建设，规范中心运行，扩大维权志愿者、监督员队伍。针对知识产权保护需求强烈的产业集聚区，探索建立专利快速维权工作机制，为权利人提供快速确权、维权等服务。完善企业海外知识产权维权援助机制，探索开展企业海外知识产权纠纷应急救助工作。

六、加强组织保障，确保各项措施落到实处

（十九）加强组织领导。国家知识产权战略实施工作部际联席会议要加强推进机制建设，提高知识产权管理和服务能力，组织协调落实相关工作。各有关部门要加强协调配合，加强对地方工作的指导，定期开展督导检查，确保政策落到实处。各级政府要加强知识产权战略协调机构建设，把知识产权管理工作纳入重要工作议程，统筹调配资源，推动各项政策措施落实。各地区和有关部门要结合工作实际，研究制订加强知识产权管理工作的配套政策，积极探索、稳步推进知识产权管理模式改革创新。

（二十）强化管理队伍建设。完善知识产权专业技术人才评价制度，将知识产权专业人才纳入职称评价范围，加强人才水平评价，促进人才成长发展和合理流动。鼓励高等院校发展知识产权学科，培养高水平知识产权专业人才。支持高等院校和科研院所的知识产权专员队伍建设，培养和培训一批熟悉科技前沿动态、知识产权法律和管理的人才。完善高层次人才回国优惠政策，优先引进一批知识产权战略实施亟需的海外高端管理人才。

（二十一）保障资金投入。创新投入机制，发挥财政资金引导作用，大力吸引社会资金投入知识产权管理和运营平台建设，逐步建立多渠道资金保障机制。国家科技计划（专项、基金等）项目承担单位的相关知识产权事务费在项目预算中应按规定列支。加大地方资金保障力度，确保各项工作顺利开展。

（二十二）加强考核督导。健全知识产权统计指标体系，将知识产权指标纳入经济社会发展情况统计调查范围，定期评价和发布知识产权发展状况。以公共服务水平和服务效果为核心，建立健全知识产权行政工作考核评价指标体系，提升管理和服务能力。引导企事业单位建立以知识产权实绩为核心的考核评价制度，科学引导知识产权创造与运用。

附9 关于全面推行《企业知识产权管理规范》国家标准的指导意见

为全面推行《企业知识产权管理规范》（国家标准 GB/T 29490—2013，以下简称《规范》），指导企业通过策划、实施、检查、改进4个环节持续改进知识产权管理体系，规范生产经营全流程，进一步提高知识产权管理水平，提升企业核心竞争力，有效支撑创新驱动发展战略，现就推行《规范》提出以下意见。

一、总体要求

（一）指导思想。按照党的十八大和十八届三中、四中全会关于加强知识产权运用和保护、健全技术创新激励机制的总体要求，以促进企业技术创新为目标，以全面推行《规范》为抓手，坚持政府引导、市场驱动、统筹协调、分类指导的原则，构建政策引导体系，提升服务机构能力，加强认证市场建设，推动企业实现创新驱动发展。

（二）基本原则。

——政府引导。充分发挥政府在战略规划、政策制订、行业管理、公共服务和环境营造方面的作用，有效整合和聚集社会资源，推动实施《规范》成为企业参与市场竞争的重要手段。

——市场驱动。发挥市场在资源配置中的决定性作用，健全市场导向机制，通过实施《规范》，发展市场化服务业态，打造企业知识产权优势，增强市场竞争能力。

——统筹协调。建立国家和地方各级有关部门共同推行《规范》的工作机制，坚持分工负责、统筹推进相结合，形成横向协调、纵向联动的工作局面。

——分类指导。基于我国区域经济发展不平衡的实际状况，综合考虑行业特征、企业特点等方面的差异，强化《规范》推行工作中的分类指导。

（三）主要目标。到2020年，在全国范围内建立符合创新发展需求的推行《规范》工作政策引导体系，构建市场秩序规范的咨询服务体系，形成遵循市场化机制的第三方认证体系，培养一支专业化的人才队伍。引导大部分具有创新优势的企业建立知识产权管理体系，企业知识产权运用和保护能力大幅提升，知识产权对企业竞争优势的贡献显著增强。

二、重点任务

（四）优化企业知识产权管理体系。推动各类企业实施《规范》，建立与经营发展相协调的知识产权管理体系，引导企业加强知识产权机构、制度和人才队伍建设，将知识产权管理贯穿生产经营全流程。引导涉及国家安全、国民经济命脉和重要关键领域的国有企业实施《规范》，加强知识产权管理体系建设，建立健全知识产权资产管理制度。深入实施中小企业知识产权战略推进工程，鼓励科技型中小企业实施《规范》，支持小微企业实行知识产权委托管理。制订武器装备承研承制单位知识产权管理规范，引导承担武器装备科研生产和配套任务的单位规范知识产权管理，提升国防科技创新能力和水平。

（五）建立咨询服务体系。出台激励措施，吸引各类知识产权咨询服务机构参与推行《规范》，鼓励和支持优秀的专利代理机构辅导企业实施《规范》，建立健全内部管理制度和辅导工作流程，提高服务质量和效率，培育一批高质量咨询服务机构，形成竞争有序的服务市场。建立咨询服务机构协调组织，加强对服务机构和从业人员的信用评价，引导健全行业自律规范，促进知识产权咨询服务业整体发展。

（六）加强认证体系建设。根据《国家认证认可监督管理委员会国家知识产权局关于印发知识产权管理体系认证实施意见的通知》（国认可[2013]56号）要求，加快开展企业知识产权管理体系认证工作，引导和培育一批认证机构，推进认证能力建设，加强对认证机构的监督和指导，规范市场秩序，提升《规范》认证的社会公信力。支持认证机构参与国际交流，推进认证结果的国际互认。

（七）发挥各项政策引导作用。围绕产业转型升级和创新驱动发展，综合运用财政、税收、金融等政策引导企业完善知识产权管理体系，调动企业实施《规范》的积极性。推动大型骨干企业优先采购认证企业的产品，降低知识产权风险。完善高新技术企业认定管理办法，将认证情况作为高新技术企业认定的重要参考条件，积极推动企业知识产权管理体系认证与高新技术企业政策的衔接。鼓励外经贸企业建立和完善知识产权管理制度，提高防范国际贸易和投资活动中的知识产权风险和处理涉外知识产权事务的能力。鼓励引导认证企业申报高技术产业化项目、国家科技重大专项、中小企业发展专项等项目，申报国家技术发明奖、中国专利金奖评选等奖项。

（八）加大人才队伍建设力度。充分发挥各类知识产权培训机构的作用，建立《规范》培训业务体系。在知识产权工作实力较强的地区设立培训基地，培养一批深入了解《规范》内容和实务的专业性师资人才，编制培训教材。分层次对政府、服务机构、企业相关人员开展《规范》教育培训，培养一批了解标准化与认证管理、熟悉知识产权工作的人才队伍。开展知识产权内审员岗位培训，规范知识产权认证审核员培训、考核、评价制度和注册证书管理。

（九）营造公共服务环境。积极推进政府部门、服务机构和企业的对接，建立定期沟通机制，搭建交流平台，深入开展《规范》宣贯、专家辅导、意见征询等活动，推动典型经验的信息共享和交流。发挥中小企业知识产权集聚区功能，建立专利工作交流机制。通过政府购买服务等方式，依托中小企业知识产权辅导服务机构，加强对中小企业的培训、辅导和服务。

（十）持续完善《规范》推行体系。科学评测企业实施《规范》效果，及时修订相关内容，围绕不同类型企业实施《规范》的需求，进一步细化和规范知识产权管理体系。以推行《规范》为重点，充分发挥全国知识管理标准化技术委员会的平台作用，推动知识产权领域国家标准的制修订工作，逐步完善知识产权领域标准化管理体系。加大与国际标准化组织、知名机构的合作交流，积极参与制订知识管理国际标准。利用知识产权、标准化等专业性国际会议及各类论坛，加大推广宣传力度，持续提升《规范》影响力。

三、保障措施

（十一）加强组织领导。各有关部门要高度重视《规范》推行工作，建立统筹协调、分工协作的工作机制，加强沟通合作，明确工作职责，落实工作任务，重视监督指导，共同推动《规范》的贯彻落实，确保各项任务顺利开展。

（十二）狠抓贯彻落实。各有关部门要把推行《规范》作为提升企业核心竞争力的重要抓手，制订实施工作推进方案，切实加大工作力度和经费投入，积极推动企业实施《规范》。

（十三）突出重点区域。加强对各知识产权试点示范城市、试点示范区县的指导，重点依托各类高新技术产业园区、经济开发区、工业园区等产业集聚区，引导辖区内具有创新能力的企业实施《规范》。

（十四）注重实践与探索。围绕企业发展需要及面临的问题，总结提炼《规范》推行过程中的经验、做法和不足，持续研究完善《规范》内容，准确把握工作方向，充分发挥推行《规范》工作在支撑创新发展中的重要作用。